OEUVRES

COMPLÈTES

DE

J. J. ROUSSEAU

AVEC LES NOTES DE TOUS LES COMMENTATEURS;

NOUVELLE ÉDITION
ORNÉE DE QUARANTE-DEUX VIGNETTES,
GRAVÉES PAR NOS PLUS HABILES ARTISTES,

D'APRÈS LES DESSINS DE DEVÉRIA.

NOUVELLE HÉLOISE.
TOME III.

A PARIS,
CHEZ DALIBON, LIBRAIRE
DE S. A. R. MONSEIGNEUR LE DUC DE NEMOURS,
RUE SAINT-ANDRÉ-DES-ARCS, N° 41.

M DCCC XXVI.

OEUVRES
COMPLÈTES
DE
J. J. ROUSSEAU.

TOME X.

PARIS. — IMPRIMERIE DE G. DOYEN,
RUE SAINT JACQUES, N. 38

JULIE,

ou

LA NOUVELLE HÉLOÏSE,

ou

LETTRES DE DEUX AMANTS,

HABITANTS D'UNE PETITE VILLE AU PIED DES ALPES,

RECUEILLIES ET PUBLIÉES
PAR JEAN-JACQUES ROUSSEAU.

« Non la conobbe il mondo, mentre l'ebbe :
« Conobill' io, ch' a pianger qui rimasi. »
PETR.

Le monde la posséda sans la connoître ; et moi je l'ai connue, je reste ici-bas à la pleurer.

JULIE,

OU

LA NOUVELLE HÉLOÏSE.

CINQUIÈME PARTIE.

LETTRE I.

DE MILORD ÉDOUARD A SAINT-PREUX [1].

Sors de l'enfance, ami, réveille-toi. Ne livre point ta vie entière au long sommeil de la raison. L'âge s'écoule, il ne t'en reste plus que pour être sage. A trente ans passés il est temps de songer à soi; commence donc à rentrer en toi-même, et sois homme une fois avant la mort.

Mon cher, votre cœur vous en a long-temps imposé sur vos lumières. Vous avez voulu philosopher avant d'en être capable; vous avez pris le sentiment pour de la raison, et, content d'estimer les choses par l'impression qu'elles vous ont faite, vous avez toujours ignoré leur véritable prix. Un cœur droit est, je l'avoue, le premier organe de

[1] Cette lettre paroît avoir été écrite avant la réception de la précédente.

la vérité; celui qui n'a rien senti ne sait rien apprendre; il ne fait que flotter d'erreurs en erreurs; il n'acquiert qu'un vain savoir et de stériles connoissances, parce que le vrai rapport des choses à l'homme, qui est sa principale science, lui demeure toujours caché. Mais c'est se borner à la première moitié de cette science que de ne pas étudier encore les rapports qu'ont les choses entre elles pour mieux juger de ceux qu'elles ont avec nous. C'est peu de connoître les passions humaines, si l'on n'en sait apprécier les objets; et cette seconde étude ne peut se faire que dans le calme de la méditation.

La jeunesse du sage est le temps de ses expériences; ses passions en sont les instruments : mais après avoir appliqué son ame aux objets extérieurs pour les sentir, il la retire au dedans de lui pour les considérer, les comparer, les connoître. Voilà le cas où vous devez être plus que personne au monde. Tout ce qu'un cœur sensible peut éprouver de plaisirs et de peines a rempli le vôtre; tout ce qu'un homme peut voir, vos yeux l'ont vu. Dans un espace de douze ans vous avez épuisé tous les sentiments qui peuvent être épars dans une longue vie, et vous avez acquis, jeune encore, l'expérience d'un vieillard. Vos premières observations se sont portées sur des gens simples et sortant presque des mains de la nature, comme pour vous servir de pièce de comparaison. Exilé dans la capitale du plus célèbre peuple de l'univers, vous êtes sauté pour ainsi dire à l'autre extrémité : le génie supplée aux intermédiaires. Passé chez la seule nation d'hommes qui reste parmi les troupeaux divers dont la terre est couverte, si vous n'avez pas vu régner les lois, vous les avez vues du moins exister encore ; vous avez appris à quels signes on reconnoît cet organe sacré de la volonté d'un peuple, et comment l'empire de la raison publique est le vrai fondement de la liberté. Vous avez parcouru tous les climats, vous avez vu toutes les régions que le soleil éclaire. Un spectacle plus rare et digne de l'œil du sage, le spectacle d'une ame sublime et pure, triomphant de ses passions et régnant sur elle-même, est celui dont vous jouissez. Le premier objet qui frappa vos regards est celui qui les frappe encore, et votre admiration pour lui n'est que mieux fondée après en avoir contemplé tant d'autres. Vous n'avez plus rien à sentir ni à voir qui mérite de vous occuper. Il ne vous reste plus d'objet à regarder que vous-même, ni de jouissance à goûter que celle de la sagesse. Vous avez vécu cette courte vie, songez à vivre pour celle qui doit durer.

Vos passions, dont vous fûtes long-temps l'esclave, vous ont laissé vertueux. Voilà toute votre gloire : elle est grande, sans doute ; mais soyez-en moins fier : votre force même est l'ouvrage de votre foiblesse. Savez-vous ce qui vous a fait aimer toujours la vertu ? Elle a pris à vos yeux la figure de cette femme adorable qui la représente si bien, et il seroit difficile qu'une si chère image vous en laissât perdre le goût. Mais ne l'aimerez-vous jamais pour elle seule, et n'irez-vous point au bien par vos propres forces, comme Julie a fait par les siennes ? Enthousiaste oisif de ses vertus, vous bornerez-vous sans cesse à les admirer sans les imiter jamais ? Vous parlez avec chaleur de la manière dont elle remplit ses devoirs d'épouse et de mère ; mais vous, quand remplirez-vous vos devoirs d'homme et d'ami à son exemple ? une femme a triomphé d'elle-même, et un philosophe a peine à se vaincre ! Voulez-vous donc n'être toujours qu'un discoureur comme les autres, et vous borner à faire de bons livres, au lieu de bonnes actions[1] ? Prenez-y gardé, mon cher ; il règne encore dans vos lettres un ton de mollesse et de langueur qui me déplaît, et qui est bien plus un reste de votre

---

[1] Non, ce siècle de la philosophie ne passera point sans avoir produit un vrai philosophe. J'en connois un, un seul, j'en conviens, mais c'est beaucoup encore ; et, pour comble de bonheur, c'est dans mon pays qu'il existe. L'oserai-je nommer ici, lui dont la véritable gloire est d'avoir su rester peu connu ? Savant et modeste Abauzit, que votre sublime simplicité pardonne à mon cœur un zèle qui n'a point votre nom pour objet. Non, ce n'est pas vous que je veux faire connoître à ce siècle indigne de vous admirer ; c'est Genève que je veux illustrer de votre séjour ; ce sont mes citoyens que je veux honorer de l'honneur qu'ils vous rendent. Heureux le pays où le mérite qui se cache en est d'autant plus estimé ! Heureux le peuple où la jeunesse altière vient abaisser son ton dogmatique et rougir

passion qu'un effet de votre caractère. Je hais partout la foiblesse, et n'en veux point dans mon ami. Il n'y a point de vertu sans force, et le chemin du vice est la lâcheté. Osez-vous bien compter sur vous avec un cœur sans courage? Malheureux! si Julie étoit foible, tu succomberois demain et ne serois qu'un vil adultère. Mais te voilà resté seul avec elle : apprends à la connoître, et rougis de toi.

J'espère pouvoir bientôt vous aller joindre. Vous savez à quoi ce voyage est destiné. Douze ans d'erreurs et de troubles me rendent suspect à moi-même; pour résister j'ai pu me suffire; pour choisir il me faut les yeux d'un ami; et je me fais un plaisir de rendre tout commun entre nous, la reconnoissance aussi bien que l'attachement. Cependant, ne vous y trompez pas, avant de vous accorder ma confiance, j'examinerai si vous en êtes digne, et si vous méritez de me rendre les soins que j'ai pris de vous. Je connois votre cœur, j'en suis content:

de son vain savoir devant la docte ignorance du sage ! Vénérable et vertueux vieillard, vous n'aurez point été prôné par les beaux esprits, leurs bruyantes académies n'auront point retenti de vos éloges; au lieu de déposer comme eux votre sagesse dans des livres, vous l'aurez mise dans votre vie, pour l'exemple de la patrie que vous avez daigné vous choisir, que vous aimez, et qui vous respecte. Vous avez vécu comme Socrate; mais il mourut par la main de ses concitoyens, et vous êtes chéri des vôtres*.

* Firmin Abauzit descendoit d'un médecin arabe établi à Toulouse au neuvième siècle. Né à Uzès en 1679, de parents calvinistes, il mourut en 1767 à Genève, où la révocation de l'édit de Nantes avoit forcé sa mère de l'envoyer. Newton le consultoit et le prenoit pour juge, ainsi que Leibnitz.

ce n'est pas assez ; c'est de votre jugement que j'ai besoin dans un choix où doit présider la raison seule, et où la mienne peut m'abuser. Je ne crains pas les passions qui, nous faisant une guerre ouverte, nous avertissent de nous mettre en défense, nous laissent, quoi qu'elles fassent, la conscience de toutes nos fautes, et auxquelles on ne cède qu'autant qu'on leur veut céder. Je crains leur illusion qui trompe au lieu de contraindre, et nous fait faire sans le savoir autre chose que ce que nous voulons. On n'a besoin que de soi pour réprimer ses penchants, on a quelquefois besoin d'autrui pour discerner ceux qu'il est permis de suivre ; et c'est à quoi sert l'amitié d'un homme sage, qui voit pour nous, sous un autre point de vue, les objets que nous avons intérêt à bien connoître. Songez donc à vous examiner, et dites-vous si, toujours en proie à de vains regrets, vous serez à jamais inutile à vous et aux autres, ou si, reprenant enfin l'empire de vous-même, vous voulez mettre une fois votre ame en état d'éclairer celle de votre ami.

Mes affaires ne me retiennent plus à Londres que pour une quinzaine de jours : je passerai par notre armée de Flandre, où je compte rester encore autant : de sorte que vous ne devez guère m'attendre avant la fin du mois prochain ou le commencement d'octobre. Ne m'écrivez plus à Londres, mais à l'armée, sous l'adresse ci-jointe.

Continuez vos descriptions : malgré le mauvais ton de vos lettres, elles me touchent et m'instruisent ; elles m'inspirent des projets de retraite et de repos convenables à mes maximes et à mon âge. Calmez surtout l'inquiétude que vous m'avez donnée sur madame de Wolmar : si son sort n'est pas heureux, qui doit oser aspirer à l'être ? Après le détail qu'elle vous a fait, je ne puis concevoir ce qui manque à son bonheur [1].

LETTRE II.

DE SAINT-PREUX A MILORD ÉDOUARD.

Oui, milord, je vous le confirme avec des transports de joie, la scène de Meillerie a été la crise de ma folie et de mes maux. Les explications de M. de Wolmar m'ont entièrement rassuré sur le véritable état de mon cœur. Ce cœur trop foible est guéri tout autant qu'il peut l'être ; et je préfère la tristesse d'un regret imaginaire à l'effroi d'être sans cesse assiégé par le crime. Depuis le retour de ce digne ami, je ne balance plus à lui donner un nom si cher et dont vous m'avez si bien fait

---

[1] Le galimatias de cette lettre me plaît, en ce qu'il est tout-à-fait dans le caractère du bon Édouard, qui n'est jamais si philosophe que quand il fait des sottises, et ne raisonne jamais tant que quand il ne sait ce qu'il dit.

sentir tout le prix. C'est le moindre titre que je doive à quiconque aide à me rendre à la vertu. La paix est au fond de mon ame comme dans le séjour que j'habite. Je commence à m'y voir sans inquiétude, à y vivre comme chez moi; et si je n'y prends pas tout-à-fait l'autorité d'un maître, je sens plus de plaisir encore à me regarder comme l'enfant de la maison. La simplicité, l'égalité que j'y vois régner, ont un attrait qui me touche et me porte au respect. Je passe des jours sereins entre la raison vivante et la vertu sensible. En fréquentant ces heureux époux, leur ascendant me gagne et me touche insensiblement, et mon cœur se met par degrés à l'unisson des leurs, comme la voix prend sans qu'on y songe le ton des gens avec qui l'on parle.

Quelle retraite délicieuse ! quelle charmante habitation ! que la douce habitude d'y vivre en augmente le prix ! et que, si l'aspect en paroît d'abord peu brillant, il est difficile de ne pas l'aimer aussitôt qu'on la connoît ! Le goût que prend madame de Wolmar à remplir ses nobles devoirs, à rendre heureux et bons ceux qui l'approchent, se communique à tout ce qui en est l'objet, à son mari, à ses enfants, à ses hôtes, à ses domestiques. Le tumulte, les jeux bruyants, les longs éclats de rire, ne retentissent point dans ce paisible séjour; mais on y trouve partout des cœurs contents et des visages gais. Si quelquefois on y verse des larmes, elles sont d'attendrissement et de joie. Les noirs soucis, l'ennui, la tristesse, n'approchent pas plus d'ici que le vice et les remords dont ils sont le fruit.

Pour elle, il est certain qu'excepté la peine secrète qui la tourmente, et dont je vous ai dit la cause dans ma précédente lettre [1], tout concourt à la rendre heureuse. Cependant avec tant de raisons de l'être mille autres se désoleroient à sa place : sa vie uniforme et retirée leur seroit insupportable ; elles s'impatienteroient du tracas des enfants, elles s'ennuieroient des soins domestiques ; elles ne pourroient souffrir la campagne ; la sagesse et l'estime d'un mari peu caressant ne les dédommageroient ni de sa froideur ni de son âge ; sa présence et son attachement même leur seroient à charge. Ou élles trouveraient l'art de l'écarter de chez lui pour y vivre en liberté, ou, s'en éloignant elles-mêmes, elles mépriseroient les plaisirs de leur état ; elles en chercheroient au loin de plus dangereux, et ne seroient à leur aise dans leur propre maison que quand elles y seroient étrangères. Il faut une ame saine pour sentir les charmes de la retraite : on ne voit guère que des gens de bien se plaire au sein de leur famille, et s'y renfermer volontairement ; s'il est au monde une vie heureuse, c'est sans doute celle qu'ils y passent.

[1] Cette précédente lettre ne se trouve point. On en verra ci-après la raison.

Mais les instruments du bonheur ne sont rien pour qui ne sait pas les mettre en œuvre, et l'on ne sent en quoi le vrai bonheur consiste qu'autant qu'on est propre à le goûter.

S'il falloit dire avec précision ce qu'on fait dans cette maison pour être heureux, je croirois avoir bien répondu en disant, *On y sait vivre* ; non dans le sens qu'on donne en France à ce mot, qui est d'avoir avec autrui certaines manières établies par la mode ; mais de la vie de l'homme et pour laquelle il est né ; de cette vie dont vous me parlez, dont vous m'avez donné l'exemple, qui dure au-delà d'elle-même, et qu'on ne tient pas pour perdue au jour de la mort.

Julie a un père qui s'inquiète du bien-être de sa famille : elle a des enfants à la subsistance desquels il faut pourvoir convenablement. Ce doit être le principal soin de l'homme sociable, et c'est aussi le premier dont elle et son mari se sont conjointement occupés. En entrant en ménage ils ont examiné l'état de leurs biens : ils n'ont pas tant regardé s'ils étoient proportionnés à leur condition qu'à leurs besoins ; et, voyant qu'il n'y avoit point de famille honnête qui ne dût s'en contenter, ils n'ont pas eu assez mauvaise opinion de leurs enfants pour craindre que le patrimoine qu'ils ont à leur laisser ne leur pût suffire. Ils se sont donc appliqués à l'améliorer plutôt qu'à l'étendre ; ils ont placé leur argent plus sûrement qu'avantageusement; au lieu d'acheter de nouvelles terres, ils ont donné un nouveau prix à celles qu'ils avoient déjà, et l'exemple de leur conduite est le seul trésor dont ils veuillent accroître leur héritage.

Il est vrai qu'un bien qui n'augmente point est sujet à diminuer par mille accidents; mais si cette raison est un motif pour l'augmenter une fois, quand cessera-t-elle d'être un prétexte pour l'augmenter toujours? Il faudra le partager à plusieurs enfants. Mais doivent-ils rester oisifs? le travail de chacun n'est-il pas un supplément à son partage? et son industrie ne doit-elle pas entrer dans le calcul de son bien? L'insatiable avidité fait ainsi son chemin sous le masque de la prudence, et mène au vice à force de chercher la sûreté. C'est en vain, dit M. de Wolmar, qu'on prétend donner aux choses humaines une solidité qui n'est pas dans leur nature : la raison même veut que nous laissions beaucoup de choses au hasard, et si notre vie et notre fortune en dépendent toujours malgré nous, quelle folie de se donner sans cesse un tourment réel pour prévenir des maux douteux et des dangers inévitables! La seule précaution qu'il ait prise à ce sujet a été de vivre un an sur son capital, pour se laisser autant d'avance sur son revenu; de sorte que le produit anticipe toujours d'une année sur la dépense. Il a mieux aimé diminuer un peu son fonds que d'avoir sans cesse à courir après ses rentes. L'avantage de n'être point réduit à des expédients ruineux au moindre accident imprévu l'a déjà remboursé bien des fois de cette avance. Ainsi l'ordre et la règle lui tiennent lieu d'épargne, et il s'enrichit de ce qu'il a dépensé.

Les maîtres de cette maison jouissent d'un bien médiocre selon les idées de fortune qu'on a dans le monde ; mais au fond je ne connois personne de plus opulent qu'eux. Il n'y a point de richesse absolue. Ce mot ne signifie qu'un rapport de surabondance entre les désirs et les facultés de l'homme riche. Tel est riche avec un arpent de terre, tel est gueux au milieu de ses monceaux d'or. Le désordre et les fantaisies n'ont point de bornes, et font plus de pauvres que les vrais besoins. Ici la proportion est établie sur un fondement qui la rend inébranlable, savoir, le parfait accord des deux époux. Le mari s'est chargé du recouvrement des rentes, la femme en dirige l'emploi, et c'est dans l'harmonie qui règne entre eux qu'est la source de leur richesse.

Ce qui m'a d'abord le plus frappé dans cette maison, c'est d'y trouver l'aisance, la liberté, la gaieté, au milieu de l'ordre et de l'exactitude. Le grand défaut des maisons bien réglées est d'avoir un air triste et contraint. L'extrême sollicitude des chefs sent toujours un peu l'avarice ; tout respire la gêne autour d'eux : la rigueur de l'ordre a quelque chose de servile qu'on ne supporte point sans peine. Les domestiques font leur devoir, mais ils le font d'un air mécontent et craintif. Les hôtes sont bien reçus, mais ils n'usent qu'avec défiance de la liberté qu'on leur donne ; et, comme on s'y voit toujours hors de la règle, on n'y fait rien qu'en tremblant de se rendre indiscret. On sent que ces pères esclaves ne vivent point pour eux, mais pour leurs enfants; sans songer qu'ils ne sont pas seulement pères, mais hommes, et qu'ils doivent à leurs enfants l'exemple de la vie de l'homme et du bonheur attaché à la sagesse. On suit ici des règles plus judicieuses : on y pense qu'un des principaux devoirs d'un bon père de famille n'est pas seulement de rendre son séjour riant afin que ses enfants s'y plaisent, mais d'y mener lui-même une vie agréable et douce, afin qu'ils sentent qu'on est heureux en vivant comme lui, et ne soient jamais tentés de prendre pour l'être une conduite opposée à la sienne. Une des maximes que M. de Wolmar répète le plus souvent au sujet des amusements des deux cousines, est que la vie triste et mesquine des pères et mères est presque toujours la première source du désordre des enfants.

Pour Julie, qui n'eut jamais d'autre règle que son cœur, et n'en sauroit avoir de plus sûre, elle s'y livre sans scrupule, et, pour bien faire, elle fait tout ce qu'il lui demande. Il ne laisse pas de lui demander beaucoup, et personne ne sait mieux qu'elle mettre un prix aux douceurs de la vie.

Comment cette ame si sensible seroit-elle insensible aux plaisirs? Au contraire, elle les aime, elle les recherche, elle ne s'en refuse aucun de ceux qui la flattent; on voit qu'elle sait les goûter : mais ces plaisirs sont les plaisirs de Julie. Elle ne néglige ni ses propres commodités ni celles des gens qui lui sont chers, c'est-à-dire de tous ceux qui l'environnent. Elle ne compte pour superflu rien de ce qui peut contribuer au bien-être d'une personne sensée; mais elle appelle ainsi tout ce qui ne sert qu'à briller aux yeux d'autrui; de sorte qu'on trouve dans sa maison le luxe de plaisir et de sensualité sans raffinement ni mollesse. Quant au luxe de magnificence et de vanité, on n'y en voit que ce qu'elle n'a pu refuser au goût de son père; encore y reconnoît-on toujours le sien, qui consiste à donner moins de lustre et d'éclat que d'élégance et de grâce aux choses. Quand je lui parle des moyens qu'on invente journellement à Paris ou à Londres pour suspendre plus doucement les carrosses, elle approuve assez cela ; mais quand je lui dis jusqu'à quel prix on a poussé les vernis, elle ne me comprend plus, et me demande toujours si ces beaux vernis rendent les carrosses plus commodes. Elle ne doute pas que je n'exagère beaucoup sur les peintures scandaleuses dont on orne à grands frais ces voitures, au lieu des armes qu'on y mettoit autrefois; comme s'il étoit plus beau de s'annoncer aux passants pour un homme de mauvaises mœurs que pour un homme de qualité ! Ce qui l'a surtout révoltée a été d'apprendre que les femmes avoient introduit ou soutenu cet usage, et que leurs carrosses ne se distinguoient de ceux des hommes que par des tableaux un peu plus lascifs. J'ai été forcé de lui citer là-dessus un mot de votre illustre ami, qu'elle a bien de la peine à digérer. J'étois chez lui un jour qu'on lui montroit un vis-à-vis de cette espèce. A peine eut-il jeté les yeux sur les panneaux, qu'il partit en disant au maître : Montrez ce carrosse à des femmes de la cour, un honnête homme n'oseroit s'en servir.

Comme le premier pas vers le bien est de ne point faire de mal, le premier pas vers le bonheur est de ne point souffrir. Ces deux maximes, qui bien entendues épargneroient beaucoup de préceptes de morale, sont chères à madame de Wolmar. Le mal-être lui est extrêmement sensible et pour elle et pour les autres; et il ne lui seroit pas plus aisé d'être heureuse en voyant des misérables, qu'à l'homme droit de conserver sa vertu toujours pure en vivant sans cesse au milieu des méchants. Elle n'a point cette pitié barbare qui se contente de détourner les yeux des maux qu'elle pourroit soulager; elle les va chercher pour les guérir; c'est l'existence et non la vue des malheureux qui la tourmente; il ne lui suffit pas de ne point savoir qu'il y en a, il faut, pour son repos, qu'elle sache qu'il n'y en a pas, du moins autour d'elle ; car ce seroit sortir des termes de la raison que de faire dépendre son bonheur de celui de tous les hommes. Elle s'informe des besoins de son voisinage avec la chaleur qu'on met à son propre intérêt ; elle en connoît tous les habitants ; elle y étend pour ainsi dire l'enceinte de sa famille, et n'épargne aucun soin pour en écarter tous les sentiments de douleur et de peine auxquels la vie humaine est assujettie.

Milord, je veux profiter de vos leçons : mais pardonnez-moi un enthousiasme que je ne me reproche plus et que vous partagez. Il n'y aura jamais qu'une Julie au monde. La Providence a veillé sur elle ; et rien de ce qui la regarde n'est un effet du hasard. Le ciel semble l'avoir donnée à la terre pour y montrer à la fois l'excellence dont une ame humaine est susceptible, et le bonheur dont elle peut jouir dans l'obscurité de la vie privée, sans le secours des vertus éclatantes qui peuvent l'élever au-dessus d'elle-même, ni de la gloire qui les peut honorer. Sa faute, si c'en fut une, n'a servi qu'à déployer sa force et son courage. Ses parents, ses amis, ses domestiques, tous heureusement nés, étoient faits pour l'aimer et pour en être aimés. Son pays étoit le seul où il lui convînt de naître ; la simplicité qui la rend sublime devoit régner autour d'elle ; il lui falloit, pour être heureuse, vivre parmi des gens heureux. Si pour son malheur elle fût née chez des peuples infortunés qui gémissent sous le poids de l'oppression, et luttent sans espoir et sans fruit contre la misère qui les consume, chaque plainte des opprimés eût empoisonné sa vie; la désolation commune l'eût accablée, et son cœur bienfaisant, épuisé de peines et d'ennuis, lui eût fait éprouver sans cesse les maux qu'elle n'eût pu soulager.

Au lieu de cela, tout anime et soutient ici sa bonté naturelle. Elle n'a point à pleurer les calamités publiques; elle n'a point sous les yeux l'image affreuse de la misère et du désespoir. Le villageois à son aise[1] a plus besoin de ses avis que de ses dons. S'il se trouve quelque orphelin trop jeune pour gagner sa vie, quelque veuve oubliée qui souffre en secret, quelque vieillard sans enfants dont les bras affoiblis par l'âge ne fournissent plus à son entretien, elle ne craint pas que ses bienfaits leur deviennent onéreux, et fassent aggraver sur eux les charges publiques pour en exempter des coquins accrédités. Elle jouit du bien qu'elle fait, et le voit profiter. Le bonheur qu'elle goûte se multiplie et s'étend autour d'elle. Toutes les

---

[1] Il y a près de Clarens un village appelé Moutru, dont la commune seule est assez riche pour entretenir tous les communiers, n'eussent-ils pas un pouce de terre en propre. Aussi la bourgeoisie de ce village est-elle presque aussi difficile à acquérir que celle de Berne. Quel dommage qu'il n'y ait pas là quelque honnête homme subdélégué, pour rendre messieurs de Moutru plus sociables, et leur bourgeoisie un peu moins chère!

maisons où elle entre offrent bientôt un tableau de la sienne ; l'aisance et le bien-être y sont une de ses moindres influences ; la concorde et les mœurs la suivent de ménage en ménage. En sortant de chez elle ses yeux ne sont frappés que d'objets agréables ; en y rentrant elle en retrouve de plus doux encore : elle voit partout ce qui plaît à son cœur ; et cette ame si peu sensible à l'amour-propre apprend à s'aimer dans ses bienfaits. Non, milord ; je le répète, rien de ce qui touche à Julie n'est indifférent pour la vertu. Ses charmes, ses talents, ses goûts, ses combats, ses fautes, ses regrets, son séjour, ses amis, sa famille, ses peines, ses plaisirs, et toute sa destinée, font de sa vie un exemple unique, que peu de femmes voudront imiter, mais qu'elles aimeront en dépit d'elles.

Ce qui me plaît le plus dans les soins qu'on prend ici du bonheur d'autrui, c'est qu'ils sont tous dirigés par la sagesse, et qu'il n'en résulte jamais d'abus. N'est pas toujours bienfaisant qui veut ; et souvent tel croit rendre de grands services, qui fait de grands maux qu'il ne voit pas, pour un petit bien qu'il aperçoit. Une qualité rare dans les femmes du meilleur caractère, et qui brille éminemment dans celui de madame de Wolmar, c'est un discernement exquis dans la distribution de ses bienfaits, soit par le choix des moyens de les rendre utiles, soit par le choix des

gens sur qui elle les répand. Elle s'est fait des
règles dont elle ne se départ point. Elle sait accorder et refuser ce qu'on lui demande, sans qu'il y
ait ni foiblesse dans sa bonté, ni caprice dans son
refus. Quiconque a commis en sa vie une méchante
action n'a rien à espérer d'elle que justice, et pardon s'il l'a offensée ; jamais faveur ni protection
qu'elle puisse placer sur un meilleur sujet. Je l'ai
vue refuser assez sèchement à un homme de cette
espèce une grâce qui dépendoit d'elle seule. « Je
« vous souhaite du bonheur, lui dit-elle, mais je
« n'y veux pas contribuer, de peur de faire du mal
« à d'autres en vous mettant en état d'en faire. Le
« monde n'est pas assez épuisé de gens de bien qui
« souffrent pour qu'on soit réduit à songer à vous. »
Il est vrai que cette dureté lui coûte extrêmement,
et qu'il lui est rare de l'exercer. Sa maxime est de
compter pour bons tous ceux dont la méchanceté
ne lui est pas prouvée ; et il y a bien peu de méchants qui n'aient l'adresse de se mettre à l'abri
des preuves. Elle n'a point cette charité paresseuse des riches qui paient en argent aux malheureux le droit de rejeter leurs prières, et pour un
bienfait imploré ne savent jamais donner que l'aumône. Sa bourse n'est pas inépuisable ; et depuis
qu'elle est mère de famille, elle en sait mieux régler l'usage. De tous les secours dont on peut soulager les malheureux, l'aumône est, à la vérité,
celui qui coûte le moins de peine ; mais il est aussi

le plus passager et le moins solide ; et Julie ne cherche pas à se délivrer d'eux, mais à leur être utile.

Elle n'accorde pas non plus indistinctement des recommandations et des services sans bien savoir si l'usage qu'on en veut faire est raisonnable et juste. Sa protection n'est jamais refusée à quiconque en a un véritable besoin et mérite de l'obtenir ; mais pour ceux que l'inquiétude ou l'ambition porte à vouloir s'élever et quitter un état où ils sont bien, rarement peuvent-ils l'engager à se mêler de leurs affaires. La condition naturelle à l'homme est de cultiver la terre et de vivre de ses fruits. Le paisible habitant des champs n'a besoin pour sentir son bonheur que de le connoître. Tous les vrais plaisirs de l'homme sont à sa portée ; il n'a que les peines inséparables de l'humanité, des peines que celui qui croit s'en délivrer ne fait qu'échanger contre d'autres plus cruelles[1]. Cet état est le seul nécessaire et le plus utile : il n'est malheureux que quand les autres le tyrannisent par leur violence, où le séduisent par l'exemple de leurs vices. C'est en lui que consiste la véritable prospérité d'un pays, la force et la grandeur qu'un peuple tire de lui-même, qui ne dépend en rien des autres nations, qui ne con-

---

[1] L'homme sorti de sa première simplicité devient si stupide, qu'il ne sait pas même désirer. Ses souhaits exaucés le meneroient tous à la fortune, jamais à la félicité.

traint jamais d'attaquer pour se soutenir, et donne les plus sûrs moyens de se défendre. Quand il est question d'estimer la puissance publique, le bel esprit visite les palais du prince, ses ports, ses troupes, ses arsenaux, ses villes; le vrai politique parcourt les terres et va dans la chaumière du laboureur. Le premier voit ce qu'on a fait, et le second ce qu'on peut faire.

Sur ce principe on s'attache ici, et plus encore à Étange, à contribuer autant qu'on peut à rendre aux paysans leur condition douce, sans jamais leur aider à en sortir. Les plus aisés et les plus pauvres ont également la fureur d'envoyer leurs enfants dans les villes, les uns pour étudier et devenir un jour des messieurs, les autres pour entrer en condition et décharger leurs parents de leur entretien. Les jeunes gens, de leur côté, aiment souvent à courir ; les filles aspirent à la parure bourgeoise : les garçons s'engagent dans un service étranger ; ils croient valoir mieux en rapportant dans leur village, au lieu de l'amour de la patrie et de la liberté, l'air à la fois rogue et rampant des soldats mercenaires, et le ridicule mépris de leur ancien état. On leur montre à tous l'erreur de ces préjugés, la corruption des enfants, l'abandon des pères, et les risques continuels de la vie, de la fortune et des mœurs, où cent périssent pour un qui réussit. S'ils s'obstinent, on ne favorise point leur fantaisie insensée, on les laisse courir au vice et à la misère, et l'on s'applique à dédommager ceux qu'on a persuadés des sacrifices qu'ils font à la raison. On leur apprend à honorer leur condition naturelle en l'honorant soi-même; on n'a point avec les paysans les façons des villes, mais on use avec eux d'une honnête et grave familiarité, qui, maintenant chacun dans son état, leur apprend pourtant à faire cas du leur. Il n'y a point de bons paysans qu'on ne porte à se considérer lui-même, en lui montrant la différence qu'on fait de lui à ces petits parvenus qui viennent briller un moment dans leur village et ternir leurs parents de leur éclat. M. de Wolmar, et le baron, quand il est ici, manquent rarement d'assister aux exercices, aux prix, aux revues du village et des environs. Cette jeunesse déjà naturellement ardente et guerrière, voyant de vieux officiers se plaire à ses assemblées, s'en estime davantage, et prend plus de confiance en elle-même. On lui en donne encore plus en lui montrant des soldats retirés du service étranger en savoir moins qu'elle à tous égards; car, quoi qu'on fasse, jamais cinq sous de paie et la peur des coups de canne ne produiront une émulation pareille à celle que donne à un homme libre et sous les armes la présence de ses parents, de ses voisins, de ses amis, de sa maîtresse, et la gloire de son pays.

La grande maxime de madame de Wolmar est

donc de ne point favoriser les changements de condition, mais de contribuer à rendre heureux chacun dans la sienne, et surtout d'empêcher que la plus heureuse de toutes, qui est celle du villageois dans un état libre, ne se dépeuple en faveur des autres.

Je lui faisois là-dessus l'objection des talents divers que la nature semble avoir partagés aux hommes pour leur donner à chacun leur emploi, sans égard à la condition dans laquelle ils sont nés. A cela elle me répondit qu'il y avoit deux choses à considérer avant le talent : savoir, les mœurs et la félicité. L'homme, dit-elle, est un être trop noble pour devoir servir simplement d'instrument à d'autres, et l'on ne doit point l'employer à ce qui leur convient sans consulter aussi ce qui lui convient à lui-même ; car les hommes ne sont pas faits pour les places, mais les places sont faites pour eux ; et, pour distribuer convenablement les choses, il ne faut pas tant chercher dans leur partage l'emploi auquel chaque homme est le plus propre, que celui qui est le plus propre à chaque homme pour le rendre bon et heureux autant qu'il est possible. Il n'est jamais permis de détériorer une ame humaine pour l'avantage des autres, ni de faire un scélérat pour le service des honnêtes gens.

Or, de mille sujets qui sortent du village, il n'y en a pas dix qui n'aillent se perdre à la ville, ou qui n'en portent les vices plus loin que les gens dont ils les ont appris. Ceux qui réussissent et font fortune la font presque tous par les voies déshonnêtes qui y mènent. Les malheureux qu'elle n'a point favorisés ne reprennent point leur ancien état, et se font mendiants ou voleurs plutôt que de redevenir paysans. De ces mille s'il s'en trouve un seul qui résiste à l'exemple et se conserve honnête homme, pensez-vous qu'à tout prendre celui-là passe une vie aussi heureuse qu'il l'eût passée à l'abri des passions violentes, dans la tranquille obscurité de sa première condition?

Pour suivre son talent il le faut connoître. Est-ce une chose aisée de discerner toujours les talents des hommes? et à l'âge où l'on prend un parti, si l'on a tant de peine à bien connoître ceux des enfants qu'on a le mieux observés, comment un petit paysan saura-t-il de lui-même distinguer les siens? Rien n'est plus équivoque que les signes d'inclination qu'on donne dès l'enfance; l'esprit imitateur y a souvent plus de part que le talent : ils dépendront plutôt d'une rencontre fortuite que d'un penchant décidé, et le penchant même n'annonce pas toujours la disposition. Le vrai talent, le vrai génie a une certaine simplicité qui le rend moins inquiet, moins remuant, moins prompt à se montrer, qu'un apparent et faux talent, qu'on prend pour véritable, et qui n'est qu'une vaine ardeur de briller, sans moyens pour y réussir. Tel entend un tambour et veut être général; un autre voit bâtir et se croit architecte. Gustin, mon jardinier, prit le goût du dessin pour m'avoir vu dessiner : je l'envoyai apprendre à Lausanne; il se croyoit déjà peintre, et n'est qu'un jardinier. L'occasion, le désir de s'avancer, décident de l'état qu'on choisit. Ce n'est pas assez de sentir son génie, il faut aussi vouloir s'y livrer. Un prince ira-t-il se faire cocher parce qu'il mène bien son carrosse? un duc se fera-t-il cuisinier parce qu'il invente de bons ragoûts? On n'a des talents que pour s'élever, personne n'en a pour descendre : pensez-vous que ce soit là l'ordre de la nature? Quand chacun connoîtroit son talent et voudroit le suivre, combien le pourroient? combien surmonteroient d'injustes obstacles? combien vaincroient d'indignes concurrents? Celui qui sent sa foiblesse appelle à son secours le manége et la brigue, que l'autre, plus sûr de lui, dédaigne. Ne m'avez-vous pas cent fois dit vous-même que tant d'établissements en faveur des arts ne font que leur nuire? En multipliant indiscrètement les sujets on les confond; le vrai mérite reste étouffé dans la foule, et les honneurs dus au plus habile sont tous pour le plus intrigant. S'il existoit une société où les emplois et les rangs fussent exactement mesurés sur les talents et le mérite personnel, chacun pourroit aspirer à la place qu'il sauroit le mieux remplir; mais il faut se conduire par des règles plus sûres, et renoncer au prix des talents, quand le plus vil de tous est le seul qui mène à la fortune.

Je vous dirai plus, continua-t-elle : j'ai peine à croire que tant de talents divers doivent être tous développés; car il faudroit pour cela que le nombre de ceux qui les possèdent fût exactement proportionné au besoin de la société; et si l'on ne laissoit au travail de la terre que ceux qui ont éminemment le talent de l'agriculture, ou qu'on enlevât à ce travail tous ceux qui sont plus propres à un autre, il ne resteroit pas assez de laboureurs pour la cultiver et nous faire vivre. Je penserois que les talents des hommes sont comme les vertus des drogues, que la nature nous donne pour guérir nos maux, quoique son intention soit que nous n'en ayons pas besoin. Il y a des plantes qui nous empoisonnent, des animaux qui nous dévorent, des talents qui nous sont pernicieux. S'il falloit toujours employer chaque chose selon ses principales propriétés, peut-être feroit-on moins de bien que de mal aux hommes. Les peuples bons et simples n'ont pas besoin de tant de talents; ils se soutiennent mieux par leur seule simplicité que les autres par toute leur industrie : mais à mesure qu'ils se corrompent, leurs talents se développent comme pour servir de supplément aux vertus qu'ils perdent, et pour forcer les méchants eux-mêmes d'être utiles en dépit d'eux.

Une autre chose sur laquelle j'avois peine à tomber d'accord avec elle étoit l'assistance des mendiants. Comme c'est ici une grande route, il en passe beaucoup, et l'on ne refuse l'aumône à aucun. Je lui représentai que ce n'étoit pas seulement un bien jeté à pure perte, et dont on privoit ainsi le vrai pauvre, mais que cet usage contribuoit à multiplier les gueux et les vagabonds qui se plaisent à ce lâche métier, et, se rendant à charge à la société, la privent encore du travail qu'ils y pourroient faire.

Je vois bien, me dit-elle, que vous avez pris dans les grandes villes les maximes dont de complaisants raisonneurs aiment à flatter la dureté des riches ; vous en avez même pris les termes. Croyez-vous dégrader un pauvre de sa qualité d'homme en lui donnant le nom méprisant de gueux ? Compatissant comme vous l'êtes, comment avez-vous pu vous résoudre à l'employer ? Renoncez-y, mon ami ; ce mot ne va point dans votre bouche ; il est plus déshonorant pour l'homme dur qui s'en sert que pour le malheureux qui le porte. Je ne déciderai point si ces détracteurs de l'aumône ont tort ou raison ; ce que je sais, c'est que mon mari, qui ne cède point en bon sens à vos philosophes, et qui m'a souvent rapporté tout ce qu'ils disent là-dessus pour étouffer dans le cœur la pitié naturelle et l'exercer à l'insensibilité, m'a toujours paru mépriser ces discours, et n'a point désapprouvé ma conduite. Son raisonnement est simple. On souffre, dit-il, et l'on entretient à grand frais des multitudes de professions inutiles dont plusieurs ne servent qu'à corrompre et gâter les mœurs. A ne regarder l'état de mendiant que comme un métier, loin qu'on en ait rien de pareil à craindre, on n'y trouve que de quoi nourrir en nous les sentiments d'intérêt et d'humanité qui devroient unir tous les hommes. Si l'on veut le considérer par le talent, pourquoi ne récompenserois-je pas l'éloquence de ce mendiant qui me remue le cœur et me porte à le secourir, comme je paie un comédien qui me fait verser quelques larmes stériles? Si l'un me fait aimer les bonnes actions d'autrui, l'autre me porte à en faire moi-même : tout ce qu'on sent à la tragédie s'oublie à l'instant qu'on en sort : mais la mémoire des malheureux qu'on a soulagés donne un plaisir qui renaît sans cesse. Si le grand nombre des mendiants est onéreux à l'état, de combien d'autres professions qu'on encourage et qu'on tolère n'en peut-on pas dire autant! C'est au souverain de faire en sorte qu'il n'y ait point de mendiants; mais pour les rebuter de leur profession [1], faut-il rendre les

---

[1] Nourrir les mendiants, c'est, disent-ils, former des pépinières de voleurs ; et, tout au contraire, c'est empêcher qu'ils ne le deviennent. Je conviens qu'il ne faut pas encourager les pauvres à se faire mendiants; mais quand une fois ils le sont, il faut les nourrir, de peur qu'ils ne se fassent voleurs. Rien n'engage tant à chan-

citoyens inhumains et dénaturés ? Pour moi, continua Julie, sans savoir ce que les pauvres sont à l'état, je sais qu'ils sont tous mes frères, et que je ne puis, sans une inexcusable dureté, leur refuser le foible secours qu'ils me demandent. La plupart sont des vagabonds, j'en conviens; mais je connois trop les peines de la vie pour ignorer par combien de malheurs un honnête homme peut se trouver réduit à leur sort; et comment puis-je être sûre que l'inconnu qui vient implorer au nom de Dieu mon assistance et mendier un pauvre morceau de pain, n'est pas peut-être cet honnête homme prêt à périr de misère, et que mon refus va réduire au désespoir? L'aumône que je fais donner à la porte est légère : un demi-creutz[1] et un morceau de pain sont ce qu'on ne refuse à personne; on donne une ration double à ceux qui sont évidemment estropiés : s'ils en trouvent au-

ger de profession que de ne pouvoir vivre dans la sienne : or tous ceux qui ont une fois goûté de ce métier oiseux prennent tellement le travail en aversion, qu'ils aiment mieux voler et se faire pendre, que de reprendre l'usage de leurs bras. Un liard est bientôt demandé et refusé; mais vingt liards auroient payé le souper d'un pauvre que vingt refus peuvent impatienter. Qui est-ce qui voudroit jamais refuser une si légère aumône, s'il songeoit qu'elle peut sauver deux hommes, l'un du crime, et l'autre de la mort ? J'ai lu quelque part que les mendiants sont une vermine qui s'attache aux riches. Il est naturel que les enfants s'attachent aux pères; mais ces pères opulents et durs les méconnoissent, et laissent aux pauvres le soin de les nourrir.

[1] Petite monnoie du pays.

tant sur leur route dans chaque maison aisée, cela suffit pour les faire vivre en chemin; et c'est tout ce qu'on doit au mendiant étranger qui passe. Quand ce ne seroit pas pour eux un secours réel, c'est au moins un témoignage qu'on prend part à leur peine, un adoucissement à la dureté du refus, une sorte de salutation qu'on leur rend. Un demi-creutz et un morceau de pain ne coûtent guère plus à donner et sont une réponse plus honnête qu'un *Dieu vous assiste?* comme si les dons de Dieu n'étoient pas dans la main des hommes, et qu'il eût d'autres greniers sur la terre que les magasins des riches! Enfin, quoi qu'on puisse penser de ces infortunés, si l'on ne doit rien au gueux qui mendie, au moins se doit-on à soi-même de rendre honneur à l'humanité souffrante ou à son image, et de ne point s'endurcir le cœur à l'aspect de ses misères.

Voilà comment j'en use avec ceux qui mendient pour ainsi dire sans prétexte et de bonne foi : à l'égard de ceux qui se disent ouvriers et se plaignent de manquer d'ouvrage, il y a toujours ici pour eux des outils et du travail qui les attendent. Par cette méthode on les aide, on met leur bonne volonté à l'épreuve ; et les menteurs le savent si bien, qu'il ne s'en présente plus chez nous.

C'est ainsi, milord, que cette ame angélique trouve toujours dans ses vertus de quoi combattre les vaines subtilités dont les gens cruels pallient leurs vices. Tous ces soins et d'autres semblables sont mis par elle au rang de ses plaisirs, et remplissent une partie du temps que lui laissent ses devoirs les plus chéris. Quand, après s'être acquittée de tout ce qu'elle doit aux autres, elle songe ensuite à elle-même, ce qu'elle fait pour se rendre la vie agréable peut encore être compté parmi ses vertus, tant son motif est toujours louable et honnête, et tant il y a de tempérance et de raison dans tout ce qu'elle accorde à ses désirs. Elle veut plaire à son mari, qui aime à la voir contente et gaie; elle veut inspirer à ses enfants le goût des innocents plaisirs que la modération, l'ordre et la simplicité font valoir, et qui détournent le cœur des passions impétueuses. Elle s'amuse pour les amuser, comme la colombe amollit dans son estomac le grain dont elle veut nourrir ses petits.

Julie a l'ame et le corps également sensibles. La même délicatesse règne dans ses sentiments et dans ses organes. Elle étoit faite pour connoître et goûter tous les plaisirs, et long-temps elle n'aima si chèrement la vertu même que comme la plus douce des voluptés. Aujourd'hui qu'elle sent en paix cette volupté suprême, elle ne se refuse aucune de celles qui peuvent s'associer avec celle-là : mais sa manière de les goûter ressemble à l'austérité de ceux qui s'y refusent, et l'art de jouir est pour elle celui des privations, non de ces privations pénibles et douloureuses qui blessent la nature, et dont son auteur dédaigne l'hommage insensé, mais des privations passagères et modérées, qui conservent à la raison son empire, et, servant d'assaisonnement au plaisir, en préviennent le dégoût et l'abus. Elle prétend que tout ce qui tient aux sens et n'est pas nécessaire à la vie change de nature aussitôt qu'il tourne en habitude, qu'il cesse d'être un plaisir en devenant un besoin, que c'est à la fois une chaîne qu'on se donne et une jouissance dont on se prive, et que prévenir toujours les désirs n'est pas l'art de les contenter, mais de les éteindre. Tout celui qu'elle emploie à donner du prix aux moindres choses, est de se les refuser vingt fois pour en jouir une. Cette ame simple se conserve ainsi son premier ressort : son goût ne s'use point; elle n'a jamais besoin de le ranimer par des excès, et je la vois souvent savourer avec délices un plaisir d'enfant qui seroit insipide à tout autre.

Un objet plus noble qu'elle se propose encore en cela, est de rester maîtresse d'elle-même, d'accoutumer ses passions à l'obéissance, et de plier tous ses désirs à la règle. C'est un nouveau moyen d'être heureuse : car on ne jouit sans inquiétude que de ce qu'on peut perdre sans peine; et si le vrai bonheur appartient au sage, c'est parce qu'il est, de tous les hommes, celui à qui la fortune peut le moins ôter.

Ce qui me paroît le plus singulier dans sa tempérance, c'est qu'elle la suit sur les mêmes raisons qui jettent les voluptueux dans l'excès. La vie est courte, il est vrai, dit-elle ; c'est une raison d'en user jusqu'au bout, et de dispenser avec art sa durée afin d'en tirer le meilleur parti qu'il est possible. Si un jour de satiété nous ôte un an de jouissance, c'est une mauvaise philosophie d'aller toujours jusqu'où le désir nous mène, sans considérer si nous ne serons point plus tôt au bout de nos facultés que de notre carrière, et si notre cœur épuisé ne mourra point avant nous. Je vois que ces vulgaires épicuriens, pour ne vouloir jamais perdre une occasion, les perdent toutes, et, toujours ennuyés au sein des plaisirs, n'en savent jamais trouver aucun. Ils prodiguent le tems qu'ils pensent économiser, et se ruinent comme les avares pour ne savoir rien perdre à propos. Je me trouve bien de la maxime opposée, et je crois que j'aimerois encore mieux sur ce point trop de sévérité que de relâchement. Il m'arrive quelquefois de rompre une partie de plaisir par la seule raison qu'elle m'en fait trop ; en la renouant j'en jouis deux fois. Cependant je m'exerce à conserver sur moi l'empire de ma volonté, et j'aime mieux être taxée de caprice que de me laisser dominer par mes fantaisies.

Voilà sur quel principe on fonde ici les douceurs de la vie et les choses de pur agrément. Julie a du penchant à la gourmandise, et dans les soins qu'elle donne à toutes les parties du ménage, la cuisine surtout n'est pas négligée. La table se sent de l'abondance générale ; mais cette abondance n'est point ruineuse ; il y règne une sensualité sans raffinement ; tous les mets sont communs, mais excellents dans leurs espèces ; l'apprêt en est simple et pourtant exquis. Tout ce qui n'est que d'appareil, tout ce qui tient à l'opinion, tous les plats fins et recherchés, dont la rareté fait tout le prix, et qu'il faut nommer pour les trouver bons, en sont bannis à jamais ; et même, dans la délicatesse et le choix de ceux qu'on se permet, on s'abstient journellement de certaines choses qu'on réserve pour donner à quelques repas un air de fête qui les rend plus agréables sans être plus dispendieux. Que croiriez-vous que sont ces mets si sobrement ménagés ? du gibier rare ? du poisson de mer ? des productions étrangères ? Mieux que tout cela ; quelque excellent légume du pays, quelqu'un des savoureux herbages qui croissent dans nos jardins, certains poissons du lac apprêtés d'une certaine manière, certains laitages de nos montagnes, quelque pâtisserie à l'allemande, à quoi l'on joint quelque pièce de la chasse des gens de la maison : voilà tout l'extraordinaire qu'on y remarque ; voilà ce qui couvre et orne la table, ce qui excite et contente notre appétit les jours de réjouissance. Le service est modeste et champêtre, mais propre et riant; la grâce et le plaisir y sont, la joie et l'appétit l'assaisonnent. Des surtouts dorés autour desquels on meurt de faim, des cristaux pompeux chargés de fleurs pour tout dessert, ne remplissent point la place des mets; on n'y sait point l'art de nourrir l'estomac par les yeux, mais on y sait celui d'ajouter du charme à la bonne chère, de manger beaucoup sans s'incommoder, de s'égayer à boire sans altérer sa raison, de tenir table long-temps sans ennui, et d'en sortir toujours sans dégoût.

Il y a au premier étage une petite salle à manger différente de celle où l'on mange ordinairement, laquelle est au rez-de-chaussée : cette salle particulière est à l'angle de la maison et éclairée de deux côtés : elle donne par l'un sur le jardin, au-delà duquel on voit le lac à travers les arbres ; par l'autre on aperçoit ce grand coteau de vignes qui commencent d'étaler aux yeux les richesses qu'on y recueillera dans deux mois. Cette pièce est petite, mais ornée de tout ce qui peut la rendre agréable et riante. C'est là que Julie donne ses petits festins à son père, à son mari, à sa cousine, à moi, à elle-même, et quelquefois à ses enfants. Quand elle ordonne d'y mettre le couvert on sait d'avance ce que cela veut dire ; et M. de Wolmar l'appelle en riant le salon d'Apollon : mais ce salon ne diffère pas moins de celui de Lucullus par le choix des convives que par celui des mets. Les simples, hôtes n'y sont point admis, jamais on n'y mange quand on a des étrangers; c'est l'asile inviolable de la confiance, de l'amitié, de la liberté; c'est la société des cœurs qui lie en ce lieu celle de la table; elle est une sorte d'initiation à l'intimité, et jamais il ne s'y rassemble que des gens qui voudroient n'être plus séparés. Milord, la fête vous attend, et c'est dans cette salle que vous ferez ici votre premier repas.

Je n'eus pas d'abord le même honneur; ce ne fut qu'à mon retour de chez madame d'Orbe que je fus traité dans le salon d'Apollon. Je n'imaginois pas qu'on pût rien ajouter d'obligeant à la réception qu'on m'avoit faite : mais ce souper me donna d'autres idées; j'y trouvai je ne sais quel délicieux mélange de familiarité, de plaisir, d'union, d'aisance, que je n'avois point encore éprouvé. Je me sentois plus libre sans qu'on m'eût averti de l'être; il me sembloit que nous nous entendions mieux qu'auparavant. L'éloignement des domestiques m'invitoit à n'avoir plus de réserve au fond de mon cœur; et c'est là que, à l'instance de Julie, je repris l'usage, quitté depuis tant d'années, de boire avec mes hôtes du vin pur à la fin du repas.

Ce souper m'enchanta : j'aurois voulu que tous nos repas se fussent passés de même. Je ne connoissois point cette charmante salle, dis-je à madame de Wolmar; pourquoi n'y mangez-vous pas toujours? Voyez, dit-elle, elle est si jolie! ne seroit-ce pas dommage de la gâter ? Cette réponse me parut trop loin de son caractère pour n'y pas soupçonner quelque sens caché. Pourquoi du moins, repris-je, ne rassemblez-vous pas toujours autour de vous les mêmes commodités qu'on trouve ici, afin de pouvoir éloigner vos domestiques et causer plus en liberté ? C'est, me répondit-elle encore, que cela seroit trop agréable, et que l'ennui d'être toujours à son aise est enfin le pire de tous. Il ne m'en fallut pas davantage pour concevoir son système ; et je jugeai qu'en effet l'art d'assaisonner les plaisirs n'est que celui d'en être avare.

Je trouve qu'elle se met avec plus de soin qu'elle ne faisoit autrefois. La seule vanité qu'on lui ait jamais reprochée étoit de négliger son ajustement. L'orgueilleuse avoit ses raisons, et ne me laissoit point de prétexte pour méconnoître son empire. Mais elle avoit beau faire, l'enchantement étoit trop fort pour me sembler naturel ; je m'opiniâtrois à trouver de l'art dans sa négligence ; elle se seroit coiffée d'un sac que je l'aurois accusée de coquetterie. Elle n'auroit pas moins de pouvoir aujourd'hui ; mais elle dédaigne de l'employer ; et je dirois qu'elle affecte une parure plus recherchée pour ne sembler plus qu'une jolie femme, si je n'avois découvert la cause de ce nouveau soin. J'y fus trompé les premiers jours ; et, sans songer qu'elle n'étoit pas mise autrement qu'à mon arrivée où je n'étois point attendu, j'osai m'attribuer l'honneur de cette recherche. Je me désabusai durant l'absence de M. de Wolmar. Dès le lendemain ce n'étoit plus cette élégance de la veille dont l'œil ne pouvoit se lasser, ni cette simplicité touchante et voluptueuse qui m'enivroit autrefois; c'étoit une certaine modestie qui parle au cœur par les yeux, qui n'inspire que du respect, et que la beauté rend plus imposante. La dignité d'épouse et de mère régnoit sur tous ses charmes; ce regard timide et tendre étoit devenu plus grave; et l'on eût dit qu'un air plus grand et plus noble avoit voilé la douceur de ses traits. Ce n'étoit pas qu'il y eût la moindre altération dans son maintien ni dans ses manières; son égalité, sa candeur, ne connurent jamais les simagrées; elle usoit seulement du talent naturel aux femmes de changer quelquefois nos sentiments et nos idées par un ajustement différent, par une coiffure d'une autre forme, par une robe d'une autre couleur, et d'exercer sur les cœurs l'empire du goût en faisant de rien quelque chose. Le jour qu'elle attendait son mari de retour, elle retrouva l'art d'animer ses grâces naturelles sans les couvrir; elle étoit éblouissante en sortant de sa toilette; je trouvai qu'elle ne savoit pas moins effacer la plus brillante parure qu'orner la plus simple; et je me dis avec dépit, en pénétrant l'objet de ses soins : En fit-elle jamais autant pour l'amour?

Ce goût de parure s'étend de la maîtresse de la

maison à tout ce qui la compose. Le maître, les enfants, les domestiques, les chevaux, les bâtiments, les jardins, les meubles, tout est tenu avec un soin qui marque qu'on n'est pas au-dessous de la magnificence, mais qu'on la dédaigne; ou plutôt la magnificence y est en effet, s'il est vrai qu'elle consiste moins dans la richesse de certaines choses que dans un bel ordre du tout qui marque le concert des parties et l'unité d'intention de l'ordonnateur[1]. Pour moi, je trouve au moins que c'est une idée plus grande et plus noble de voir dans une maison simple et modeste un petit nombre de gens heureux d'un bonheur commun, que de voir régner dans un palais la discorde et le trouble, et chacun de ceux qui l'habitent chercher sa fortune et son bonheur dans la ruine d'un autre et dans le désordre général. La maison bien réglée est une, et forme un tout agréable à voir : dans le palais on ne trouve qu'un assemblage confus de divers objets dont la liaison n'est qu'apparente. Au premier coup d'œil on croit voir une fin commune;

---

[1] Cela me paroît incontestable. Il y a de la magnificence dans la symétrie d'un grand palais ; il n'y en a point dans une foule de maisons confusément entassées. Il y a de la magnificence dans l'uniforme d'un régiment en bataille, il n'y en a point dans le peuple qui le regarde, quoiqu'il ne s'y trouve peut-être pas un seul homme dont l'habit en particulier ne vaille mieux que celui d'un soldat. En un mot, la véritable magnificence n'est que l'ordre rendu sensible dans le grand; ce qui fait que, de tous les spectacles imaginables, le plus magnifique est celui de la nature.

en y regardant mieux, on est bientôt détrompé.

A ne consulter que l'impression la plus naturelle, il sembleroit que, pour dédaigner l'éclat et le luxe, on a moins besoin de modération que de goût. La symétrie et la régularité plaisent à tous les yeux. L'image du bien-être et de la félicité touchent le cœur humain qui en est avide : mais un vain appareil qui ne se rapporte ni à l'ordre ni au bonheur, et n'a pour objet que de frapper les yeux, quelle idée favorable à celui qui l'étale peut-il exciter dans l'esprit du spectateur ? L'idée du goût ? le goût ne paroît-il pas cent fois mieux dans les choses simples que dans celles qui sont offusquées de richesse ? L'idée de la commodité ? y a-t-il rien de plus incommode que le faste[1] ? L'idée de la grandeur ? c'est précisément le contraire. Quand je vois qu'on a voulu faire un grand palais, je me demande aussitôt : Pourquoi ce pa-

---

[1] Le bruit des gens d'une maison trouble incessamment le repos du maître ; il ne peut rien cacher à tant d'Argus. La foule de ses créanciers lui fait payer cher celle de ses admirateurs. Ses appartements sont si superbes qu'il est forcé de coucher dans un bouge pour être à son aise, si son singe est quelquefois mieux logé que lui. S'il veut dîner, il dépend de son cuisinier, et jamais de sa faim. S'il veut sortir, il est à la merci de ses chevaux ; mille embarras l'arrêtent dans les rues ; il brûle d'arriver, et ne sait plus qu'il a des jambes. Chloé l'attend, les boues le retiennent, le poids de l'or de son habit l'accable, et il ne peut faire vingt pas à pied : mais s'il perd un rendez-vous avec sa maîtresse, il en est bien dédommagé par les passants ; chacun remarque sa livrée, l'admire, et dit tout haut que c'est monsieur un tel.

lais n'est-il pas plus grand? pourquoi celui qui a cinquante domestiques n'en a-t-il pas cent? cette belle vaisselle d'argent pourquoi n'est-elle pas d'or? cet homme qui dore son carrosse, pourquoi ne dore-t-il pas ses lambris? si ses lambris sont dorés, pourquoi son toit ne l'est-il pas? Celui qui voulut bâtir une haute tour faisoit bien de la vouloir porter jusqu'au ciel; autrement il eût eu beau l'élever, le point où il se fût arrêté n'eût servi qu'à donner de plus loin la preuve de son impuissance. O homme petit et vain! montre-moi ton pouvoir, je te montrerai ta misère.

Au contraire, un ordre de choses où rien n'est donné à l'opinion, où tout a son utilité réelle, et qui se borne aux vrais besoins de la nature, n'offre pas seulement un spectacle approuvé par la raison, mais qui contente les yeux et le cœur, en ce que l'homme ne s'y voit que sous des rapports agréables, comme se suffisant à lui-même, que l'image de sa foiblesse n'y paroît point, et que ce riant tableau n'excite jamais de réflexions attristantes. Je défie aucun homme sensé de contempler une heure durant le palais d'un prince et le faste qu'on y voit briller sans tomber dans la mélancolie et déplorer le sort de l'humanité. Mais l'aspect de cette maison et la vie uniforme et simple de ses habitants répand dans l'ame des spectateurs un charme secret qui ne fait qu'augmenter sans cesse. Un petit nombre de gens doux et paisibles, unis par des besoins mutuels et par une réciproque bienveillance, y concourt par divers soins à une fin commune : chacun trouvant dans son état tout ce qu'il faut pour en être content et ne point désirer d'en sortir, on s'y attache comme y devant rester toute la vie, et la seule ambition qu'on garde est celle d'en bien remplir les devoirs. Il y a tant de modération dans ceux qui commandent et tant de zèle dans ceux qui obéissent, que des égaux eussent pu distribuer entre eux les mêmes emplois sans qu'aucun se fût plaint de son partage. Ainsi nul n'envie celui d'un autre ; nul ne croit pouvoir augmenter sa fortune que par l'augmentation du bien commun ; les maîtres mêmes ne jugent de leur bonheur que par celui des gens qui les environnent. On ne sauroit qu'ajouter ni que retrancher ici, parce qu'on n'y trouve que les choses utiles, et qu'elles y sont toutes ; en sorte qu'on n'y souhaite rien de ce qu'on n'y voit pas, et qu'il n'y a rien de ce qu'on y voit dont on puisse dire, Pourquoi n'y en a-t-il pas davantage ? Ajoutez-y du galon, des tableaux, un lustre, de la dorure, à l'instant vous appauvrirez tout. En voyant tant d'abondance dans le nécessaire, et nulle trace de superflu, on est porté à croire que, s'il n'y est pas, c'est qu'on n'a pas voulu qu'il y fût, et que si on le vouloit il y régneroit avec la même profusion : en voyant continuellement les biens refluer au dehors par l'assistance du pauvre, on est porté à dire, Cette maison ne peut contenir toutes ses richesses. Voilà, ce me semble, la véritable magnificence.

Cet air d'opulence m'effraya moi-même quand je fus instruit de qui servoit à l'entretenir. Vous vous ruinez, dis-je à monsieur et madame de Wolmar; il n'est pas possible qu'un si modique revenu suffise à tant de dépenses. Ils se mirent à rire, et me firent voir que, sans rien retrancher dans leur maison, il ne tiendroit qu'à eux d'épargner beaucoup et d'augmenter leur revenu plutôt que de se ruiner. Notre grand secret pour être riches, me dirent-ils, est d'avoir peu d'argent, et d'éviter, autant qu'il se peut, dans l'usage de nos biens, les échanges intermédiaires entre le produit et l'emploi. Aucun de ces échanges ne se fait sans perte, et ces pertes multipliées réduisent presque à rien d'assez grands moyens, comme à force d'être brocantée une belle boîte d'or devient un mince colifichet. Le transport de nos revenus s'évite en les employant sur le lieu, l'échange s'en évite encore en les consommant en nature; et dans l'indispensable conversion de ce que nous avons de trop en ce qui nous manque, au lieu des ventes et des achats pécuniaires qui doublent le préjudice, nous cherchons des échanges réels où la commodité de chaque contractant tienne lieu de profit à tous deux.

Je conçois, leur dis-je, les avantages de cette

méthode; mais elle ne me paroît pas sans inconvénient. Outre les soins importuns auxquels elle assujettit, le profit doit être plus apparent que réel; et ce que vous perdez dans le détail de la régie de vos biens l'emporte probablement sur le gain que feroient avec vous vos fermiers; car le travail se fera toujours avec plus d'économie, et la récolte avec plus de soin par un paysan que par vous. C'est une erreur, me répondit Wolmar; le paysan se soucie moins d'augmenter le produit que d'épargner sur les frais, parce que les avances lui sont plus pénibles que les profits ne lui sont utiles : comme son objet n'est pas tant de mettre un fonds en valeur que d'y faire peu de dépense, s'il s'assure un gain actuel, c'est bien moins en améliorant la terre qu'en l'épuisant; et le mieux qui puisse arriver est qu'au lieu de l'épuiser il la néglige. Ainsi pour un peu d'argent comptant recueilli sans embarras, un propriétaire oisif prépare à lui ou à ses enfants de grandes pertes, de grands travaux, et quelquefois la ruine de son patrimoine.

D'ailleurs, poursuivit M. de Wolmar, je ne disconviens pas que je ne fasse la culture de mes terres à plus grands frais que ne feroit un fermier; mais aussi le profit du fermier c'est moi qui le fais; et cette culture étant beaucoup meilleure, le produit est beaucoup plus grand; de sorte qu'en dépensant davantage, je ne laisse pas de gagner encore. Il y a plus ; cet excès de dépense n'est qu'apparent, et produit réellement une très-grande économie : car si d'autres cultivoient nos terres nous serions oisifs ; il faudroit demeurer à la ville ; la vie y seroit trop chère ; il nous faudroit des amusements qui nous coûteroient beaucoup plus que ceux que nous trouvons ici, et nous seroient moins sensibles. Ces soins que vous appelez importuns font à la fois nos devoirs et nos plaisirs : grâces à la prévoyance avec laquelle on les ordonne, ils ne sont jamais pénibles ; ils nous tiennent lieu d'une foule de fantaisies ruineuses dont la vie champêtre prévient ou détruit le goût, et tout ce qui contribue à notre bien-être devient pour nous un amusement.

Jetez les yeux tout autour de vous, ajoutoit ce judicieux père de famille, vous n'y verrez que des choses utiles, qui ne nous coûtent presque rien, et nous épargnent mille vaines dépenses. Les seules denrées du cru couvrent notre table, les seules étoffes du pays composent presque nos meubles et nos habits : rien n'est méprisé parce qu'il est commun, rien n'est estimé parce qu'il est rare. Comme tout ce qui vient de loin est sujet à être déguisé ou falsifié, nous nous bornons, par délicatesse autant que par modération, au choix de ce qu'il y a de meilleur auprès de nous et dont la qualité n'est pas suspecte. Nos mets sont simples, mais choisis. Il ne manque à notre table pour être somptueuse que d'être servie loin d'ici; car tout y est bon, tout y seroit rare; et tel gourmand trouveroit les truites du lac bien meilleures s'il les mangeoit à Paris.

La même règle a lieu dans le choix de la parure, qui, comme vous voyez, n'est pas négligée; mais l'élégance y préside seule, la richesse ne s'y montre jamais, encore moins la mode. Il y a une grande différence entre le prix que l'opinion donne aux choses et celui qu'elles ont réellement. C'est à ce dernier seul que Julie s'attache, et quand il est question d'une étoffe, elle ne cherche pas tant si elle est ancienne ou nouvelle que si elle est bonne et si elle lui sied. Souvent même la nouveauté seule est pour elle un motif d'exclusion, quand cette nouveauté donne aux choses un prix qu'elles n'ont pas, ou qu'elles ne sauroient garder.

Considérez encore qu'ici l'effet de chaque chose vient moins d'elle-même que de son usage et de son accord avec le reste, de sorte qu'avec des parties de peu de valeur Julie a fait un tout d'un grand prix. Le goût aime à créer, à donner seul la valeur aux choses. Autant la loi de la mode est inconstante et ruineuse, autant la sienne est économe et durable. Ce que le bon goût approuve une fois est toujours bien; s'il est rarement à la mode, en revanche il n'est jamais ridicule; et, dans sa modeste simplicité, il tire de la convenance des choses des règles inaltérables et sûres, qui restent quand les modes ne sont plus.

Ajoutez enfin que l'abondance du seul nécessaire ne peut dégénérer en abus, parce que le nécessaire a sa mesure naturelle, et que les vrais besoins n'ont jamais d'excès. On peut mettre la dépense de vingt habits en un seul, et manger en un repas le revenu d'une année ; mais on ne sauroit porter deux habits en même temps ni dîner deux fois en un jour. Ainsi l'opinion est illimitée, au lieu que la nature nous arrête de tous côtés ; et celui qui, dans un état médiocre, se borne au bien-être, ne risque point de se ruiner.

Voilà, mon cher, continuoit le sage Wolmar, comment avec de l'économie et des soins on peut se mettre au-dessus de sa fortune. Il ne tiendroit qu'à nous d'augmenter la nôtre sans changer notre manière de vivre ; car il ne se fait ici presque aucune avance qui n'ait un produit pour objet, et tout ce que nous dépensons nous rend de quoi dépenser beaucoup plus.

Hé bien ! milord, rien de tout cela ne paroît au premier coup d'œil. Partout un air de profusion couvre l'ordre qui le donne. Il faut du temps pour apercevoir des lois somptuaires qui mènent à l'aisance et au plaisir, et l'on a d'abord peine à comprendre comment on jouit de ce qu'on épargne. En y réfléchissant le contentement augmente, parce qu'on voit que la source en est intarissable, et que l'art de goûter le bonheur de la vie sert encore à le prolonger. Comment se lasseroit-on d'un état si conforme à la nature ? Comment épuiseroit-on son héritage en l'améliorant tous les jours ? Comment ruineroit-on sa fortune en ne consommant que ses revenus ? Quand chaque année on est sûr de la suivante, qui peut troubler la paix de celle qui court ? Ici le fruit du labeur passé soutient l'abondance présente ; et le fruit du labeur présent annonce l'abondance à venir ; on jouit à la fois de ce qu'on dépense et de ce qu'on recueille, et les divers temps se rassemblent pour affermir la sécurité du présent.

Je suis entré dans tous les détails du ménage, et j'ai partout vu régner le même esprit. Toute la broderie et la dentelle sortent du gynécée : toute la toile est filée dans la basse-cour ou par de pauvres femmes que l'on nourrit. La laine s'envoie à des manufactures dont on tire en échange des draps pour habiller les gens ; le vin, l'huile et le pain, se font dans la maison ; on a des bois en coupe réglée autant qu'on en peut consommer : le boucher se paie en bétail ; l'épicier reçoit du blé pour ses fournitures ; le salaire des ouvriers et des domestiques se prend sur le produit des terres qu'ils font valoir ; le loyer des maisons de la ville suffit pour l'ameublement de celles qu'on habite ; les rentes sur les fonds publics fournissent à l'entretien des maîtres et au peu de vaisselle qu'on se permet ; la vente des vins et des blés qui restent donne un fonds qu'on laisse en réserve pour les dépenses extraordinaires ; fonds que la prudence de Julie ne laisse jamais tarir, et que sa charité laisse encore moins augmenter. Elle n'accorde aux choses de pur agrément que le profit du travail qui se fait dans sa maison, celui des terres qu'ils ont défrichées, celui des arbres qu'ils ont fait planter, etc. Ainsi le produit et l'emploi se trouvant toujours compensés par la nature des choses, la balance ne peut être rompue, et il est impossible de se déranger.

Bien plus ; les privations qu'elle s'impose par cette volupté tempérante dont j'ai parlé, sont à la fois de nouveaux moyens de plaisir et de nouvelles ressources d'économie. Par exemple, elle aime beaucoup le café ; chez sa mère elle en prenoit tous les jours : elle en a quitté l'habitude pour en augmenter le goût ; elle s'est bornée à n'en prendre que quand elle a des hôtes, et dans le salon d'Apollon, afin d'ajouter cet air de fête à tous les autres. C'est une petite sensualité qui la flatte plus, qui lui coûte moins, et par laquelle elle aiguise et règle à la fois sa gourmandise. Au contraire, elle met à deviner et satisfaire les goûts de son père et de son mari une attention sans relâche, une prodigalité naturelle et pleine de grâces, qui leur fait mieux goûter ce qu'elle leur offre par le plaisir qu'elle trouve à le leur offrir. Ils aiment tous deux à prolonger un peu la fin du repas, à la suisse : elle ne manque jamais, après le souper, de faire servir une bouteille de vin plus délicat, plus vieux que celui de l'ordinaire. Je fus d'abord la dupe des noms pompeux qu'on donnoit à ces vins, qu'en effet je trouve excellents; et les buvant comme étant des lieux dont ils portoient les noms, je fis la guerre à Julie d'une infraction si manifeste à ses maximes; mais elle me rappela en riant un passage de Plutarque, où Flaminius compare les troupes asiatiques d'Antiochus, sous mille noms barbares, aux ragoûts divers sous lesquels un ami lui avoit déguisé la même viande. Il en est de même, dit-elle, de ces vins étrangers que vous me reprochez : le Rancio, le Cherez, le Malaga, le Chassaigne, le Syracuse, dont vous buvez avec tant de plaisir, ne sont en effet que des vins de Lavaux diversement préparés, et vous pouvez voir d'ici le vignoble qui produit toutes ces boissons lointaines. Si elles sont inférieures en qualité aux vins fameux dont elles portent les noms, elles n'en ont pas les inconvénients; et comme on est sûr de ce qui les compose, on peut au moins les boire sans risque. J'ai lieu de croire, continua-t-elle, que mon père et mon mari les aiment autant que les vins les plus rares. Les siens, me dit alors M. de Wolmar, ont pour nous un goût dont manquent tous les autres; c'est le plaisir qu'elle a pris à les parer. Ah! reprit-elle, ils seront toujours exquis.

Vous jugez bien qu'au milieu de tant de soins divers le désœuvrement et l'oisiveté qui rendent nécessaires la compagnie, les visites, et les sociétés extérieures, ne trouvent guère ici de place. On fréquente les voisins assez pour entretenir un commerce agréable, trop peu pour s'y assujétir. Les hôtes sont toujours bien venus et ne sont jamais désirés. On ne voit précisément qu'autant de monde qu'il faut pour se conserver le goût de la retraite ; les occupations champêtres tiennent lieu d'amusements ; et pour qui trouve au sein de sa famille une douce société, toutes les autres sont bien insipides. La manière dont on passe ici le temps est trop simple et trop uniforme pour tenter beaucoup de gens [1] ; mais c'est par disposition du cœur de ceux qui l'ont adoptée, qu'elle leur est intéressante. Avec une ame saine peut-on s'ennuyer à remplir les plus chers et les plus charmants devoirs de l'humanité, et à se rendre mutuellement la vie heureuse ? Tous les soirs, Julie, contente de sa journée, n'en désire point une différente pour le lendemain, et tous les matins elle demande au ciel un jour semblable à celui de la veille : elle fait toujours les mêmes choses parce qu'elles sont bien, et qu'elle ne connoît rien de

---

[1] Je crois qu'un de nos beaux esprits voyageant dans ce pays-là, reçu et caressé dans cette maison à son passage, feroit ensuite à ses amis une relation bien plaisante de la vie de manants qu'on y mène. Au reste, je vois par les lettres de milady Catesby que ce goût n'est pas particulier à la France, et que c'est apparemment aussi l'usage en Angleterre de tourner ses hôtes en ridicule pour prix de leur hospitalité.

mieux à faire. Sans doute elle jouit ainsi de toute la félicité permise à l'homme. Se plaire dans la durée de son état, n'est-ce pas un signe assuré qu'on y vit heureux ?

Si l'on voit rarement ici de ces tas de désœuvrés qu'on appelle bonne compagnie, tout ce qui s'y rassemble intéresse le cœur par quelque endroit avantageux, et rachète quelques ridicules par mille vertus. De paisibles campagnards, sans monde et sans politesse, mais bons, simples, honnêtes, et contents de leur sort ; d'anciens officiers retirés du service ; des commerçants ennuyés de s'enrichir ; de sages mères de famille qui amènent leurs filles à l'école de la modestie et des bonnes mœurs : voilà le cortège que Julie aime à rassembler autour d'elle. Son mari n'est pas fâché d'y joindre quelquefois de ces aventuriers corrigés par l'âge et l'expérience, qui, devenus sages à leurs dépens, reviennent sans chagrin cultiver le champ de leur père qu'ils voudroient n'avoir point quitté. Si quelqu'un récite à table les événements de sa vie, ce ne sont point les aventures merveilleuses du riche Sindbad[1] racontant au sein de la mollesse orientale comment il a gagné ses trésors : ce sont les relations plus simples de gens sensés que les caprices du sort et les injustices des hommes ont rebutés des faux biens vainement poursuivis, pour leur rendre le goût des véritables.

[1] Personnage des *Mille et une Nuits*.

Croiriez-vous que l'entretien même des paysans a des charmes pour ces ames élevées avec qui le sage aimeroit à s'instruire? Le judicieux Wolmar trouve dans la naïveté villageoise des caractères plus marqués, plus d'hommes pensants par eux-mêmes, que sous le masque uniforme des habitants des villes, où chacun se montre comme sont les autres plutôt que comme il est lui-même. La tendre Julie trouve en eux des cœurs sensibles aux moindres caresses, et qui s'estiment heureux de l'intérêt qu'elle prend à leur bonheur. Leur cœur ni leur esprit ne sont point façonnés par l'art; ils n'ont point appris à se former sur nos modèles, et l'on n'a pas peur de trouver en eux l'homme de l'homme au lieu de celui de la nature.

Souvent, dans ses tournées, M. de Wolmar rencontre quelque bon vieillard dont le sens et la raison le frappent, et qu'il se plaît à faire causer. Il l'amène à sa femme; elle lui fait un accueil charmant, qui marque non la politesse et les airs de son état, mais la bienveillance et l'humanité de son caractère. On retient le bonhomme à dîner: Julie le place à côté d'elle, le sert, le caresse, lui parle avec intérêt, s'informe de sa famille, de ses affaires, ne sourit point de son embarras, ne donne point une attention gênante à ses manières rustiques, mais le met à son aise par la facilité des siennes, et ne sort point avec lui de ce tendre et touchant respect dû à la vieillesse infirme qu'honore une longue vie passée sans reproche. Le vieillard enchanté se livre à l'épanchement de son cœur; il semble reprendre un moment la vivacité de sa jeunesse. Le vin bu à la santé d'une jeune dame en réchauffe mieux son sang à demi glacé. Il se ranime à parler de son ancien temps, de ses amours, de ses campagnes, des combats où il s'est trouvé, du courage de ses compatriotes, de son retour au pays, de sa femme, de ses enfants, des travaux champêtres, des abus qu'il a remarqués, des remèdes qu'il imagine. Souvent des longs discours de son âge sortent d'excellents préceptes moraux ou des leçons d'agriculture; et quand il n'y auroit dans les choses qu'il dit que le plaisir qu'il prend à les dire, Julie en prendroit à les écouter.

Elle passe après le dîner dans sa chambre et en rapporte un petit présent de quelque nippe convenable à la femme ou aux filles du vieux bonhomme. Elle le lui fait offrir par les enfants, et réciproquement il rend aux enfants quelque don simple et de leur goût, dont elle l'a secrètement chargé pour eux. Ainsi se forme de bonne heure l'étroite et douce bienveillance qui fait la liaison des états divers. Les enfants s'accoutument à honorer la vieillesse, à estimer la simplicité, et à distinguer le mérite dans tous les rangs. Les paysans, voyant leurs vieux pères fêtés dans une maison respectable et admis à la table des maîtres, ne se tiennent point offensés d'en être exclus; ils ne s'en prennent point à leur rang, mais à leur âge; ils ne disent point, Nous sommes trop pauvres, mais Nous sommes trop jeunes pour être ainsi traités; l'honneur qu'on rend à leurs vieillards et l'espoir de le partager un jour les consolent d'en être privés et les excitent à s'en rendre dignes.

Cependant le vieux bonhomme, encore attendri des caresses qu'il a reçues, revient dans sa chaumière, empressé de montrer à sa femme et à ses enfants les dons qu'il leur apporte. Ces bagatelles répandent la joie dans toute une famille qui voit qu'on a voulu s'occuper d'elle. Il leur raconte avec emphase la réception qu'on lui a faite, les mets dont on l'a servi, les vins dont il a goûté, les discours obligeants qu'on lui a tenus, combien on s'est informé d'eux, l'affabilité des maîtres, l'attention des serviteurs, et généralement ce qui peut donner du prix aux marques d'estime et de bonté qu'il a reçues: en le racontant il en jouit une seconde fois, et toute la maison croit jouir aussi des honneurs rendus à son chef. Tous bénissent de concert cette famille illustre et généreuse qui donne exemple aux grands et refuge aux petits, qui ne dédaigne point le pauvre et rend honneur aux cheveux blancs. Voilà l'encens qui plaît aux ames bienfaisantes. S'il est des bénédictions humaines que le ciel daigne exaucer, ce ne sont point celles qu'arrachent la flatterie et la bassesse en présence des gens qu'on loue, mais celles que dicte en secret un cœur simple et reconnoissant au coin d'un foyer rustique.

C'est ainsi qu'un sentiment agréable et doux peut couvrir de son charme une vie insipide à des cœurs indifférents ; c'est ainsi que les soins, les travaux, la retraite, peuvent devenir des amusements par l'art de les diriger. Une ame saine peut donner du goût à des occupations communes, comme la santé du corps fait trouver bons les aliments les plus simples. Tous ces gens ennuyés qu'on amuse avec tant de peine doivent leur dégoût à leurs vices, et ne perdent le sentiment du plaisir qu'avec celui du devoir. Pour Julie, il lui est arrivé précisément le contraire ; et des soins qu'une certaine langueur d'ame lui eût laissé négliger autrefois lui deviennent intéressants par le motif qui les inspire. Il faudroit être insensible pour être toujours sans vivacité. La sienne s'est développée par les mêmes causes qui la réprimoient autrefois. Son cœur cherchoit la retraite et la solitude pour se livrer en paix aux affections dont il étoit pénétré ; maintenant elle a pris une activité nouvelle en formant de nouveaux liens. Elle n'est point de ces indolentes mères de famille, contentes d'étudier quand il faut agir, qui perdent à s'instruire des devoirs d'autrui le temps qu'elles devroient mettre à remplir les leurs. Elle pratique aujourd'hui ce qu'elle apprenoit autrefois. Elle n'étudie plus, elle ne lit plus, elle agit. Comme elle se lève une heure plus tard que son mari, elle se couche aussi plus tard d'une heure. Cette heure est le seul temps qu'elle donne encore à l'étude, et la journée ne lui paroît jamais assez longue pour tous les soins dont elle aime à la remplir.

Voilà, milord, ce que j'avois à vous dire sur l'économie de cette maison et sur la vie privée des maîtres qui la gouvernent. Contents de leur sort, ils en jouissent paisiblement; contents de leur fortune, ils ne travaillent pas à l'augmenter pour leurs enfants, mais à la leur laisser, avec l'héritage qu'ils ont reçu, des terres en bon état, des domestiques affectionnés, le goût du travail, de l'ordre, de la modération, et tout ce qui peut rendre douce et charmante à des gens sensés la jouissance d'un bien médiocre, aussi sagement conservé qu'il fut honnêtement acquis.

LETTRE III[1].

DE SAINT-PREUX A MILORD ÉDOUARD.

Nous avons eu des hôtes ces jours derniers : ils sont repartis hier; et nous recommençons entre

[1] Deux lettres écrites en différents temps rouloient sur le sujet

nous trois une société d'aûtant plus charmante qu'il n'est rien resté dans le fond des cœurs qu'on veuille se cacher l'un à l'autre. Quel plaisir je goûte à reprendre un nouvel être qui me rend digne de votre confiance! Je ne reçois pas une marque d'estime de Julie et de son mari que je ne me dise avec une certaine fierté d'ame : Enfin j'oserai me montrer à lui. C'est par vos soins, c'est sous vos yeux que j'espère honorer mon état présent de mes fautes passées. Si l'amour éteint jette l'ame dans l'épuisement, l'amour subjugué lui donne, avec la conscience de sa victoire, une élévation nouvelle et un attrait plus vif pour tout ce qui est grand et beau. Voudroit-on perdre le fruit d'un sacrifice qui nous a coûté si cher? Non, milord; je sens qu'à votre exemple mon cœur va mettre à profit tous les ardents sentiments qu'il a vaincus; je sens qu'il faut avoir été ce que je fus pour devenir ce que je veux être.

Après six jours perdus aux entretiens frivoles des gens indifférents, nous avons passé aujourd'hui une matinée à l'anglaise, réunis et dans le silence, goûtant à la fois le plaisir d'être ensemble

de celle-ci, ce qui occasionoit bien des répétitions inutiles. Pour les retrancher, j'ai réuni ces deux lettres en une seule. Au reste, sans prétendre justifier l'excessive longueur de plusieurs des lettres dont ce recueil est composé, je remarquerai que les lettres des solitaires sont longues et rares, celles des gens du monde fréquentes et courtes. Il ne faut qu'observer cette différence pour en sentir à l'instant la raison.

et la douceur du recueillement. Que les délices de cet état sont connues de peu de gens! Je n'ai vu personne en France en avoir la moindre idée. La conversation des amis ne tarit jamais, disent-ils. Il est vrai, la langue fournit un babil facile aux attachements médiocres; mais l'amitié, milord, l'amitié! Sentiment vif et céleste, quels discours sont dignes de toi? quelle langue ose être ton interprète? Jamais ce qu'on dit à son ami peut-il valoir ce qu'on sent à ses côtés! Mon Dieu! qu'une main serrée, qu'un regard animé, qu'une étreinte contre la poitrine, que le soupir qui la suit, disent de choses! et que le premier mot qu'on prononce est froid après tout cela! O veillées de Besançon! moments consacrés au silence et recueillis par l'amitié! O Bomston, ame grande, ami sublime! non, je n'ai point avili ce que tu fis pour moi, et ma bouche ne t'en a jamais rien dit.

Il est sûr que cet état de contemplation fait un des grands charmes des hommes sensibles. Mais j'ai toujours trouvé que les importuns empêchoient de le goûter, et que les amis ont besoin d'être sans témoin pour pouvoir ne se rien dire qu'à leur aise. On veut être recueilli, pour ainsi dire, l'un dans l'autre: les moindres distractions sont désolantes, la moindre contrainte est insupportable. Si quelquefois le cœur porte un mot à la bouche, il est si doux de pouvoir le prononcer sans gêne! Il semble qu'on n'ose penser librement ce qu'on n'ose dire de même : il semble que la présence d'un seul étranger retienne le sentiment et comprime des ames qui s'entendroient si bien sans lui.

Deux heures se sont ainsi écoulées entre nous dans cette immobilité d'extase, plus douce mille fois que le froid repos des dieux d'Épicure. Après le déjeûner, les enfants sont entrés comme à l'ordinaire dans la chambre de leur mère; mais, au lieu d'aller ensuite s'enfermer avec eux dans le gynécée selon sa coutume, pour nous dédommager en quelque sorte du temps perdu sans nous voir, elle les a fait rester avec elle, et nous ne nous sommes point quittés jusqu'au dîner. Henriette, qui commence à savoir tenir l'aiguille, travailloit assise devant la Fanchon, qui faisoit de la dentelle, et dont l'oreiller posoit sur le dossier de sa petite chaise. Les deux garçons feuilletoient sur une table un recueil d'images dont l'aîné expliquoit les sujets au cadet. Quand il se trompoit, Henriette attentive, et qui sait le recueil par cœur, avoit soin de le corriger. Souvent, feignant d'ignorer à quelle estampe ils étoient, elle en tiroit un prétexte de se lever, d'aller et venir de sa chaise à la table et de la table à sa chaise. Ces promenades ne lui déplaisoient pas, et lui attiroient toujours quelque agacerie de la part du petit malin; quelquefois même il s'y joignoit un baiser que sa bouche enfantine sait mal appliquer encore, mais dont Henriette, déjà plus savante, lui épargne volontiers la façon. Pendant ces petites leçons, qui se prenoient et se donnoient sans beaucoup de soin, mais aussi sans la moindre gêne, le cadet comptoit furtivement des onchets de buis qu'il avoit cachés sous le livre.

Madame de Wolmar brodoit près de la fenêtre vis-à-vis des enfants; nous étions son mari et moi encore autour de la table à thé, lisant la gazette, à laquelle elle prêtoit assez peu d'attention. Mais à l'article de la maladie du roi de France et de l'attachement singulier de son peuple, qui n'eut jamais d'égal que celui des Romains pour Germanicus, elle a fait quelques réflexions sur le bon naturel de cette nation douce et bienveillante, que toutes haïssent, et qui n'en hait aucune, ajoutant qu'elle n'envioit du rang suprême que le plaisir de s'y faire aimer. N'enviez rien, lui a dit son mari d'un ton qu'il m'eût dû laisser prendre; il y a longtemps que nous sommes tous vos sujets. A ce mot son ouvrage est tombé de ses mains; elle a tourné la tête, et jeté sur son digne époux un regard si touchant, si tendre, que j'en ai tressailli moi-même. Elle n'a rien dit : qu'eût-elle dit qui valût ce regard? Nos yeux se sont aussi rencontrés. J'ai senti, à la manière dont son mari m'a serré la main, que la même émotion nous gagnoit tous trois, et que la douce influence de cette ame expansive agissoit autour d'elle et triomphoit de l'insensibilité même.

C'est dans ces dispositions qu'a commencé le silence dont je vous parlois : vous pouvez juger qu'il n'étoit pas de froideur et d'ennui. Il n'étoit interrompu que par le petit manège des enfants ; encore, aussitôt que nous avons cessé de parler, ont-ils modéré, par imitation, leur caquet, comme craignant de troubler le recueillement universel. C'est la petite surintendante qui la première s'est mise à baisser la voix, à faire signe aux autres, à courir sur la pointe du pied ; et leurs jeux sont devenus d'autant plus amusants que cette légère contrainte y ajoutoit un nouvel intérêt. Ce spectacle, qui sembloit être mis sous nos yeux pour prolonger notre attendrissement, a produit son effet naturel.

Ammusticon le lingue, e parlan l'alme [1].

Que de choses se sont dites sans ouvrir la bouche ! que d'ardents sentiments se sont communiqués sans la froide entremise de la parole ! Insensiblement Julie s'est laissé absorber à celui qui dominoit tous les autres. Ses yeux se sont tout-à-fait fixés sur ses trois enfants ; et son cœur, ravi dans une délicieuse extase, animoit son charmant visage de tout ce que la tendresse maternelle eut jamais de plus touchant.

Livrés nous-mêmes à cette double contemplation, nous nous laissions entraîner Wolmar et moi

---

[1] Les langues se taisent, mais les cœurs parlent. MARINI.

à nos rêveries, quand les enfants qui les causoient les ont fait finir. L'aîné, qui s'amusoit aux images, voyant que les onchets empêchoient son frère d'être attentif, a pris le temps qu'il les avoit rassemblés, et, lui donnant un coup sur la main, les a fait sauter par la chambre. Marcelin s'est mis à pleurer; et, sans s'agiter pour le faire taire, madame de Wolmar a dit à Fanchon d'emporter les onchets. L'enfant s'est tu sur-le-champ; mais les onchets n'ont pas moins été emportés sans qu'il ait recommencé de pleurer, comme je m'y étois attendu. Cette circonstance, qui n'étoit rien, m'en a rappelé beaucoup d'autres auxquelles je n'avois fait nulle attention; et je ne me souviens pas, en y pensant, d'avoir vu d'enfants à qui l'on parlât si peu et qui fussent moins incommodes. Ils ne quittent presque jamais leur mère, et à peine s'aperçoit-on qu'ils soient là. Ils sont vifs, étourdis, sémillants, comme il convient à leur âge, jamais importuns ni criards, et l'on voit qu'ils sont discrets avant de savoir ce que c'est que discrétion. Ce qui m'étonnoit le plus dans les réflexions où ce sujet m'a conduit, c'étoit que cela se fît comme de soi-même, et qu'avec une si vive tendresse pour ses enfants Julie se tourmentât si peu autour d'eux. En effet, on ne la voit jamais s'empresser à les faire parler ou taire, ni à leur prescrire ou défendre ceci ou cela. Elle ne dispute point avec eux, elle ne les contrarie point dans leurs amusements ; on diroit qu'elle se contente de les voir et de les aimer, et que, quand ils ont passé leur journée avec elle, tout son devoir de mère est rempli.

Quoique cette paisible tranquillité me parût plus douce à considérer que l'inquiète sollicitude des autres mères, je n'en étois pas moins frappé d'une indolence qui s'accordoit mal avec mes idées. J'aurois voulu qu'elle n'eût pas encore été contente avec tant de sujets de l'être : une activité superflue sied si bien à l'amour maternel ! Tout ce que je voyois de bon dans ses enfants, j'aurois voulu l'attribuer à ses soins ; j'aurois voulu qu'ils dussent moins à la nature et davantage à leur mère ; je leur aurois presque désiré des défauts, pour la voir plus empressée à les corriger.

Après m'être occupé long-temps de ces réflexions en silence, je l'ai rompu pour les lui communiquer. Je vois, lui ai-je dit, que le ciel récompense la vertu des mères par le bon naturel des enfants ; mais ce bon naturel veut être cultivé. C'est dès leur naissance que doit commencer leur éducation. Est-il un temps plus propre à les former que celui où ils n'ont encore aucune forme à détruire ? Si vous les livrez à eux-mêmes dès leur enfance, à quel âge attendrez-vous d'eux de la docilité ? Quand vous n'auriez rien à leur apprendre, il faudroit leur apprendre à vous obéir. Vous apercevez-vous, a-t-elle répondu, qu'ils me désobéissent? Cela seroit difficile, ai-je dit, quand vous ne leur commandez rien. Elle s'est mise à sourire en regardant son mari; et, me prenant par la main, elle m'a mené dans le cabinet, où nous pouvions causer tous trois sans être entendus des enfants.

C'est là que, m'expliquant à loisir ses maximes, elle m'a fait voir sous cet air de négligence la plus vigilante attention qu'ait jamais donnée la tendresse maternelle. Long-temps, m'a-t-elle dit, j'ai pensé comme vous sur les instructions prématurées; et, durant ma première grossesse, effrayée de tous mes devoirs et des soins que j'aurois bientôt à remplir, j'en parlois souvent à M. de Wolmar avec inquiétude. Quel meilleur guide pouvois-je prendre en cela qu'un observateur éclairé qui joignoit à l'intérêt d'un père le sang-froid d'un philosophe? Il remplit et passa mon attente; il dissipa mes préjugés, et m'apprit à m'assurer avec moins de peine un succès beaucoup plus étendu. Il me fit sentir que la première et plus importante éducation, celle précisément que tout le monde oublie¹, est de rendre un enfant propre à être élevé. Une erreur commune à tous les parents qui se piquent de lumières est de supposer les enfants raisonnables dès leur nais-

¹ Locke lui-même, le sage Locke l'a oubliée; il dit bien plus ce qu'on doit exiger des enfants que ce qu'il faut faire pour l'obtenir.

sance, et de leur parler comme à des hommes avant même qu'ils sachent parler. La raison est l'instrument qu'on pense employer à les instruire ; au lieu que les autres instruments doivent servir à former celui-là, et que, de toutes les instructions propres à l'homme, celle qu'il acquiert le plus tard et le plus difficilement est la raison même. En leur parlant dès leur bas âge une langue qu'ils n'entendent point, on les accoutume à se payer de mots, à en payer les autres, à contrôler tout ce qu'on leur dit, à se croire aussi sages que leurs maîtres, à devenir disputeurs et mutins ; et tout ce qu'on pense obtenir d'eux par des motifs raisonnables, on ne l'obtient en effet que par ceux de crainte ou de vanité qu'on est toujours forcé d'y joindre.

Il n'y a point de patience qui ne lasse enfin l'enfant qu'on veut élever ainsi ; et voilà comment ennuyés, rebutés, excédés de l'éternelle importunité dont ils leur ont donné l'habitude eux-mêmes, les parents, ne pouvant plus supporter le tracas des enfants, sont forcés de les éloigner d'eux en les livrant à des maîtres ; comme si l'on pouvoit jamais espérer d'un précepteur plus de patience et de douceur que n'en peut avoir un père.

La nature, a continué Julie, veut que les enfants soient enfants avant que d'être hommes. Si nous voulons pervertir cet ordre, nous produirons des fruits précoces qui n'auront ni maturité ni saveur, et ne tarderont pas à se corrompre ; nous aurons de jeunes docteurs et de vieux enfants. L'enfance a des manières de voir, de penser, de sentir, qui lui sont propres. Rien n'est moins sensé que d'y vouloir substituer les nôtres ; et j'aimerois autant exiger qu'un enfant eût cinq pieds de haut que du jugement à dix ans.

La raison ne commence à se former qu'au bout de plusieurs années, et quand le corps a pris une certaine consistance. L'intention de la nature est donc que le corps se fortifie avant que l'esprit s'exerce. Les enfants sont toujours en mouvement ; le repos et la réflexion sont l'aversion de leur âge ; une vie appliquée et sédentaire les empêche de croître et de profiter ; leur esprit ni leur corps ne peuvent supporter la contrainte. Sans cesse enfermés dans une chambre avec des livres, ils perdent toute leur vigueur ; ils deviennent délicats, foibles, malsains, plutôt hébétés que raisonnables, et l'ame se sent toute la vie du dépérissement du corps.

Quand toutes ces instructions prématurées profiteroient à leur jugement autant qu'elles y nuisent, encore y auroit-il un très-grand inconvénient à les leur donner indistinctement et sans égard à celles qui conviennent par préférence au génie de chaque enfant. Outre la constitution commune à l'espèce, chacun apporte en naissant un tempérament particulier qui détermine son génie et son caractère, et qu'il ne s'agit ni de changer ni de contraindre, mais de former et de perfectionner. Tous les caractères sont bons et sains en eux-mêmes, selon M. de Wolmar. Il n'y a point, dit-il, d'erreurs dans la nature[1]; tous les vices qu'on impute au naturel sont l'effet des mauvaises formes qu'il a reçues. Il n'y a point de scélérat dont les penchants mieux dirigés n'eussent produit de grandes vertus. Il n'y a point d'esprit faux dont on n'eût tiré des talents utiles en le prenant d'un certain biais, comme ces figures difformes et monstrueuses qu'on rend belles et bien proportionnées en les mettant à leur point de vue. Tout concourt au bien commun dans le système universel. Tout homme a sa place assignée dans le meilleur ordre des choses; il s'agit de trouver cette place et de ne pas pervertir cet ordre. Qu'arrive-t-il d'une éducation commencée dès le berceau et toujours sous une même formule, sans égard à la prodigieuse diversité des esprits? Qu'on donne à la plupart des instructions nuisibles ou déplacées; qu'on les prive de celles qui leur conviendroient; qu'on gêne de toutes parts la nature; qu'on efface les grandes qualités de l'ame pour en substituer de petites et d'apparentes qui n'ont aucune réalité; qu'en exerçant indistinctement aux mêmes choses tant de talents divers, on efface les

---

[1] Cette doctrine si vraie me surprend dans M. de Wolmar; on verra bientôt pourquoi.

uns par les autres, on les confond tous; qu'après bien des soins perdus à gâter dans les enfants les vrais dons de la nature, on voit bientôt ternir cet éclat passager et frivole qu'on leur préfère, sans que le naturel étouffé revienne jamais; qu'on perd à la fois ce qu'on a détruit et ce qu'on a fait; qu'enfin, pour le prix de tant de peine indiscrètement prise, tous ces petits prodiges deviennent des esprits sans force et des hommes sans mérite, uniquement remarquables par leur foiblesse et par leur inutilité.

J'entends ces maximes, ai-je dit à Julie; mais j'ai peine à les accorder avec vos propres sentiments sur le peu d'avantage qu'il y a de développer le génie et les talents naturels de chaque individu, soit pour son propre bonheur, soit pour le vrai bien de la société. Ne vaut-il pas infiniment mieux former un parfait modèle de l'homme raisonnable et de l'honnête homme, puis rapprocher chaque enfant de ce modèle par la force de l'éducation, en excitant l'un, en retenant l'autre, en réprimant les passions, en perfectionnant la raison, en corrigeant la nature?... Corriger la nature! a dit Wolmar en m'interrompant; ce mot est beau, mais avant que de l'employer il falloit répondre à ce que Julie vient de vous dire.

Une réponse très-péremptoire, à ce qu'il me sembloit, étoit de nier le principe; c'est ce que j'ai fait. Vous supposez toujours que cette diversité d'esprits et de génies qui distingue les individus est l'ouvrage de la nature; et cela n'est rien moins qu'évident. Car enfin, si les esprits sont différents, ils sont inégaux; et si la nature les a rendus inégaux, c'est en douant les uns préférablement aux autres d'un peu plus de finesse de sens, d'étendue de mémoire ou de capacité d'attention. Or, quant aux sens et à la mémoire, il est prouvé par l'expérience que leurs divers degrés d'étendue et de perfection ne sont point la mesure de l'esprit des hommes; et quant à la capacité d'attention, elle dépend uniquement de la force des passions qui nous animent; et il est encore prouvé que tous les hommes sont, par leur nature, susceptibles de passions assez fortes pour les douer du degré d'attention auquel est attachée la supériorité de l'esprit.

Que si la diversité des esprits, au lieu de venir de la nature, étoit un effet de l'éducation, c'est-à-dire des diverses idées, des divers sentiments qu'excitent en nous dès l'enfance les objets qui nous frappent, les circonstances où nous nous trouvons, et toutes les impressions que nous recevons, bien loin d'attendre pour élever les enfants qu'on connût le caractère de leur esprit, il faudroit au contraire se hâter de déterminer convenablement ce caractère par une éducation propre à celui qu'on veut leur donner.

A cela il m'a répondu que ce n'étoit pas sa méthode de nier ce qu'il voyoit, lorsqu'il ne pouvoit l'expliquer. Regardez, m'a-t-il dit, ces deux chiens qui sont dans la cour; ils sont de la même portée, ils ont été nourris et traités de même, ils ne se sont jamais quittés; cependant l'un des deux est vif, gai, caressant, plein d'intelligence; l'autre, lourd, pesant, hargneux, et jamais on n'a pu lui rien apprendre. La seule différence des tempéraments a produit en eux celle des caractères, comme la seule différence de l'organisation intérieure produit en nous celle des esprits; tout le reste a été semblable.... Semblable? ai-je interrompu; quelle différence! Combien de petits objets ont agi sur l'un et non pas sur l'autre! combien de petites circonstances les ont frappés diversement sans que vous vous en soyez aperçu! Bon! a-t-il repris, vous voilà raisonnant comme les astrologues. Quand on leur opposoit que deux hommes nés sous le même aspect avoient des fortunes si diverses, ils rejetoient bien loin cette identité. Ils soutenoient que, vu la rapidité des cieux, il y avoit une distance immense du thème de l'un de ces hommes à celui de l'autre, et que, si l'on eût pu marquer les deux instants précis de leurs naissances, l'objection se fût tournée en preuve.

Laissons, je vous prie, toutes ces subtilités, et nous en tenons à l'observation. Elle nous apprend qu'il y a des caractères qui s'annoncent presque en naissant, et des enfants qu'on peut étudier sur le sein de leur nourrice. Ceux-là font une classe à part, et s'élèvent en commençant de vivre ; mais, quant aux autres qui se développent moins vite, vouloir former leur esprit avant de le connoître, c'est s'exposer à gâter le bien que la nature a fait, et à faire plus mal à sa place. Platon votre maître ne soutenoit-il pas que tout le savoir humain, toute la philosophie ne pouvoit tirer d'une ame humaine que ce que la nature y avoit mis, comme toutes les opérations chimiques n'ont jamais tiré d'aucun mixte qu'autant d'or qu'il en contenoit déjà ? Cela n'est vrai ni de nos sentiments ni de nos idées ; mais cela est vrai de nos dispositions à les acquérir. Pour changer un esprit, il faudroit changer l'organisation intérieure ; pour changer un caractère, il faudroit changer le tempérament dont il dépend. Avez-vous jamais ouï dire qu'un emporté soit devenu flegmatique, et qu'un esprit méthodique et froid ait acquis de l'imagination ? Pour moi, je trouve qu'il seroit tout aussi aisé de faire un blond d'un brun, et d'un sot un homme d'esprit. C'est donc en vain qu'on prétendroit refondre les divers esprits sur un modèle commun. On peut les contraindre et non les changer : on peut empêcher les hommes de se montrer tels qu'ils sont, mais non les faire devenir autres ; et s'ils se déguisent dans le cours ordinaire de la vie, vous les verrez dans toutes les occasions importantes reprendre leur caractère originel, et s'y livrer avec d'autant moins de règle qu'ils n'en connoissent plus en s'y livrant. Encore une fois, il ne s'agit point de changer le caractère et de plier le naturel, mais au contraire de le pousser aussi loin qu'il peut aller, de le cultiver, et d'empêcher qu'il ne dégénère; car c'est ainsi qu'un homme devient tout ce qu'il peut être, et que l'ouvrage de la nature s'achève en lui par l'éducation. Or, avant de cultiver le caractère, il faut l'étudier, attendre paisiblement qu'il se montre, lui fournir les occasions de se montrer, et toujours s'abstenir de rien faire plutôt que d'agir mal à propos. A tel génie il faut donner des ailes, à d'autres des entraves; l'un veut être pressé, l'autre retenu; l'un veut qu'on le flatte, et l'autre qu'on l'intimide : il faudroit tantôt éclairer, tantôt abrutir. Tel homme est fait pour porter la connoissance humaine jusqu'à son dernier terme; à tel autre il est même funeste de savoir lire. Attendons la première étincelle de la raison; c'est elle qui fait sortir le caractère et lui donne sa véritable forme; c'est par elle aussi qu'on le cultive, et il n'y a point avant la raison de véritable éducation pour l'homme.

Quant aux maximes de Julie que vous mettez en opposition, je ne sais ce que vous y voyez de contradictoire : pour moi je les trouve parfaitement d'accord; chaque homme apporte en naissant un caractère, un génie et des talents qui lui sont propres. Ceux qui sont destinés à vivre dans la simplicité champêtre n'ont pas besoin, pour être heureux, du développement de leurs facultés, et leurs talents enfouis sont comme les mines d'or du Valais que le bien public ne permet pas qu'on exploite. Mais dans l'état civil, où l'on a moins besoin de bras que de têtes, et où chacun doit compte à soi-même et aux autres de tout son prix, il importe d'apprendre à tirer des hommes tout ce que la nature leur a donné, à les diriger du côté où ils peuvent aller le plus loin, et surtout à nourrir leurs inclinations de tout ce qui peut les rendre utiles. Dans le premier cas on n'a d'égard qu'à l'espèce, chacun fait ce que font tous les autres; l'exemple est la seule règle, l'habitude est le seul talent; et nul n'exerce de son ame que la partie commune à tous. Dans le second, on s'applique à l'individu, à l'homme en général; on ajoute en lui tout ce qu'il peut avoir de plus qu'un autre; on le suit aussi loin que la nature le mène, et l'on en fera le plus grand des hommes s'il a ce qu'il faut pour le devenir. Ces maximes se contredisent si peu, que la pratique en est la même pour le premier âge. N'instruisez point l'enfant du villageois, car il ne lui convient pas d'être instruit. N'instruisez pas l'enfant du citadin, car vous ne savez encore quelle instruction lui convient. En tout état de cause, laissez former le corps jusqu'à ce que la raison commence à poindre; alors c'est le moment de la cultiver.

Tout cela me paroîtroit fort bien, ai-je dit, si je n'y voyois un inconvénient qui nuit fort aux avantages que vous attendez de cette méthode ; c'est de laisser prendre aux enfants mille mauvaises habitudes qu'on ne prévient que par les bonnes. Voyez ceux qu'on abandonne à eux-mêmes ; ils contractent bientôt tous les défauts dont l'exemple frappe leurs yeux, parce que cet exemple est commode à suivre, et n'imitent jamais le bien, qui coûte plus à pratiquer. Accoutumés à tout obtenir, à faire en toute occasion leur indiscrète volonté, ils deviennent mutins, têtus, indomptables.... Mais, a repris M. de Wolmar, il me semble que vous avez remarqué le contraire dans les nôtres, et que c'est ce qui a donné lieu à cet entretien. Je l'avoue, ai-je dit, et c'est précisément ce qui m'étonne. Qu'a-t-elle fait pour les rendre dociles ? comment s'y est-t-elle prise ? qu'a-t-elle substitué au joug de la discipline ? Un joug bien plus inflexible, a-t-il dit à l'instant, celui de la nécessité. Mais, en vous détaillant sa conduite, elle vous fera mieux entendre ses vues. Alors il l'a engagée à m'expliquer sa méthode ; et, après une courte pause, voici à peu près comme elle m'a parlé :

Heureux les enfants bien nés, mon aimable ami ! Je ne présume pas autant de nos soins que M. de Wolmar. Malgré ses maximes, je doute qu'on puisse jamais tirer un bon parti d'un mauvais caractère, et que tout naturel puisse être tourné à bien; mais, au surplus, convaincue de la bonté de sa méthode, je tâche d'y conformer en tout ma conduite dans le gouvernement de ma famille. Ma première espérance est que des méchants ne seront pas sortis de mon sein; la seconde est d'élever assez bien les enfants que Dieu m'a donnés, sous la direction de leur père, pour qu'ils aient un jour le bonheur de lui ressembler. J'ai tâché pour cela de m'approprier les règles qu'il m'a prescrites, en leur donnant un principe moins philosophique et plus convenable à l'amour maternel; c'est de voir mes enfants heureux. Ce fut le premier vœu de mon cœur en portant le doux nom de mère, et tous les soins de mes jours sont destinés à l'accomplir. La première fois que je tins mon fils aîné dans mes bras, je songeai que l'enfance est presque un quart des plus longues vies, qu'on parvient rarement aux trois autres quarts, et que c'est une bien cruelle prudence de rendre cette première portion malheureuse pour assurer le bonheur du reste, qui peut-être ne viendra jamais. Je songeai que, durant la foiblesse du premier âge, la nature assujettit les enfants de tant de manières, qu'il est barbare d'ajouter à cet assujettissement l'empire de nos caprices, en leur ôtant une liberté si bornée, et dont ils peuvent si peu abuser. Je résolus d'épargner au mien toute contrainte autant qu'il seroit possible, de lui laisser tout l'usage de ses petites forces, et de ne gêner en lui nul des mouvements de la nature. J'ai déjà gagné à cela deux grands avantages : l'un, d'écarter de son ame naissante le mensonge, la vanité, la colère, l'envie, en un mot tous les vices qui naissent de l'esclavage, et qu'on est contraint de fomenter dans les enfants pour obtenir d'eux ce qu'on en exige ; l'autre, de laisser fortifier librement son corps par l'exercice continuel que l'instinct lui demande. Accoutumé tout comme les paysans à courir tête nue au soleil, au froid, à s'essouffler, à se mettre en sueur, il s'endurcit comme eux aux injures de l'air, et se rend plus robuste en vivant plus content. C'est le cas de songer à l'âge d'homme et aux accidents de l'humanité. Je vous l'ai déjà dit, je crains cette pusillanimité meurtrière qui, à force de délicatesse et de soins, affoiblit, efféminé un enfant, le tourmente par une éternelle contrainte, l'enchaîne par mille vaines précautions, enfin l'expose pour toute sa vie aux périls inévitables dont elle veut le préserver un moment, et, pour lui sauver quelques rhumes dans son enfance, lui prépare de loin des fluxions de poitrine, des pleurésies, des coups de soleil, et la mort étant grand.

Ce qui donne aux enfants livrés à eux-mêmes la plupart des défauts dont vous parliez, c'est lorsque, non contents de faire leur propre volonté, ils la font encore faire aux autres, et cela par l'insensée indulgence des mères à qui l'on ne complaît qu'en servant toutes les fantaisies de leurs enfants. Mon ami, je me flatte que vous n'avez rien vu dans les miens qui sentît l'empire et l'autorité, même avec le dernier domestique, et que vous ne m'avez pas vue non plus applaudir en secret aux fausses complaisances qu'on a pour eux. C'est ici que je crois suivre une route nouvelle et sûre pour rendre à la fois un enfant libre, paisible, caressant, docile, et cela par un moyen fort simple, c'est de le convaincre qu'il n'est qu'un enfant.

A considérer l'enfance en elle-même, y a-t-il au monde un être plus foible, plus misérable, plus à la merci de tout ce qui l'environne, qui ait si grand besoin de pitié, d'amour, de protection, qu'un enfant? Ne semble-t-il pas que c'est pour cela que les premières voix qui lui sont suggérées par la nature sont les cris et les plaintes; qu'elle lui a donné une figure si douce et un air si touchant, afin que tout ce qui l'approche s'intéresse à sa foiblesse et s'empresse à le secourir? Qu'y a-t-il donc de plus choquant, de plus contraire à l'ordre, que de voir un enfant impérieux et mutin commander à tout ce qui l'entoure, prendre impudemment un ton de maître avec ceux qui n'ont qu'à l'abandonner pour le faire périr, et d'aveugles parents, approuvant cette audace, l'exercer à devenir le tyran de sa nourrice, en attendant qu'il devienne le leur?

Quant à moi, je n'ai rien épargné pour éloigner de mon fils la dangereuse image de l'empire et de la servitude, et pour ne jamais lui donner lieu de penser qu'il fût plutôt servi par devoir que par pitié. Ce point est peut-être le plus difficile et le plus important de toute l'éducation; et c'est un détail qui ne finiroit point que celui de toutes les précautions qu'il m'a fallu prendre pour prévenir en lui cet instinct si prompt à distinguer les services mercenaires des domestiques de la tendresse des soins maternels.

L'un des principaux moyens que j'ai employés a été, comme je vous l'ai dit, de le bien convaincre de l'impossibilité où le tient son âge de vivre sans notre assistance. Après quoi je n'ai pas eu peine à lui montrer que tous les secours qu'on est forcé de recevoir d'autrui sont des actes de dépendance; que les domestiques ont une véritable supériorité sur lui, en ce qu'il ne sauroit se passer d'eux, tandis qu'il ne leur est bon à rien; de sorte que, bien loin de tirer vanité de leurs services, il les reçoit avec une sorte d'humiliation, comme un témoignage de sa foiblesse, et il aspire ardemment au temps où il sera assez grand et assez fort pour avoir l'honneur de se servir lui-même.

Ces idées, ai-je dit, seroient difficiles à établir dans des maisons où le père et la mère se font servir comme des enfants; mais dans celle-ci, où chacun, à commencer par vous, a ses fonctions à remplir, et où le rapport des valets aux maîtres n'est qu'un échange perpétuel de services et de soins, je ne crois pas cet établissement impossible. Cependant il me reste à concevoir comment des enfants accoutumés à voir prévenir leurs besoins n'étendent pas ce droit à leurs fantaisies, ou comment ils ne souffrent pas quelquefois de l'humeur d'un domestique qui traitera de fantaisie un véritable besoin.

Mon ami, a repris madame de Wolmar, une mère peu éclairée se fait des monstres de tout. Les vrais besoins sont très-bornés dans les enfants comme dans les hommes, et l'on doit plus regarder à la durée du bien-être qu'au bien-être d'un seul moment. Pensez-vous qu'un enfant qui n'est point gêné puisse assez souffrir de l'humeur de sa gouvernante, sous les yeux d'une mère, pour en être incommodé? Vous supposez des inconvénients qui naissent de vices déjà contractés, sans songer que tous mes soins ont été d'empêcher ces vices de naître. Naturellement les femmes aiment les enfants. La mésintelligence ne s'élève entre eux que quand l'un veut assujettir l'autre à ses caprices. Or, cela ne peut arriver ici, ni sur l'enfant, dont on n'exige rien, ni sur la gouvernante, à qui l'enfant n'a rien à commander. J'ai suivi en cela tout le contre-pied des autres mères, qui font semblant de vouloir que l'enfant obéisse au domestique, et veulent en effet que le domestiqué obéisse à l'enfant. Personne ici ne commande ni n'obéit : mais l'enfant n'obtient jamais de ceux qui l'approchent qu'autant de complaisance qu'il en a pour eux. Par-là, sentant qu'il n'a sur tout ce qui l'environne d'autre autorité que celle de la bienveillance, il se rend docile et complaisant ; en cherchant à s'attacher les cœurs des autres, le sien s'attache à eux à son tour : car on aime en se faisant aimer, c'est l'infaillible effet de l'amour-propre ; et de cette affection réciproque, née de l'égalité, résultent sans effort les bonnes qualités qu'on prêche sans cesse à tous les enfants, sans jamais en obtenir aucune.

J'ai pensé que la partie la plus essentielle de l'éducation d'un enfant, celle dont il n'est jamais question dans les éducations les plus soignées, c'est de lui bien faire sentir sa misère, sa foiblesse, sa dépendance, et, comme vous a dit mon mari, le pesant joug de la nécessité que la nature impose à l'homme ; et cela, non seulement afin qu'il soit sensible à ce qu'on fait pour lui alléger ce joug, mais surtout afin qu'il connoisse de bonne heure en quel rang l'a placé la Providence, qu'il ne s'élève point au-dessus de sa portée, et que rien d'humain ne lui semble étranger à lui.

Induits dès leur naissance par la mollesse dans laquelle ils sont nourris, par les égards que tout le monde a pour eux, par la facilité d'obtenir tout ce qu'ils désirent, à penser que tout doit céder à leurs fantaisies, les jeunes gens entrent dans le monde avec cet impertinent préjugé, et souvent ils ne s'en corrigent qu'à force d'humiliations, d'affronts et de déplaisirs. Or je voudrois bien sauver à mon fils cette seconde et mortifiante éducation, en lui donnant par la première une plus juste opinion des choses. J'avois d'abord résolu de lui accorder tout ce qu'il demanderoit, persuadée que les premiers mouvements de la nature sont toujours bons et salutaires. Mais je n'ai pas tardé de connoître qu'en se faisant un droit d'être obéis, les enfants sortoient de l'état de nature presque en naissant, et contractoient nos vices par notre exemple, les leurs par notre indiscrétion. J'ai vu que, si je voulois contenter toutes ses fantaisies, elles croîtroient avec ma complaisance; qu'il y auroit toujours un point où il faudroit s'arrêter, et où le refus lui deviendroit d'autant plus sensible qu'il y seroit moins accoutumé. Ne pouvant donc, en attendant la raison, lui sauver tout chagrin, j'ai préféré le moindre et le plus tôt passé. Pour qu'un refus lui fût moins cruel, je l'ai plié d'abord au refus; et, pour lui épargner de longs déplaisirs, des lamentations, des mutineries, j'ai rendu tout refus irrévocable. Il est vrai que j'en fais le moins que je puis, et que j'y regarde à deux fois avant que d'en venir là. Tout ce qu'on lui accorde est accordé sans condition dès la première demande, et l'on est très-indulgent là-dessus : mais il n'obtient jamais rien par importunité ; les pleurs et les flatteries sont également inutiles. Il en est si convaincu qu'il a cessé de les employer ; du premier mot il prend son parti, et ne se tourmente pas plus de voir fermer un cornet de bonbons qu'il voudroit manger qu'envoler un oiseau qu'il voudroit tenir ; car il sent la même impossibilité d'avoir l'un et l'autre. Il ne voit rien dans ce qu'on lui ôte, sinon qu'il ne l'a pu garder ; ni dans ce qu'on lui refuse, sinon qu'il n'a pu l'obtenir ; et, loin de battre la table contre laquelle il se blesse, il ne battroit pas la personne qui lui résiste. Dans tout ce qui le chagrine il sent l'empire de la nécessité, l'effet de sa propre foiblesse ; jamais l'ouvrage du mauvais vouloir d'autrui... Un moment, dit-elle un peu vivement, voyant que j'allois répondre, je pressens votre objection ; j'y vais venir à l'instant.

Ce qui nourrit les criailleries des enfants, c'est l'attention qu'on y fait, soit pour leur céder, soit pour les contrarier. Il ne leur faut quelquefois pour pleurer tout un jour que s'apercevoir qu'on ne veut pas qu'ils pleurent. Qu'on les flatte ou qu'on les menace, les moyens qu'on prend pour les faire taire sont tous pernicieux, et presque toujours sans effet. Tant qu'on s'occupe de leurs pleurs, c'est une raison pour eux de les continuer ; mais ils s'en corrigent bientôt quand ils voient qu'on n'y prend pas garde ; car, grands et petits, nul n'aime à prendre une peine inutile. Voilà précisément ce qui est arrivé à mon aîné. C'étoit d'abord un petit criard qui étourdissoit tout le monde ; et vous êtes témoin qu'on ne l'entend pas plus à présent dans la maison que s'il n'y avoit point d'enfant. Il pleure quand il souffre ; c'est la voix de la nature, qu'il ne faut jamais contraindre ; mais il se tait à l'instant qu'il ne souffre plus. Aussi fais-je une très-grande attention à ses pleurs, bien sûre qu'il n'en verse jamais en vain. Je gagne à cela de savoir à point nommé quand il sent de la douleur et quand il n'en sent pas, quand il se porte bien et quand il est malade, avantage qu'on perd avec ceux qui pleurent par fantaisie et seulement pour se faire apaiser. Au reste, j'avoue que ce point n'est pas facile à obtenir des nourrices et des gouvernantes : car, comme rien n'est plus ennuyeux que d'entendre toujours lamenter un enfant, et que ces bonnes femmes ne voient jamais que l'instant présent, elles ne songent pas qu'à faire taire l'enfant aujourd'hui il en pleurera demain davantage. Le pis est que l'obstination qu'il contracte tire à conséquence dans un âge avancé. La même cause qui le rend criard à trois ans le rend mutin à douze, querelleur à vingt, impérieux à trente, et insupportable toute sa vie.

Je viens maintenant à vous, me dit-elle en souriant. Dans tout ce qu'on accorde aux enfants, ils voient aisément le désir de leur complaire ; dans tout ce qu'on en exige ou qu'on leur refuse, ils doivent supposer des raisons sans les demander. C'est un autre avantage qu'on gagne à user avec eux d'autorité plutôt que de persuasion dans les occasions nécessaires : car, comme il n'est pas possible qu'ils n'aperçoivent quelquefois la raison qu'on a d'en user ainsi, il est naturel qu'ils la supposent encore quand ils sont hors d'état de la voir. Au contraire, dès qu'on a soumis quelque chose à leur jugement, ils prétendent juger de tout, ils deviennent sophistes, subtils, de mauvaise foi, féconds en chicanes, cherchant toujours à réduire au silence ceux qui ont la foiblesse de s'exposer à leurs petites lumières. Quand on est contraint de leur rendre compte des choses qu'ils ne sont point en état d'entendre, ils attribuent au caprice la conduite la plus prudente, sitôt qu'elle est au-dessus de leur portée. En un mot, le seul moyen de les rendre dociles à la raison n'est pas de raisonner avec eux, mais de les bien convaincre que la raison est au-dessus de leur âge : car alors ils la supposent du côté où elle doit être, à moins qu'on ne leur donne un juste sujet de penser autrement. Ils savent bien qu'on ne veut pas les tourmenter quand ils sont sûrs qu'on les aime ; et les enfants se trompent rarement là-dessus. Quand donc je refuse quelque chose aux miens, je n'argumente point avec eux, je ne leur dis point pourquoi je ne veux pas, mais je fais en sorte qu'ils le voient, autant qu'il est possible, et quelquefois après coup. De cette manière ils s'accoutument à comprendre que jamais je ne les refuse sans en avoir une bonne raison, quoiqu'ils ne l'aperçoivent pas toujours.

Fondée sur le même principe, je ne souffrirai pas non plus que mes enfants se mêlent dans la conversation des gens raisonnables, et s'imaginent sottement y tenir leur rang comme les autres, quand on y souffre leur babil indiscret. Je veux qu'ils répondent modestement et en peu de mots quand on les interroge, sans jamais parler de leur chef, et surtout sans qu'ils s'ingèrent à questionner hors de propos les gens plus âgés qu'eux, auxquels ils doivent du respect.

En vérité, Julie, dis-je en l'interrompant, voilà bien de la rigueur pour une mère aussi tendre! Pythagore n'étoit pas plus sévère à ses disciples que vous l'êtes aux vôtres. Non seulement vous ne les traitez pas en hommes, mais on diroit que vous craignez de les voir cesser trop tôt d'être enfants. Quel moyen plus agréable et plus sûr peuvent-ils avoir de s'instruire que d'interroger sur les choses qu'ils ignorent les gens plus éclairés qu'eux? Que penseroient de vos maximes les dames de Paris, qui trouvent que leurs enfants ne jasent jamais assez tôt ni assez long-temps, et qui jugent de l'esprit qu'ils auront étant grands par les sottises qu'ils débitent étant jeunes? Wolmar me dira que cela peut être bon dans un pays où le premier mérite est de bien babiller, et où l'on est dispensé de penser pourvu qu'on parle. Mais vous qui voulez faire à vos enfants un sort si doux, comment accorderez-vous tant de bonheur avec tant de contrainte? et que devient parmi toute cette gêne la liberté que vous prétendez leur laisser?

Quoi donc! a-t-elle repris à l'instant, est-ce gêner leur liberté que de les empêcher d'attenter à la nôtre? et ne sauroient-ils être heureux à moins que toute une compagnie en silence n'admire leurs puérilités? Empêchons leur vanité de naître, ou du moins arrêtons-en les progrès; c'est là vraiment travailler à leur félicité : car la vanité de l'homme est la source de ses plus grandes peines, et il n'y a personne de si parfait et de si fêté à qui elle ne donne encore plus de chagrins que de plaisirs [1].

Que peut penser un enfant de lui-même, quand il voit autour de lui tout un cercle de gens sensés l'écouter, l'agacer, l'admirer, attendre avec un lâche empressement les oracles qui sortent de sa bouche, et se récrier avec des retentissements de joie à chaque impertinence qu'il dit? La tête d'un homme auroit bien de la peine à tenir à tous ces faux applaudissements; jugez de ce que deviendra la sienne! Il en est du babil des enfants comme des prédictions des almanachs : ce seroit un prodige

---

[1] Si jamais la vanité fit quelque heureux sur la terre, à coup sûr cet heureux-là n'étoit qu'un sot.

si, sur tant de vaines paroles, le hasard ne fournissoit jamais une rencontre heureuse. Imaginez ce que font alors les exclamations de la flatterie sur une pauvre mère déjà trop abusée par son propre cœur, et sur un enfant qui ne sait ce qu'il dit et se voit célébrer! ne pensez pas que pour démêler l'erreur je m'en garantisse : non, je vois la faute, et j'y tombe; mais si j'admire les reparties de mon fils, au moins je les admire en secret; il n'apprend point, en me les voyant applaudir, à devenir babillard et vain; et les flatteurs, en me les faisant répéter, n'ont pas le plaisir de rire de ma foiblesse.

Un jour qu'il nous étoit venu du monde, étant allée donner quelques ordres, je vis en rentrant quatre ou cinq grands nigauds occupés à jouer avec lui, et s'apprêtant à me raconter d'un air d'emphase je ne sais combien de gentillesses qu'ils venoient d'entendre, et dont ils sembloient tout émerveillés. Messieurs, leur dis-je assez froidement, je ne doute pas que vous ne sachiez faire dire à des marionnettes de fort jolies choses; mais j'espère qu'un jour mes enfants seront hommes, qu'ils agiront et parleront d'eux-mêmes, et alors j'apprendrai toujours dans la joie de mon cœur tout ce qu'ils auront dit et fait de bien. Depuis qu'on a vu que cette manière de faire sa cour ne prenoit pas, on joue avec mes enfants comme avec des enfants, non comme avec Polichinelle; il ne leur vient plus de compère, et ils en valent sensiblement mieux depuis qu'on ne les admire plus.

A l'égard des questions, on ne les leur défend pas indistinctement : je suis la première à leur dire de demander doucement en particulier à leur père ou à moi tout ce qu'ils ont besoin de savoir ; mais je ne souffre pas qu'ils coupent un entretien sérieux pour occuper tout le monde de la première impertinence qui leur passe par la tête. L'art d'interroger n'est pas si facile qu'on pense : c'est bien plus l'art des maîtres que des disciples ; il faut avoir déjà beaucoup appris de choses pour savoir demander ce qu'on ne sait pas. Le savant sait et s'enquiert, dit un proverbe indien : mais l'ignorant ne sait pas même de quoi s'enquérir[1]. Faute de cette science préliminaire, les enfants en liberté ne font presque jamais que des questions ineptes qui ne servent à rien, ou profondes et scabreuses, dont la solution passe leur portée ; et puisqu'il ne faut pas qu'ils sachent tout, il importe qu'ils n'aient pas le droit de tout demander. Voilà pourquoi, généralement parlant, ils s'instruisent mieux par les interrogations qu'on leur fait que par celles qu'ils font eux-mêmes.

Quand cette méthode leur seroit aussi utile qu'on croit, la première et la plus importante science qui leur convient n'est-elle pas d'être discrets et modestes ? et y en a-t-il quelque autre

[1] Ce proverbe est tiré de Chardin, tome v, page 170, in-12.

qu'ils doivent apprendre au préjudice de celle-là ? Que produit donc dans les enfants cette émancipation de parole avant l'âge de parler, et ce droit de soumettre effrontément les hommes à leur interrogatoire ? de petits questionneurs babillards, qui questionnent moins pour s'instruire que pour importuner, pour occuper d'eux tout le monde, et qui prennent encore plus de goût à ce babil par l'embarras où ils s'aperçoivent que jettent quelquefois leurs questions indiscrètes, en sorte que chacun est inquiet aussitôt qu'ils ouvrent la bouche. Ce n'est pas tant un moyen de les instruire que de les rendre étourdis et vains, inconvénient plus grand à mon avis que l'avantage qu'ils acquièrent par-là n'est utile; car par degrés l'ignorance diminue, mais la vanité ne fait jamais qu'augmenter.

Le pis qui pût arriver de cette réserve trop prolongée seroit que mon fils en âge de raison eût la conversation moins légère, le propos moins vif et moins abondant; et en considérant combien cette habitude de passer sa vie à dire des riens rétrécit l'esprit, je regarderois plutôt cette heureuse stérilité comme un bien que comme un mal. Les gens oisifs, toujours ennuyés d'eux-mêmes, s'efforcent de donner un grand prix à l'art de les amuser; et l'on diroit que le savoir-vivre consiste à ne dire que de vaines paroles, comme à ne faire que des dons inutiles : mais la société humaine a un objet plus noble, et ses vrais plaisirs ont plus de solidité. L'organe de la vérité, le plus digne organe de l'homme, le seul dont l'usage le distingue des animaux, ne lui a point été donné pour n'en pas tirer un meilleur parti qu'ils ne font de leurs cris. Il se dégrade au-dessous d'eux quand il parle pour ne rien dire; et l'homme doit être homme jusque dans ses délassements. S'il y a de la politesse à étourdir tout le monde d'un vain caquet, j'en trouve une bien plus véritable à laisser parler les autres par préférence, à faire plus grand cas de ce qu'ils disent que de ce qu'on diroit soi-même, et à montrer qu'on les estime trop pour croire les amuser par des niaiseries. Le bon usage du monde, celui qui nous y fait le plus rechercher et chérir, n'est pas tant d'y briller que d'y faire briller les autres, et de mettre, à force de modestie, leur orgueil plus en liberté. Ne craignons pas qu'un homme d'esprit qui ne s'abstient de parler que par retenue et discrétion puisse jamais passer pour un sot. Dans quelque pays que ce puisse être, il n'est pas possible qu'on juge un homme sur ce qu'il n'a pas dit, et qu'on le méprise pour s'être tu. Au contraire, on remarque en général que les gens silencieux en imposent, qu'on s'écoute devant eux, et qu'on leur donne beaucoup d'attention quand ils parlent; ce qui, leur laissant le choix des occasions et faisant qu'on ne perd rien de ce qu'ils disent, met tout l'avantage de leur côté. Il est si difficile à l'homme le plus sage de garder toute sa présence d'esprit dans un long flux de paroles, il est si rare qu'il ne lui échappe des choses dont il se repent à loisir, qu'il aime mieux retenir le bon que risquer le mauvais. Enfin, quand ce n'est pas faute d'esprit qu'il se tait, s'il ne parle pas, quelque discret qu'il puisse être, le tort en est à ceux qui sont avec lui.

Mais il y a bien loin de six ans à vingt : mon fils ne sera pas toujours enfant; et à mesure que sa raison commencera de naître, l'intention de son père est bien de la laisser exercer. Quant à moi, ma mission ne va pas jusque-là. Je nourris des enfants, et n'ai pas la présomption de vouloir former des hommes. J'espère, dit-elle en regardant son mari, que de plus dignes mains se chargeront de ce noble emploi. Je suis femme et mère, je sais me tenir à mon rang. Encore une fois, la fonction dont je suis chargée n'est pas d'élever mes fils, mais de les préparer pour être élevés.

Je ne fais même en cela que suivre de point en point le système de M. de Wolmar; et plus j'avance, plus j'éprouve combien il est excellent et juste, et combien il s'accorde avec le mien. Considérez mes enfants, et surtout l'aîné; en connoissez-vous de plus heureux sur la terre, de plus gais, de moins importuns ? Vous les voyez sauter, rire, courir toute la journée, sans jamais incommoder personne. De quels plaisirs, de quelle indépendance leur âge est-il susceptible, dont ils ne jouissent pas ou dont ils abusent ? Ils se contraignent aussi peu devant moi qu'en mon absence. Au contraire, sous les yeux de leur mère ils ont toujours un peu de confiance ; et, quoique je sois l'auteur de toute la sévérité qu'ils éprouvent, ils me trouvent toujours la moins sévère : car je ne pourrois supporter de n'être pas ce qu'ils aiment le plus au monde.

Les seules lois qu'on leur impose auprès de nous sont celles de la liberté même, savoir, de ne pas plus gêner la compagnie qu'elle ne les gêne, de ne pas crier plus haut qu'on ne parle ; et, comme on ne les oblige point de s'occuper de nous, je ne veux pas non plus qu'ils prétendent nous occuper d'eux. Quand ils manquent à de si justes lois, toute leur peine est d'être à l'instant renvoyés, et tout mon art, pour que c'en soit une, de faire qu'ils ne se trouvent nulle part aussi bien qu'ici. A cela près, on ne les assujettit à rien ; on ne les force jamais de rien apprendre ; on ne les ennuie point de vaines corrections, jamais on ne les reprend ; les seules leçons qu'ils reçoivent sont des leçons de pratique prises dans la simplicité de la nature. Chacun, bien instruit là-dessus, se conforme à mes intentions avec une intelligence et un soin qui ne me laissent rien à désirer ; et si quelque faute est à craindre, mon assiduité la prévient ou la répare aisément.

Hier, par exemple, l'aîné ayant ôté un tambour au cadet, l'avait fait pleurer. Fanchon ne dit rien; mais une heure après, au moment que le ravisseur du tambour en était le plus occupé, elle le lui reprit : il la suivoit en le redemandant, et pleurant à son tour. Elle lui dit : Vous l'avez pris par force à votre frère, je vous le reprends de même ; qu'avez-vous à dire ? ne suis-je pas la plus forte ? Puis elle se mit à battre la caisse à son imitation, comme si elle y eût pris beaucoup de plaisir. Jusque-là tout étoit à merveille ; mais quelque temps après elle voulut rendre le tambour au cadet ; alors je l'arrêtai ; car ce n'étoit plus la leçon de la nature, et de là pouvoit naître un premier germe d'envie entre les deux frères. En perdant le tambour, le cadet supporta la dure loi de la nécessité ; l'aîné sentit son injustice, tous deux connurent leur foiblesse et furent consolés le moment d'après.

Un plan si nouveau et si contraire aux idées reçues m'avoit d'abord effarouché. A force de me l'expliquer, ils m'en rendirent enfin l'admirateur ; et je sentis que pour guider l'homme, la marche de la nature est toujours la meilleure. Le seul inconvénient que je trouvois à cette méthode, et cet inconvénient me parut fort grand, c'étoit de négliger dans les enfants la seule faculté qu'ils aient dans toute sa vigueur, et qui ne fait que s'affoiblir en avançant en âge. Il me sembloit que, selon leur propre système, plus les opérations de l'entendement étoient foibles, insuffisantes, plus on devoit exercer et fortifier la mémoire, si propre alors à soutenir le travail. C'est elle, disois-je, qui doit suppléer à la raison jusqu'à sa naissance, et l'enrichir quand elle est née. Un esprit qu'on n'exerce à rien devient lourd et pesant dans l'inaction. La semence ne prend point dans un champ mal préparé, et c'est une étrange préparation pour apprendre à devenir raisonnable que de commencer par être stupide. Comment, stupide! s'est écriée aussitôt madame de Wolmar. Confondriez-vous deux qualités aussi différentes et presque aussi contraires que la mémoire et le jugement[1]? comme si la quantité des choses mal digérées et sans liaison dont on remplit une tête encore foible n'y faisoit pas plus de tort que de profit à la raison! J'avoue que de toutes les facultés de l'homme la mémoire est la première qui se développe et la plus commode à cultiver dans les enfants : mais, à votre avis, lequel est à préférer de ce qu'il leur est le plus aisé d'apprendre, ou de ce qu'il leur importe le plus de savoir?

Regardez à l'usage qu'on fait en eux de cette facilité, à la violence qu'il faut leur faire, à l'éternelle contrainte où il les faut assujettir pour mettre en étalage leur mémoire, et comparez l'u-

---

[1] Cela ne me paroît pas bien vu. Rien n'est si nécessaire au jugement que la mémoire : il est vrai que ce n'est pas la mémoire des mots.

tilité qu'ils en retirent au mal qu'on leur fait souffrir pour cela. Quoi! forcer un enfant d'étudier des langues qu'il ne parlera jamais, même avant qu'il ait bien appris la sienne; lui faire incessamment répéter et construire des vers qu'il n'entend point, et dont toute l'harmonie n'est pour lui qu'au bout de ses doigts; embrouiller son esprit de cercles et de sphères dont il n'a pas la moindre idée, l'accabler de mille noms de villes et de rivières qu'il confond sans cesse et qu'il rapprend tous les jours; est-ce cultiver sa mémoire au profit de son jugement? et tout ce frivole acquis vaut-il une seule des larmes qu'il lui coûte?

Si tout cela n'étoit qu'inutile, je m'en plaindrois moins; mais n'est-ce rien que d'instruire un enfant à se payer de mots, et à croire savoir ce qu'il ne peut comprendre? Se pourroit-il qu'un tel amas ne nuisît point aux premières idées dont on doit meubler une tête humaine? et ne vaudroit-il pas mieux n'avoir point de mémoire que de la remplir de tout ce fatras au préjudice des connoissances nécessaires dont il tient la place?

Non, si la nature a donné au cerveau des enfants cette souplesse qui le rend propre à recevoir toutes sortes d'impressions, ce n'est pas pour qu'on y grave des noms de rois, des dates, des termes de blason, de sphère, de géographie, et tous ces mots sans aucun sens pour leur âge, et sans aucune utilité pour quelque âge que ce soit, dont on accable leur triste et stérile enfance ; mais c'est pour que toutes les idées relatives à l'état de l'homme, toutes celles qui se rapportent à son bonheur et l'éclairent sur ses devoirs, s'y tracent de bonne heure en caractères ineffaçables, et lui servent à se conduire, pendant sa vie, d'une manière convenable à son être et à ses facultés.

Sans étudier dans les livres, la mémoire d'un enfant ne reste pas pour cela oisive : tout ce qu'il voit, tout ce qu'il entend, le frappe, et il s'en souvient ; il tient registre en lui-même des actions, des discours des hommes ; et tout ce qui l'environne est le livre dans lequel, sans y songer, il enrichit continuellement sa mémoire, en attendant que son jugement puisse en profiter. C'est dans le choix de ces objets, c'est dans le soin de lui présenter sans cesse ceux qu'il doit connoître, et de lui cacher ceux qu'il doit ignorer, que consiste le véritable art de cultiver la première de ses facultés ; et c'est par-là qu'il faut tâcher de lui former un magasin de connoissances qui serve à son éducation durant la jeunesse, et à sa conduite dans tous les temps. Cette méthode, il est vrai, ne forme point de petits prodiges, et ne fait pas briller les gouvernantes et les précepteurs ; mais elle forme des hommes judicieux, robustes, sains de corps et d'entendement, qui, sans s'être fait admirer étant jeunes, se font honorer étant grands.

Ne pensez pas pourtant, continua Julie, qu'on

négligé ici tout-à-fait ces soins dont vous faites un si grand cas. Une mère un peu vigilante tient dans ses mains les passions de ses enfants. Il y a des moyens pour exciter et nourrir en eux le désir d'apprendre ou de faire telle ou telle chose ; et autant que ces moyens peuvent se concilier avec la plus entière liberté de l'enfant, et n'engendrent en lui nulle semence de vice, je les emploie assez volontiers, sans m'opiniâtrer quand le succès n'y répond pas ; car il aura toujours le temps d'apprendre, mais il n'y a pas un moment à perdre pour lui former un bon naturel ; et M. de Wolmar a une telle idée du premier développement de la raison, qu'il soutient que quand son fils ne sauroit rien à douze ans, il n'en seroit pas moins instruit à quinze, sans compter que rien n'est moins nécessaire que d'être savant, et rien plus que d'être sage et bon.

Vous savez que notre aîné lit déjà passablement. Voici comment lui est venu le goût d'apprendre à lire. J'avois dessein de lui dire de temps en temps quelque fable de La Fontaine pour l'amuser, et j'avois déjà commencé, quand il me demanda si les corbeaux parloient. A l'instant je vis la difficulté de lui faire sentir bien nettement la différence de l'apologue au mensonge : je me tirai d'affaire comme je pus ; et, convaincue que les fables sont faites pour les hommes, mais qu'il faut toujours dire la vérité nue aux enfants, je supprimai La

Fontaine. Je lui substituai un recueil de petites histoires intéressantes et instructives, la plupart tirées de la Bible ; puis, voyant que l'enfant prenoit goût à mes contes, j'imaginai de les lui rendre encore plus utiles, en essayant d'en composer moi-même d'aussi amusants qu'il me fut possible, et les appropriant toujours au besoin du moment. Je les écrivois à mesure dans un beau livre orné d'images, que je tenois bien enfermé, et dont je lui lisois de temps en temps quelques contes ; rarement, peu long-temps, et répétant souvent les mêmes avec des commentaires, avant de passer à de nouveaux. Un enfant oisif est sujet à l'ennui ; les petits contes servoient de ressource : mais quand je le voyois le plus avidement attentif, je me souvenois quelquefois d'un ordre à donner, et je le quittois à l'endroit le plus intéressant, en laissant négligemment le livre. Aussitôt il alloit prier sa bonne, ou Fanchon, ou quelqu'un, d'achever la lecture : mais comme il n'a rien à commander à personne, et qu'on étoit prévenu, l'on n'obéissoit pas toujours. L'un refusoit, l'autre avoit affaire, l'autre balbutioit lentement et mal, l'autre laissoit, à mon exemple, un conte à moitié. Quand on le vit bien ennuyé de tant de dépendance, quelqu'un lui suggéra secrètement d'apprendre à lire, pour s'en délivrer et feuilleter le livre à son aise. Il goûta ce projet. Il fallut trouver des gens assez complaisants pour vouloir lui donner leçon :

nouvelle difficulté qu'on n'a poussée qu'aussi loin qu'il falloit. Malgré toutes ces précautions, il s'est lassé trois ou quatre fois : on l'a laissé faire. Seulement je me suis efforcée de rendre les contes encore plus amusants; il est revenu à la charge avec tant d'ardeur, que, quoiqu'il n'y ait pas six mois qu'il a tout de bon commencé d'apprendre, il sera bientôt en état de lire seul le recueil.

C'est à peu près ainsi que je tâcherai d'exciter son zèle et sa bonne volonté pour acquérir les connoissances qui demandent de la suite et de l'application, et qui peuvent convenir à son âge : mais, quoiqu'il apprenne à lire, ce n'est point des livres qu'il tirera ces connoissances; car elles ne s'y trouvent point, et la lecture ne convient en aucune manière aux enfants. Je veux aussi l'habituer de bonne heure à nourrir sa tête d'idées et non de mots : c'est pourquoi je ne lui fais jamais rien apprendre par cœur.

Jamais! interrompis-je : c'est beaucoup dire; car encore faut-il bien qu'il sache son catéchisme et ses prières. C'est ce qui vous trompe, reprit-elle. A l'égard de la prière, tous les matins et tous les soirs je fais la mienne à haute voix dans la chambre de mes enfants, et c'est assez pour qu'ils l'apprennent sans qu'on les y oblige : quant au catéchisme, ils ne savent ce que c'est. Quoi! Julie, vos enfants n'apprennent pas leur catéchisme? Non, mon ami, mes enfants n'apprennent pas leur catéchisme. Comment! ai-je dit tout étonné, une mère si pieuse!... Je ne vous comprends point. Et pourquoi vos enfants n'apprennent-ils pas leur catéchisme? Afin qu'ils le croient un jour, dit-elle : j'en veux faire un jour des chrétiens. Ah! j'y suis, m'écriai-je; vous ne voulez pas que leur foi ne soit qu'en paroles, ni qu'ils sachent seulement leur religion, mais qu'ils la croient; et vous pensez avec raison qu'il est impossible à l'homme de croire ce qu'il n'entend point. Vous êtes bien difficile, me dit en souriant M. de Wolmar : seriez-vous chrétien, par hasard? Je m'efforce de l'être, lui dis-je avec fermeté. Je crois de la religion tout ce que j'en puis comprendre, et respecte le reste sans le rejeter. Julie me fit un signe d'approbation; et nous reprîmes le sujet de notre entretien.

Après être entrée dans d'autres détails qui m'ont fait concevoir combien le zèle maternel est actif, infatigable et prévoyant, elle a conclu en observant que sa méthode se rapportoit exactement aux deux objets qu'elle s'étoit proposés, savoir, de laisser développer le naturel des enfants, et de l'étudier. Les miens ne sont gênés en rien, dit-elle, et ne sauroient abuser de leur liberté; leur caractère ne peut ni se dépraver ni se contraindre : on laisse en paix renforcer leurs corps et germer leur jugement; l'esclavage n'avilit point leur ame; les regards d'autrui ne font point fermenter leur amour-propre; ils ne se croient ni des hommes puissants ni des animaux enchaînés, mais des enfants heureux et libres. Pour les garantir des vices qui ne sont pas en eux, ils ont, ce me semble, un préservatif plus fort que des discours qu'ils n'entendroient point, ou dont ils seroient bientôt ennuyés ; c'est l'exemple des mœurs de tout ce qui les environne ; ce sont les entretiens qu'ils entendent, qui sont ici naturels à tout le monde, et qu'on n'a pas besoin de composer exprès pour eux ; c'est la paix et l'union dont ils sont témoins, l'accord qu'ils voient régner sans cesse et dans la conduite respective de tous, et dans la conduite et les discours de chacun.

Nourris encore dans leur première simplicité, d'où leur viendroient des vices dont ils n'ont point vu d'exemple, des passions qu'ils n'ont nulle occasion de sentir, des préjugés que rien ne leur inspire ? Vous voyez qu'aucune erreur ne les gagne, qu'aucun mauvais penchant ne se montre en eux. Leur ignorance n'est point entêtée, leurs désirs ne sont point obstinés ; les inclinations au mal sont prévenues ; la nature est justifiée ; et tout me prouve que les défauts dont nous l'accusons ne sont point son ouvrage, mais le nôtre.

C'est ainsi que, livrés au penchant de leur cœur sans que rien le déguise ou l'altère, nos enfants ne reçoivent point une forme extérieure et artificielle, mais conservent exactement celle de leur caractère originel ; c'est ainsi que ce caractère se développe journellement à nos yeux sans réserve, et que nous pouvons étudier les mouvements de la nature jusque dans leurs principes les plus secrets. Sûrs de n'être jamais ni grondés ni punis, ils ne savent ni mentir ni se cacher; et dans tout ce qu'ils disent, soit entre eux, soit à nous, ils laissent voir sans contrainte tout ce qu'ils ont au fond de l'ame. Libres de babiller entre eux toute la journée, ils ne songent pas même à se gêner un moment devant moi. Je ne les reprends jamais, ni ne les fais taire, ni ne feins de les écouter, et ils diroient les choses du monde les plus blâmables que je ne ferois pas semblant d'en rien savoir : mais en effet je les écoute avec la plus grande attention sans qu'ils s'en doutent; je tiens un registre exact de ce qu'ils font et de ce qu'ils disent; ce sont les productions naturelles du fonds qu'il faut cultiver. Un propos vicieux dans leur bouche est une herbe étrangère dont le vent apporta la graine : si je la coupe par une réprimande, bientôt elle repoussera; au lieu de cela, j'en cherche en secret la racine, et j'ai soin de l'arracher. Je ne suis, m'a-t-elle dit en riant, que la servante du jardinier; je sarcle le jardin, j'en ôte la mauvaise herbe; c'est à lui de cultiver la bonne.

Convenons aussi qu'avec toute la peine que j'aurois pu prendre il falloit être aussi bien secondée pour espérer de réussir, et que le succès de mes soins dépendoit d'un concours de circonstances qui ne s'est peut-être jamais trouvé qu'ici ; il falloit les lumières d'un père éclairé pour démêler, à travers les préjugés établis, le véritable art de gouverner les enfants dès leur naissance ; il falloit toute sa patience pour se prêter à l'exécution, sans jamais démentir ses leçons par sa conduite ; il falloit des enfants bien nés, en qui la nature eût assez fait pour qu'on pût aimer son seul ouvrage ; il falloit n'avoir autour de soi que des domestiques intelligents et bien intentionnés, qui ne se lassassent point d'entrer dans les vues des maîtres : un seul valet brutal ou flatteur eût suffi pour tout gâter. En vérité, quand on songe combien de causes étrangères peuvent nuire aux meilleurs desseins, et renverser les projets les mieux concertés, on doit remercier la fortune de tout ce qu'on fait de bien dans la vie, et dire que la sagesse dépend beaucoup du bonheur.

Dites, me suis-je écrié, que le bonheur dépend encore plus de la sagesse. Ne voyez-vous pas que ce concours dont vous vous félicitez est votre ouvrage, et que tout ce qui vous approche est contraint de vous ressembler ? Mères de famille, quand vous vous plaignez de n'être pas secondées, que vous connoissez mal votre pouvoir ! Soyez tout ce que vous devez être, vous surmonterez tous les obstacles ; vous forcerez chacun de remplir ses devoirs, si vous remplissez bien tous les vôtres. Vos droits ne sont-ils pas ceux de la nature ? Malgré les maximes du vice, ils seront toujours chers au cœur humain. Ah! veuillez être femmes et mères, et le plus doux empire qui soit sur la terre sera aussi le plus respecté.

En achevant cette conversation, Julie a remarqué que tout prenoit une nouvelle facilité depuis l'arrivée d'Henriette. Il est certain, dit-elle, que j'aurois besoin de beaucoup moins de soins et d'adresse si je voulois introduire l'émulation entre les deux frères; mais ce moyen me paroît trop dangereux; j'aime mieux avoir plus de peine et ne rien risquer. Henriette supplée à cela : comme elle est d'un autre sexe, leur aînée, qu'ils l'aiment tous deux à la folie, et qu'elle a du sens au-dessus de son âge, j'en fais en quelque sorte leur première gouvernante, et avec d'autant plus de succès que ses leçons leur sont moins suspectes.

Quant à elle, son éducation me regarde ; mais les principes en sont si différents, qu'ils méritent un entretien à part. Au moins puis-je bien dire d'avance qu'il sera difficile d'ajouter en elle aux dons de la nature, et qu'elle vaudra sa mère elle-même, si quelqu'un au monde la peut valoir.

Milord, on vous attend de jour en jour, et ce devroit être ici ma dernière lettre. Mais je comprends ce qui prolonge votre séjour à l'armée, et j'en frémis. Julie n'en est pas moins inquiète : elle vous prie de nous donner plus souvent de vos nouvelles, et vous conjure de songer, en exposant votre personne, combien vous prodiguez le repos de vos amis. Pour moi, je n'ai rien à vous dire. Faites votre devoir; un conseil timide ne peut non plus sortir de mon cœur qu'approcher du vôtre. Cher Bomston, je le sais trop, la seule mort digne de ta vie seroit de verser ton sang pour la gloire de ton pays, mais ne dois-tu nul compte de tes jours à celui qui n'a conservé les siens que pour toi?

LETTRE IV.

DE MILORD ÉDOUARD A SAINT-PREUX.

Je vois par vos deux dernières lettres qu'il m'en manque une antérieure à ces deux-là, apparemment la première que vous m'aviez écrite à l'armée, et dans laquelle étoit l'explication des chagrins secrets de madame de Wolmar. Je n'ai point reçu cette lettre, et je conjecture qu'elle pouvoit être dans la malle d'un courrier qui nous a été enlevé. Répétez-moi donc, mon ami, ce qu'elle contenoit; ma raison s'y perd, et mon cœur s'en inquiète : car, encore une fois, si le bonheur et la paix ne sont pas dans l'ame de Julie, où sera leur asile ici-bas?

Rassurez-la sur les risques auxquels elle me croit exposé. Nous avons à faire à un ennemi trop habile pour nous en laisser courir; avec une poignée de monde il rend toutes nos forces inutiles, et nous ôte partout les moyens de l'attaquer. Cependant, comme nous sommes confiants, nous pourrions bien lever des difficultés insurmontables pour de meilleurs généraux, et forcer à la fin les François de nous battre. J'augure que nous paierons cher nos premiers succès, et que la bataille gagnée à Dettingue nous en fera perdre une en Flandre. Nous avons en tête un grand capitaine : ce n'est pas tout, il a la confiance de ses troupes ; et le soldat françois qui compte sur son général est invincible ; au contraire, on en a si bon marché quand il est commandé par des courtisans qu'il méprise, et cela arrive si souvent, qu'il ne faut qu'attendre les intrigues de cour et l'occasion pour vaincre à coup sûr la plus brave nation du continent. Ils le savent fort bien eux-mêmes. Milord Marlborough, voyant la bonne mine et l'air guerrier d'un soldat pris à Bleinheim[1], lui dit : S'il y eût eu cinquante mille hommes comme toi à l'armée françoise, elle ne se fût pas ainsi laissé battre. Eh morbleu ! repartit le grenadier, nous avions assez d'hommes comme moi ; il ne nous en manquoit qu'un comme vous. Or cet homme comme lui commande à présent l'armée de France, et manque à la nôtre, mais nous ne songeons guère à cela.

Quoi qu'il en soit, je veux voir les manœuvres

[1] C'est le nom que les Anglois donnent à la bataille d'Hochstedt.

du reste de cette campagne, et j'ai résolu de rester à l'armée jusqu'à ce qu'elle entre en quartiers. Nous gagnerons tous à ce délai. La saison étant trop avancée pour traverser les monts, nous passerons l'hiver où vous êtes, et n'irons en Italie qu'au commencement du printemps. Dites à monsieur et madame de Wolmar que je fais ce nouvel arrangement pour jouir à mon aise du touchant spectacle que vous décrivez si bien, et pour voir madame d'Orbe établie avec eux. Continuez, mon cher, à m'écrire avec le même soin, et vous me ferez plus de plaisir que jamais. Mon équipage a été pris, et je suis sans livres; mais je lis vos lettres.

LETTRE V.

DE SAINT-PREUX A MILORD ÉDOUARD.

Quelle joie vous me donnez en m'annonçant que nous passerons l'hiver à Clarens! Mais que vous me la faites payer cher en prolongeant votre séjour à l'armée! Ce qui me déplaît surtout, c'est de voir clairement qu'avant notre séparation le parti de faire la campagne étoit déjà pris, et que vous ne m'en voulûtes rien dire. Milord, je sens la raison de ce mystère, et ne puis vous en savoir bon gré. Me mépriseriez-vous assez pour croire qu'il me fût bon de vous survivre, ou m'avez-vous connu des attachements si bas que je les préfère à l'honneur de mourir avec mon ami ? Si je ne méritois pas de vous suivre, il falloit me laisser à Londres ; vous m'auriez moins offensé que de m'envoyer ici.

Il est clair par la dernière de vos lettres qu'en effet une des miennes s'est perdue, et cette perte a dû vous rendre les deux lettres suivantes fort obscures à bien des égards ; mais les éclaircissemens nécessaires pour les bien entendre viendront à loisir. Ce qui presse le plus à présent est de vous tirer de l'inquiétude où vous êtes sur le chagrin secret de madame de Wolmar.

Je ne vous redirai point la suite de la conservation que j'eus avec elle après le départ de son mari. Il s'est passé depuis bien des choses qui m'en ont fait oublier une partie ; et nous la reprimes tant de fois durant son absence, que je m'en tiens au sommaire pour épargner des répétitions.

Elle m'apprit donc que ce même époux qui faisoit tout pour la rendre heureuse étoit l'unique auteur de toute sa peine, et que plus leur attachement mutuel étoit sincère, plus il lui donnoit à souffrir. Le diriez-vous, milord ? cet homme si sage, si raisonnable, si loin de toute espèce de vice, si peu soumis aux passions humaines, ne croit rien de ce qui donne un prix aux vertus, et, dans l'innocence d'une vie irréprochable, il porte au fond de son cœur l'affreuse paix des méchants. La réflexion qui naît de ce contraste augmente la douleur de Julie ; et il semble qu'elle lui pardonneroit plutôt de méconnoître l'auteur de son être, s'il avoit plus de motifs pour le craindre ou plus d'orgueil pour le braver. Qu'un coupable apaise sa conscience aux dépens de sa raison, que l'honneur de penser autrement que le vulgaire anime celui qui dogmatise, cette erreur au moins se conçoit ; mais, poursuit-elle en soupirant, pour un si honnête homme et si peu vain de son savoir, c'étoit bien la peine d'être incrédule !

Il faut être instruit du caractère des deux époux ; il faut les imaginer concentrés dans le sein de leur famille, et se tenant l'un à l'autre lieu du reste de l'univers ; il faut connoître l'union qui règne entre eux dans tout le reste, pour concevoir combien leur différend sur ce seul point est capable d'en troubler les charmes. M. de Wolmar, élevé dans le rite grec, n'étoit pas fait pour supporter l'absurdité d'un culte aussi ridicule. Sa raison, trop supérieure à l'imbécile joug qu'on lui vouloit imposer, le secoua bientôt avec mépris ; et rejetant à la fois tout ce qui lui venoit d'une autorité si suspecte, forcé d'être impie, il se fit athée.

Dans la suite, ayant toujours vécu dans des pays catholiques, il n'apprit pas à concevoir une meilleure opinion de la foi chrétienne par celle qu'on y professe. Il n'y vit d'autre religion que l'intérêt de ses ministres. Il vit que tout y consistoit encore en vaines simagrées, plâtrées un peu plus subtilement par des mots qui ne signifioient rien ; il s'aperçut que tous les *honnêtes gens* y étoient unanimement de son avis, et ne s'en cachoient guère ; que le clergé même, un peu plus discrètement, se moquoit en secret de ce qu'il enseignoit en public, et il m'a protesté souvent qu'après bien du temps et des recherches, il n'avoit trouvé de sa vie que trois prêtres qui crussent en Dieu[1]. En voulant s'éclaircir de bonne foi sur ces matières, il s'étoit enfoncé dans les ténèbres de la métaphysique, où l'homme n'a d'autres guides que les systèmes qu'il y porte ; et ne voyant partout que doutes et contradictions, quand enfin il est venu parmi les chrétiens, il y est venu trop tard ; sa foi s'étoit déjà fermée à la vérité, sa raison n'étoit plus accessible à la certitude ; tout ce qu'on lui prouvoit détruisant plus un sentiment qu'il n'en établissoit un autre, il a fini par combattre

---

[1] A Dieu ne plaise que je veuille approuver ces assertions dures et téméraires ! j'affirme seulement qu'il y a des gens qui les font, et dont la conduite du clergé de tous les pays et de toutes les sectes n'autorise que trop souvent l'indiscrétion. Mais, loin que mon dessein dans cette note soit de me mettre lâchement à couvert, voici bien nettement mon propre sentiment sur ce point : c'est que nul vrai croyant ne sauroit être intolérant ni persécuteur. Si j'étois magistrat, et que la loi portât peine de mort contre les athées, je commencerois par faire brûler comme tel quiconque en viendroit dénoncer un autre.

également les dogmes de toute espèce, et n'a cessé d'être athée que pour devenir sceptique.

Voilà le mari que le ciel destinoit à cette Julie en qui vous connoissez une foi si simple et une piété si douce. Mais il faut avoir vécu aussi familièrement avec elle que sa cousine et moi pour savoir combien cette ame tendre est naturellement portée à la dévotion. On diroit que rien de terrestre ne pouvant suffire au besoin d'aimer dont elle est dévorée, cet excès de sensibilité soit forcé de remonter à sa source. Ce n'est point comme sainte Thérèse un cœur amoureux qui se donne le change et veut se tromper d'objet; c'est un cœur vraiment intarissable que l'amour ni l'amitié n'ont pu épuiser, et qui porte ses affections surabondantes au seul être digne de les absorber [1]. L'amour de Dieu ne la détache point des créatures; il ne lui donne ni dureté ni aigreur. Tous ces attachements produits par la même cause, en s'animant l'un par l'autre, en deviennent plus charmants et plus doux; et, pour moi, je crois qu'elle seroit moins dévote si elle aimoit moins tendrement son père, son mari, ses enfants, sa cousine, et moi-même.

Ce qu'il y a de singulier, c'est que plus elle l'est,

---

[1] Comment! Dieu n'aura donc que les restes des créatures? Au contraire, ce que les créatures peuvent occuper du cœur humain est si peu de chose, que quand on croit l'avoir rempli d'elles, il est encore vide. Il faut un objet infini pour le remplir.

moins elle croit l'être, et qu'elle se plaint de sentir en elle-même une ame aride qui ne sait point aimer Dieu. On a beau faire, dit-elle souvent, le cœur ne s'attache que par l'entremise des sens ou de l'imagination qui les représente; et le moyen de voir ou d'imaginer l'immensité du grand Être[1]! Quand je veux m'élever à lui, je ne sais où je suis; n'apercevant aucun rapport entre lui et moi, je ne sais par où l'atteindre, je ne vois ni ne sens plus rien, je me trouve dans une espèce d'anéantissement; et, si j'osois juger d'autrui par moi-même, je craindrois que les extases des mystiques ne vinssent moins d'un cœur plein que d'un cerveau vide.

Que faire donc, continue-t-elle, pour me dérober aux fantômes d'une raison qui s'égare? Je substitue un culte grossier, mais à ma portée, à ces sublimes contemplations qui passent mes facultés. Je rabaisse à regret la majesté divine; j'interpose entre elle et moi des objets sensibles; ne la pouvant contempler dans son essence, je la contemple

---

[1] Il est certain qu'il faut se fatiguer l'ame pour l'élever aux sublimes idées de la Divinité. Un culte plus sensible repose l'esprit du peuple: il aime qu'on lui offre des objets de piété qui le dispensent de penser à Dieu. Sur ces maximes, les catholiques ont-ils mal fait de remplir leurs légendes, leurs calendriers, leurs églises, de petits anges, de beaux garçons et de jolies saintes? L'enfant Jésus entre les bras d'une mère charmante et modeste est en même temps un des plus touchants et des plus agréables spectacles que la dévotion chrétienne puisse offrir aux yeux des fidèles.

S.

au moins dans ses œuvres, je l'aime dans ses bienfaits ; mais, de quelque manière que je m'y prenne, au lieu de l'amour pur qu'elle exige, je n'ai qu'une reconnoissance intéressée à lui présenter.

C'est ainsi que tout devient sentiment dans un cœur sensible. Julie ne trouve dans l'univers entier que des sujets d'attendrissement et de gratitude : partout elle aperçoit la bienfaisante main de la Providence ; ses enfants sont le cher dépôt qu'elle en a reçu ; elle recueille ses dons dans les productions de la terre ; elle voit sa table couverte par ses soins ; elle s'endort sous sa protection ; son paisible réveil lui vient d'elle, elle sent ses leçons dans les disgrâces, et ses faveurs dans les plaisirs ; les biens dont jouit tout ce qui lui est cher sont autant de nouveaux sujets d'hommage ; si le Dieu de l'univers échappe à ses foibles yeux, elle voit partout le père commun des hommes. Honorer ainsi ses bienfaits suprêmes, n'est-ce pas servir autant qu'on peut l'Être infini ?

Concevez, milord, quel tourment c'est de vivre dans la retraite avec celui qui partage notre existence et ne peut partager l'espoir qui nous la rend chère ; de ne pouvoir avec lui ni bénir les œuvres de Dieu, ni parler de l'heureux avenir que nous promet sa bonté ; de le voir insensible, en faisant le bien, à tout ce qui le rend agréable à faire, et, par la plus bizarre inconséquence, penser en impie et vivre en chrétien! Imaginez Julie à la promenade avec son mari : l'une admirant, dans la riche et brillante parure que la terre étale, l'ouvrage et les dons de l'auteur de l'univers; l'autre ne voyant en tout cela qu'une combinaison fortuite, où rien n'est lié que par une force aveugle. Imaginez deux époux sincèrement unis, n'osant, de peur de s'importuner mutuellement, se livrer l'un aux réflexions, l'autre aux sentiments que leur inspirent les objets qui les entourent, et tirer de leur attachement même le devoir de se contraindre incessamment. Nous ne nous promenons presque jamais, Julie et moi, que quelque vue frappante et pittoresque ne lui rappelle ces idées douloureuses. Hélas ! dit-elle avec attendrissement, le spectacle de la nature, si vivant, si animé pour nous, est mort aux yeux de l'infortuné Wolmar, et dans cette grande harmonie des êtres où tout parle de Dieu d'une voix si douce, il n'aperçoit qu'un silence éternel !

Vous qui connoissez Julie, vous qui savez combien cette ame communicative aime à se répandre, concevez ce qu'elle souffriroit de ces réserves, quand elles n'auroient d'autre inconvénient qu'un si triste partage entre ceux à qui tout doit être commun. Mais des idées plus funestes s'élèvent, malgré qu'elle en ait, à la suite de celle-là. Elle a beau vouloir rejeter ces terreurs involontaires, elles reviennent la troubler à chaque instant.

Quelle horreur pour une tendre épouse d'imaginer l'Être suprême vengeur de sa divinité méconnue, de songer que le bonheur de celui qui fait le sien doit finir avec sa vie, et de ne voir qu'un réprouvé dans le père de ses enfants! A cette affreuse image, toute sa douceur la garantit à peine du désespoir; et la religion, qui lui rend amère l'incrédulité de son mari, lui donne seule la force de la supporter. Si le ciel, dit-elle souvent, me refuse la conversion de cet honnête homme, je n'ai plus qu'une grâce à lui demander, c'est de mourir la première.

Telle est, milord, la trop juste cause de ses chagrins secrets; telle est la peine intérieure qui semble charger sa conscience de l'endurcissement d'autrui, et ne lui devient que plus cruelle par le soin qu'elle prend de la dissimuler. L'athéisme, qui marche à visage découvert chez les papistes, est obligé de se cacher dans tout pays où la raison permettant de croire en Dieu, la seule excuse des incrédules leur est ôtée. Ce système est naturellement désolant: s'il trouve des partisans chez les grands et les riches qu'il favorise, il est par-tout en horreur au peuple opprimé et misérable, qui, voyant délivrer ses tyrans du seul frein propre à les contenir, se voit encore enlever, dans l'espoir d'une autre vie, la seule consolation qu'on lui laisse en celle-ci. Madame de Wolmar, sentant donc le mauvais effet que feroit ici le pyrrhonisme de son mari, et voulant surtout garantir ses enfants d'un si dangereux exemple, n'a pas eu de peine à engager au secret un homme sincère et vrai, mais discret, simple, sans vanité, et fort éloigné de vouloir ôter aux autres un bien dont il est fâché d'être privé lui-même. Il ne dogmatise jamais; il vient au temple avec nous, il se conforme aux usages établis; sans professer de bouche une foi qu'il n'a pas, il évite le scandale, et fait sur le culte réglé par les lois tout ce que l'état peut exiger d'un citoyen.

Depuis près de huit ans qu'ils sont unis, la seule madame d'Orbe est du secret, parce qu'on le lui a confié. Au surplus, les apparences sont si bien sauvées, et avec si peu d'affectation, qu'au bout de six semaines passées ensemble dans la plus grande intimité je n'avois pas même conçu le moindre soupçon, et n'aurois peut-être jamais pénétré la vérité sur ce point, si Julie elle-même ne me l'eût apprise.

Plusieurs motifs l'ont déterminée à cette confidence. Premièrement, quelle réserve est compatible avec l'amitié qui règne entre nous? N'est-ce pas agraver ses chagrins à pure perte que s'ôter la douceur de les partager avec un ami? De plus, elle n'a pas voulu que ma présence fût plus long-temps un obstacle aux entretiens qu'ils ont souvent ensemble sur un sujet qui lui tient si fort au cœur. Enfin, sachant que vous deviez bientôt venir nous joindre, elle a désiré, du consentement de son mari, que vous fussiez d'avance instruit de ses sentiments; car elle attend de votre sagesse un supplément à nos vains efforts, et des effets dignes de vous.

Le temps qu'elle choisit pour me confier sa peine m'a fait soupçonner une autre raison dont elle n'a eu garde de me parler. Son mari nous quittoit; nous restions seuls : nos cœurs s'étoient aimés, ils s'en souvenoient encore : s'ils s'étoient un instant oubliés, tout nous livroit à l'opprobre. Je voyois clairement qu'elle avoit craint ce tête-à-tête et tâché de s'en garantir, et la scène de Meillerie m'a trop appris que celui des deux qui se défioit le moins de lui-même devoit seul s'en défier.

Dans l'injuste crainte que lui inspiroit sa timidité naturelle, elle n'imagina point de précaution plus sûre que de se donner incessamment un témoin qu'il fallût respecter, d'appeler en tiers le juge intègre et redoutable qui voit les actions secrètes et sait lire au fond des cœurs. Elle s'environnoit de la majesté suprême; je voyois Dieu sans cesse entre elle et moi. Quel coupable désir eût pu franchir une telle sauvegarde? Mon cœur s'épuroit au feu de son zèle, et je partageois sa vertu.

Ces graves entretiens remplirent presque tous nos tête-à-tête durant l'absence de son mari; et depuis son retour nous les reprenons fréquemment en sa présence. Il s'y prête comme s'il étoit question d'un autre, et, sans mépriser nos soins, il nous donne souvent de bons conseils sur la manière dont nous devons raisonner avec lui. C'est cela même qui me fait désespérer du succès; car, s'il avoit moins de bonne foi, on pourroit attaquer le vice de l'ame qui nourriroit son incrédulité ; mais s'il n'est question que de convaincre, où chercherons-nous des lumières qu'il n'ait point eues et des raisons qui lui aient échappé? Quand j'ai voulu disputer avec lui, j'ai vu que tout ce que je pouvois employer d'arguments avoit été déjà vainement épuisé par Julie, et que ma sécheresse étoit bien loin de cette éloquence du cœur et de cette douce persuasion qui coule de sa bouche. Milord, nous ne ramènerons jamais cet homme; il est trop froid, et n'est point méchant : il ne s'agit pas de le toucher; la preuve intérieure ou de sentiment lui manque, et celle-là seule peut rendre invincibles toutes les autres.

Quelque soin que prenne sa femme de lui déguiser sa tristesse, il la sent et la partage : ce n'est pas un œil aussi clairvoyant qu'on abuse. Ce chagrin dévoré ne lui en est que plus sensible. Il m'a dit avoir été tenté plusieurs fois de céder en apparence, et de feindre, pour la tranquilliser, des sentiments qu'il n'avoit pas; mais une telle bassesse d'ame est trop loin de lui. Sans en imposer à Julie, cette dissimulation n'eût été qu'un nouveau tourment pour elle. La bonne foi, la franchise, l'union des cœurs, qui console de tant de maux, se fût éclipsée entre eux. Étoit-ce en se faisant moins estimer de sa femme qu'il pouvoit la rassurer sur ses craintes? Au lieu d'user de déguisement avec elle, il lui dit sincèrement ce qu'il pense; mais il le dit d'un ton si simple, avec si peu de mépris des opinions vulgaires, si peu de cette ironique fierté des esprits forts, que ces tristes aveux donnent bien plus d'affliction que de colère à Julie, et que, ne pouvant transmettre à son mari ses sentiments et ses espérances, elle en cherche avec plus de soin à rassembler autour de lui ces douceurs passagères auxquelles il borne sa félicité. Ah! dit-elle avec douleur, si l'infortuné fait son paradis en ce monde, rendons-le-lui du moins aussi doux qu'il est possible [1].

Le voile de tristesse dont cette opposition de sentiments couvre leur union prouve mieux que toute autre chose l'invincible ascendant de Julie, par les consolations dont cette tristesse est mêlée, et qu'elle seule au monde étoit peut-être capable d'y joindre. Tous leurs démêlés, toutes leurs disputes sur ce point important, loin de se tourner

---

[1] Combien ce sentiment plein d'humanité n'est-il pas plus naturel que le zèle affreux des persécuteurs, toujours occupés à tourmenter les incrédules, comme pour les damner dès cette vie, et se faire les précurseurs des démons! Je ne cesserai jamais de le redire, c'est que ces persécuteurs-là ne sont point des croyants; ce sont des fourbes.

en aigreur, en mépris, en querelles, finissent toujours par quelque scène attendrissante, qui ne fait que les rendre plus chers l'un à l'autre.

Hier, l'entretien s'étant fixé sur ce texte, qui revient souvent quand nous ne sommes que nous trois, nous tombâmes sur l'origine du mal; et je m'efforçois de montrer que non seulement il n'y avoit point de mal absolu et général dans le système des êtres, mais que même les maux particuliers étoient beauconp moindres qu'ils ne le semblent au premier coup d'œil, et qu'à tout prendre ils étoient surpassés de beaucoup par les biens particuliers et individuels. Je citois à M. de Wolmar son propre exemple ; et, pénétré du bonheur de sa situation, je la peignois avec des traits si vrais qu'il en parut ému lui-même. Voilà, dit-il en m'interrompant, les séductions de Julie. Elle met toujours le sentiment à la place des raisons, et le rend si touchant qu'il faut toujours l'embrasser pour toute réponse : ne seroit-ce point de son maître de philosophie, ajouta-t-il en riant, qu'elle aurait appris cette manière d'argumenter ?

Deux mois plus tôt la plaisanterie m'eût déconcerté cruellement; mais le temps de l'embarras est passé : je n'en fis que rire à mon tour, et, quoique Julie eût un peu rougi, elle ne parut pas plus embarrassée que moi. Nous continuâmes. Sans disputer sur la quantité du mal, Wolmar se contentoit de l'aveu qu'il fallut bien faire, que, peu ou beaucoup, enfin le mal existe; et de cette seule existence il déduisoit défaut de puissance, d'intelligence ou de bonté dans la première cause. Moi, de mon côté, je tâchois de montrer l'origine du mal physique dans la nature de la matière, et du mal moral dans la liberté de l'homme. Je lui soutenois que Dieu pouvoit tout faire, hors de créer d'autres substances aussi parfaites que la sienne, et qui ne laissassent aucune prise au mal. Nous étions dans la chaleur de la dispute quand je m'aperçus que Julie avoit disparu. Devinez où elle est, me dit son mari voyant que je la cherchois des yeux. Mais, dis-je, elle est allée donner quelque ordre dans le ménage. Non, dit-il, elle n'auroit point pris pour d'autres affaires le temps de celle-ci : tout se fait sans qu'elle me quitte, et je ne la vois jamais rien faire. Elle est donc dans la chambre des enfants? Tout aussi peu : ses enfants ne lui sont pas plus chers que mon salut. Hé bien, repris-je, ce qu'elle fait, je n'en sais rien, mais je suis très-sûr qu'elle ne s'occupe qu'à des soins utiles. Encore moins, dit-il froidement; venez, venez, vous verrez si j'ai bien deviné.

Il se mit à marcher doucement : je le suivis sur la pointe du pied. Nous arrivâmes à la porte du cabinet : elle étoit fermée; il l'ouvrit brusquement. Milord, quel spectacle ! Je vis Julie à genoux, les mains jointes, et tout en larmes. Elle se lève avec précipitation, s'essuyant les yeux, se cachant le visage et cherchant à s'échapper. On ne vit jamais une honte pareille. Son mari ne lui laissa pas le temps de fuir ; il courut à elle dans un espèce de transport. Chère épouse, lui dit-il en l'embrassant, l'ardeur même de tes vœux trahit ta cause ; que leur manque-t-il pour être efficaces ? Va, s'ils étoient entendus, ils seroient bientôt exaucés. Ils le seront, lui dit-elle d'un ton ferme et persuadée, j'en ignore l'heure et l'occasion. Puissé-je l'acheter aux dépens de ma vie ! mon dernier jour seroit le mieux employé.

Venez, milord, quittez vos malheureux combats, venez remplir un devoir plus noble. Le sage préfère-t-il l'honneur de tuer des hommes aux soins qui peuvent en sauver un [1] ?

LETTRE VI.

DE SAINT-PREUX A MILORD ÉDOUARD.

Quoi ! même après la séparation de l'armée, encore un voyage à Paris ! Oubliez-vous donc tout-à-fait Clarens et celle qui l'habite ? Nous êtes-vous moins cher qu'à milord Hyde ? êtes-vous plus nécessaire à cet ami qu'à ceux qui vous attendent

---

[1] Il y avoit ici une grande lettre de milord Édouard à Julie. Dans la suite il sera parlé de cette lettre, mais, pour de bonnes raisons, j'ai été forcé de la supprimer.

ici? Vous nous forcez à faire des vœux opposés aux vôtres, et vous me faites souhaiter d'avoir du crédit à la cour de France pour vous empêcher d'obtenir les passeports que vous en attendez. Contentez-vous toutefois; allez voir votre digne compatriote. Malgré lui, malgré vous, nous serons vengés de cette préférence; et, quelque plaisir que vous goûtiez à vivre avec lui, je sais que, quand vous serez avec nous, vous regretterez le temps que vous ne nous aurez pas donné.

En recevant votre lettre, j'avois d'abord soupçonné qu'une commission secrète... Quel plus digne médiateur de paix!... Mais les rois donnent-ils leur confiance à des hommes vertueux? osent-ils écouter la vérité? savent-ils même honorer le vrai mérite?... Non, non, cher Édouard, vous n'êtes pas fait pour le ministère; et je pense trop bien de vous pour croire que, si vous n'étiez pas né pair d'Angleterre, vous le fussiez jamais devenu.

Viens, ami, tu seras mieux à Clarens qu'à la cour. Oh! quel hiver nous allons passer tous ensemble, si l'espoir de notre réunion ne m'abuse pas! Chaque jour la prépare, en ramenant ici quelqu'une de ces ames privilégiées qui sont si chères l'une à l'autre, qui sont si dignes de s'aimer, et qui semblent n'attendre que vous pour se passer du reste de l'univers. En apprenant quel heureux hasard a fait passer ici la partie adverse du baron d'Étange, vous avez prévu tout ce qui devoit arriver de cette rencontre, et ce qui est arrivé réellement[1]. Ce vieux plaideur, quoique inflexible et entier presque autant que son adversaire, n'a pu résister à l'ascendant qui nous a tous subjugués. Après avoir vu Julie, après l'avoir entendue, après avoir conversé avec elle, il a eu honte de plaider contre son père. Il est parti pour Berne si bien disposé, et l'accommodement est actuellement en si bon train, que, sur la dernière lettre du baron, nous l'attendons de retour dans peu de jours.

Voilà ce que vous aurez déjà su par M. de Wolmar; mais ce que probablement vous ne savez point encore, c'est que madame d'Orbe, ayant enfin terminé ses affaires, est ici depuis jeudi, et n'aura plus d'autre demeure que celle de son amie. Comme j'étois prévenu du jour de son arrivée, j'allai au-devant d'elle à l'insu de madame de Wolmar qu'elle vouloit surprendre, et l'ayant rencontrée au-deçà de Lutri, je revins sur mes pas avec elle.

Je la trouvai plus vive et plus charmante que jamais, mais inégale, distraite, n'écoutant point, répondant encore moins, parlant sans suite et par saillies, enfin livrée à cette inquiétude dont on ne

[1] On voit qu'il manque ici plusieurs lettres intermédiaires, ainsi qu'en beaucoup d'autres endroits. Le lecteur dira qu'on se tire fort commodément d'affaire avec de pareilles omissions, et je suis tout-à-fait de son avis.

peut se défendre sur le point d'obtenir ce qu'on a fortement désiré. On eût dit à chaque instant qu'elle trembloit de retourner en arrière. Ce départ, quoique long-temps différé, s'étoit fait si à la hâte que la tête en tournoit à la maîtresse et aux domestiques. Il régnoit un désordre risible dans le menu bagage qu'on amenoit. A mesure que la femme de chambre craignoit d'avoir oublié quelque chose, Claire assuroit toujours l'avoir fait mettre dans le coffre du carrosse; et le plaisant, quand on y regarda, fut qu'il ne s'y trouva rien du tout.

Comme elle ne vouloit pas que Julie entendît sa voiture, elle descendit dans l'avenue, traversa la cour en courant comme une folle, et monta si précipitamment qu'il fallut respirer après la première rampe avant d'achever de monter. M. de Wolmar vint au-devant d'elle : elle ne put lui dire un seul mot.

En ouvrant la porte de la chambre, je vis Julie assise vers la fenêtre et tenant sur ses genoux la petite Henriette, comme elle faisoit souvent. Claire avoit médité un beau discours à sa manière, mêlé de sentiment et de gaieté; mais en mettant le pied sur le seuil de la porte, le discours, la gaieté, tout fut oublié; elle vole à son amie en s'écriant avec un emportement impossible à peindre : Cousine, toujours, pour toujours, jusqu'à la mort! Henriette, apercevant sa mère, saute et court au-devant d'elle en criant aussi *Maman! maman!* de toute sa force, et la rencontre si rudement que la pauvre petite tomba du coup. Cette subite apparition, cette chute, la joie, le trouble, saisirent Julie à tel point, que s'étant levée en étendant les bras avec un cri très-aigu, elle se laissa retomber et se trouva mal. Claire, voulant relever sa fille, voit pâlir son amie : elle hésite, elle ne sait à laquelle courir. Enfin, me voyant relever Henriette, elle s'élance pour secourir Julie défaillante, et tombe sur elle dans le même état.

Henriette, les apercevant toutes deux sans mouvement, se mit à pleurer et pousser des cris qui firent accourir la Fanchon : l'une court à sa mère, l'autre à sa maîtresse. Pour moi, saisi, transporté, hors de sens, j'errois à grands pas par la chambre sans savoir ce que je faisois, avec des exclamations interrompues, et dans un mouvement convulsif dont je n'étois pas le maître. Wolmar lui-même, le froid Wolmar se sentit ému. O sentiment! sentiment! douce vie de l'ame! quel est le cœur de fer que tu n'as jamais touché? quel est l'infortuné mortel à qui tu n'arrachas jamais de larmes? Au lieu de courir à Julie, cet heureux époux se jeta sur un fauteuil pour contempler avidement ce ravissant spectacle. Ne craignez rien, dit-il en voyant notre empressement; ces scènes de plaisir et de joie n'épuisent un instant la nature que pour la ranimer d'une vigueur nouvelle; elles ne sont jamais dangereuses. Laissez-moi jouir du bonheur que je goûte et que vous partagez. Que doit-il être pour vous ! je n'en connus jamais de semblable, et je suis le moins heureux des six.

Milord, sur ce premier moment vous pouvez juger du reste. Cette réunion excita dans toute la maison un retentissement d'allégresse, et une fermentation qui n'est pas encore calmée. Julie, hors d'elle-même, étoit dans une agitation où je ne l'avois jamais vue ; il fut impossible de songer à rien de toute la journée qu'à se voir et s'embrasser sans cesse avec de nouveaux transports. On ne s'avisa pas même du salon d'Apollon ; le plaisir étoit partout, on n'avoit pas besoin d'y songer. A peine le lendemain eut-on assez de sang-froid pour préparer une fête. Sans Wolmar, tout seroit allé de travers. Chacun se para de son mieux. Il n'y eut de travail permis que ce qu'il en falloit pour les amusements. La fête fut célébrée, non pas avec pompe, mais avec délire ; il y régnoit une confusion qui la rendoit touchante ; et le désordre en faisoit le plus bel ornement.

La matinée se passa à mettre madame d'Orbe en possession de son emploi d'intendante ou de maîtresse d'hôtel ; et elle se hâtoit d'en faire les fonctions avec un empressement d'enfant qui nous fit rire. En entrant pour dîner dans le beau salon, les deux cousines virent de tous côtés leurs chiffres unis et formés avec des fleurs. Julie devina dans l'instant d'où venoit ce soin : elle m'embrassa dans un saisissement de joie. Claire, contre son ancienne coutume, hésita d'en faire autant. Wolmar lui en fit la guerre ; elle prit en rougissant le parti d'imiter sa cousine. Cette rougeur, que je remarquai trop, me fit un effet que je ne saurois dire ; mais je ne me sentis pas dans ses bras sans émotion.

L'après-midi il y eut une belle collation dans le gynécée, où pour le coup le maître et moi fûmes admis. Les hommes tirèrent au blanc une mise donnée par madame d'Orbe. Le nouveau venu l'emporta, quoique moins exercé que les autres. Claire ne fut pas la dupe de son adresse ; Hanz lui-même ne s'y trompa pas, et refusa d'accepter le prix : mais tous ses camarades l'y forcèrent, et vous pouvez juger que cette honnêteté de leur part ne fut pas perdue.

Le soir, toute la maison, augmentée de trois personnes, se rassembla pour danser. Claire sembloit parée par la main des grâces ; elle n'avoit jamais été si brillante que ce jour-là. Elle dansoit, elle causoit, elle rioit, elle donnoit ses ordres, elle suffisoit à tout, elle avoit juré de m'excéder de fatigue ; et, après cinq ou six contredanses très-vives tout d'une haleine, elle n'oublia pas le reproche ordinaire que je dansois comme un philosophe. Je lui dis, moi, qu'elle dansoit comme un lutin, qu'elle ne faisoit pas moins de ravage, et que j'avois peur qu'elle ne me laissât reposer ni jour ni nuit. Au contraire, dit-elle, voici de quoi vous faire dormir tout d'une pièce; et à l'instant elle me reprit pour danser.

Elle étoit infatigable : mais il n'en étoit pas ainsi de Julie; elle avoit peine à se tenir, les genoux lui trembloient en dansant; elle étoit trop touchée pour pouvoir être gaie : souvent on voyoit des larmes de joie couler de ses yeux; elle contemploit sa cousine avec une sorte de ravissement; elle aimoit à se croire l'étrangère à qui l'on donnoit la fête, et à regarder Claire comme la maîtresse de la maison qui l'ordonnoit. Après le souper je tirai des fusées que j'avois apportées de la Chine, et qui firent beaucoup d'effet. Nous veillâmes fort avant dans la nuit. Il fallut enfin se quitter; madame d'Orbe étoit lasse, ou devoit l'être, et Julie voulut qu'on se couchât de bonne heure.

Insensiblement le calme renaît, et l'ordre avec lui. Claire, toute folâtre qu'elle est, sait prendre quand il lui plaît un ton d'autorité qui en impose. Elle a d'ailleurs du sens, un discernement exquis, la pénétration de Wolmar, la bonté de Julie; et, quoique extrêmement libérale, elle ne laisse pas d'avoir aussi beaucoup de prudence; en sorte que, restée veuve si jeune, et chargée de la garde-noble de sa fille, les biens de l'une et de l'autre n'ont fait que prospérer dans ses mains : ainsi l'on n'a pas lieu de craindre que, sous ses ordres, la maison soit moins bien gouvernée qu'auparavant. Cela donne à Julie le plaisir de se livrer tout entière à l'occupation qui est le plus de son goût, savoir, l'éducation des enfants; et je ne doute pas que Henriette ne profite extrêmement de tous les soins dont une de ses mères aura soulagé l'autre. Je dis ses mères; car, à voir la manière dont elles vivent avec elle, il est difficile de distinguer la véritable; et des étrangers qui nous sont venus aujourd'hui sont ou paroissent là-dessus encore en doute. En effet, toutes deux l'appellent Henriette, ou ma fille, indifféremment. Elle appelle *maman* l'une, et l'autre *petite maman* : la même tendresse règne de part et d'autre; elle obéit également à toutes deux. S'ils demandent aux dames à laquelle elle appartient, chacune répond à moi. S'ils interrogent Henriette, il se trouve qu'elle a deux mères. On seroit embarrassé à moins. Les plus clairvoyants se décident pourtant à la fin pour Julie. Henriette, dont le père étoit blond, est blonde comme elle, et lui ressemble beaucoup. Une certaine tendresse de mère se peint encore mieux dans ses yeux si doux que dans les regards plus enjoués de Claire. La petite prend auprès de Julie un air plus respectueux, plus attentif sur elle-même. Machinalement elle se met plus souvent à ses côtés, parce que Julie a plus souvent quelque chose à lui dire. Il faut avouer que toutes les apparences sont en faveur de la petite maman; et je me suis aperçu que cette erreur est si agréable aux deux cousines, qu'elle pourroit bien être quelquefois volontaire, et devenir un moyen de leur faire sa cour.

Milord, dans quinze jours il ne manquera plus ici que vous. Quand vous y serez, il faudra mal penser de tout homme dont le cœur cherchera sur le reste de la terre des vertus, des plaisirs qu'il n'aura pas trouvés dans cette maison.

LETTRE VII.

DE SAINT-PREUX A MILORD ÉDOUARD.

Il y a trois jours que j'essaie chaque soir de vous écrire. Mais, après une journée laborieuse, le sommeil me gagne en rentrant : le matin, dès le point du jour il faut retourner à l'ouvrage. Une ivresse plus douce que celle du vin me jette au fond de l'ame un trouble délicieux, et je ne puis dérober un moment à des plaisirs devenus tout nouveaux pour moi.

Je ne conçois pas quel séjour pourroit me déplaire avec la société que je trouve dans celui-ci. Mais savez-vous en quoi Clarens me plaît pour lui-même? c'est que je m'y sens vraiment à la campagne, et que c'est presque la première fois que j'en ai pu dire autant. Les gens de ville ne savent point aimer la campagne; ils ne savent pas même y être : à peine, quand ils y sont, savent-ils ce qu'on y fait. Ils en dédaignent les travaux, les plaisirs ; ils les ignorent : ils sont chez eux comme en pays étranger ; je ne m'étonne pas qu'ils s'y déplaisent. Il faut être villageois au village, ou n'y point aller, car qu'y va-t-on faire ? Les habitants de Paris qui croient aller à la campagne n'y vont point ; ils portent Paris avec eux. Les chanteurs, les beaux esprits, les auteurs, les parasites, sont le cortège qui les suit. Le jeu, la musique, la comédie, y sont leur seule occupation[1]. Leur table est couverte comme à Paris ; ils y mangent aux mêmes heures ; on leur y sert les mêmes mets avec le même appareil ; ils n'y font que les mêmes choses : autant valoit y rester ; car, quelque riche qu'on puisse être, et quelque soin qu'on ait pris, on sent toujours quelque privation, et l'on ne sauroit apporter avec soi Paris tout entier. Ainsi cette variété qui leur est si chère, ils la fuient ; ils ne connoissent jamais qu'une manière de vivre, et s'en ennuient toujours.

Le travail de la campagne est agréable à considérer, et n'a rien d'assez pénible en lui-même pour émouvoir à compassion. L'objet de l'utilité publique et privée le rend intéressant : et puis, c'est la première vocation de l'homme ; il rappelle à

---

[1] Il y faut ajouter la chasse ; encore la font-ils si commodément, qu'ils n'en ont pas la moitié de la fatigue ni du plaisir. Mais je n'entame point ici cet article de la chasse ; il fournit trop pour être traité dans une note. J'aurai peut-être occasion d'en parler ailleurs.

l'esprit une idée agréable, et au cœur tous les charmes de l'âge d'or. L'imagination ne reste point froide à l'aspect du labourage et des moissons. La simplicité de la vie pastorale et champêtre a toujours quelque chose qui touche. Qu'on regarde les prés couverts de gens qui fanent et chantent, et des troupeaux épars dans l'éloignement; insensiblement on se sent attendrir sans savoir pourquoi. Ainsi quelquefois encore la voix de la nature amollit nos cœurs farouches; et, quoiqu'on l'entende avec un regret inutile, elle est si douce qu'on ne l'entend jamais sans plaisir.

J'avoue que la misère qui couvre les champs en certains pays où le publicain dévore les fruits de la terre, l'âpre avidité d'un fermier avare, l'inflexible rigueur d'un maître inhumain, ôtent beaucoup d'attrait à ces tableaux. Des chevaux étiques près d'expirer sous les coups, de malheureux paysans exténués de jeûnes, excédés de fatigue, et couverts de haillons, des hameaux de masures, offrent un triste spectacle à la vue : on a presque regret d'être homme quand on songe aux malheureux dont il faut manger le sang. Mais quel charme de voir de bons et sages régisseurs faire de la culture de leurs terres l'instrument de leurs bienfaits, leurs amusements, leurs plaisirs ; verser à pleines mains les dons de la Providence, engraisser tout ce qui les entoure, hommes et bestiaux, des biens dont regorgent leurs granges, leurs caves, leurs greniers; accumuler l'abondance et la joie autour d'eux, et faire du travail qui les enrichit une fête continuelle! Comment se dérober à la douce illusion que ces objets font naître? On oublie son siècle et ses contemporains, on se transporte au temps des patriarches; on veut mettre soi-même la main à l'œuvre, partager les travaux rustiques et le bonheur qu'on y voit attaché. O temps de l'amour et de l'innocence, où les femmes étoient tendres et modestes, où les hommes étoient simples et vivoient contents! O Rachel! fille charmante et si constamment aimée, heureux celui qui, pour t'obtenir, ne regretta pas quatorze ans d'esclavage! O douce élève de Noëmi! heureux le bon vieillard dont tu réchauffois les pieds et le cœur! Non, jamais la beauté ne règne avec plus d'empire qu'au milieu des soins champêtres. C'est là que les grâces sont sur leur trône, que là simplicité les pare, que la gaieté les anime, et qu'il faut les adorer malgré soi. Pardon, milord, je reviens à nous.

Depuis un mois les chaleurs de l'automne apprêtoient d'heureuses vendanges; les premières gelées en ont amené l'ouverture[1]; le pampre grillé, laissant la grappe à découvert, étale aux yeux les dons du père Lyée, et semble inviter les mortels à s'en emparer. Toutes les vignes chargées de ce-

[1] On vendange fort tard dans le pays de Vaud, parce que la principale récolte est en vins blancs, et que la gelée leur est salutaire.

fruit bienfaisant que le ciel offre aux infortunés pour leur faire oublier leur misère; le bruit des tonneaux, des cuves, des légréfacess [1] qu'on relie de toutes parts; le chant des vendangeuses dont ces coteaux retentissent; la marche continuelle de ceux qui portent la vendange au pressoir, le rauque son des instruments rustiques qui les anime au travail; l'aimable et touchant tableau d'une alégresse générale qui semble en ce moment étendue sur la face de la terre; enfin le voile de brouillard que le soleil élève au matin comme une toile de théâtre pour découvrir à l'œil un si charmant spectacle : tout conspire à lui donner un air de fête; et cette fête n'en devient que plus belle à la réflexion, quand on songe qu'elle est la seule où les hommes aient su joindre l'agréable à l'utile.

M. de Wolmar, dont ici le meilleur terrain consiste en vignobles, a fait d'avance tous les préparatifs nécessaires. Les cuves, le pressoir, le cellier, les futailles, n'attendoient que la douce liqueur pour laquelle ils sont destinés. Madame de Wolmar s'est chargée de la récolte; le choix des ouvriers, l'ordre et la distribution du travail, la regardent. Madame d'Orbe préside aux festins de vendange et au salaire des journaliers selon la police établie, dont les lois ne s'enfreignent jamais ici. Mon inspection à moi est de faire observer au pressoir les directions de Julie, dont la tête ne supporte pas

[1] Sorte de foudre ou de grand tonneau du pays.

la vapeur des cuves; et Claire n'a pas manqué d'applaudir à cet emploi, comme étant tout-à-fait du ressort d'un buveur.

Les tâches ainsi partagées, le métier commun pour remplir les vides est celui de vendangeur. Tout le monde est sur pied de grand matin : on se rassemble pour aller à la vigne. Madame d'Orbe, qui n'est jamais assez occupée au gré de son activité, se charge, pour surcroît, de faire avertir et tancer les paresseux, et je puis me vanter qu'elle s'acquitte envers moi de ce soin avec une maligne vigilance. Quant au vieux baron, tandis que nous travaillons tous, il se promène avec un fusil, et vient de temps en temps m'ôter aux vendangeuses pour aller avec lui tirer des grives, à quoi l'on ne manque pas de dire que je l'ai secrètement engagé, si bien que j'en perds peu à peu le nom de philosophe pour gagner celui de fainéant, qui dans le fond n'en diffère pas de beaucoup.

Vous voyez, par ce que je viens de vous marquer du baron, que notre réconciliation est sincère, et que Wolmar a lieu d'être content de sa seconde épreuve[1]. Moi, de la haine pour le père de mon

[1] Ceci s'entendra mieux par l'extrait suivant d'une lettre de Julie qui n'est pas dans ce recueil.

« Voilà, me dit M. de Wolmar en me tirant à part, la seconde
« épreuve que je lui destinois. S'il n'eût pas caressé votre père, je
« me serois défié de lui. Mais, dis-je, comment concilier ces caresses
« et votre épreuve avec l'antipathie que vous avez vous-même trou-
« vée entre eux? Elle n'existe plus, reprit-il; les préjugés de votre

amie ! Non, quand j'aurois été son fils, je ne l'aurois pas plus parfaitement honoré. En vérité je ne connois point d'homme plus droit, plus franc, plus généreux, plus respectable à tous égards que ce bon gentilhomme. Mais la bizarrerie de ses préjugés est étrange. Depuis qu'il est sûr que je ne saurois lui appartenir, il n'y a sorte d'honneur qu'il ne me fasse ; et pourvu que je ne sois pas son gendre, il se mettroit volontiers au-dessous de moi. La seule chose que je ne puis lui pardonner, c'est, quand nous sommes seuls, de railler quelquefois le prétendu philosophe sur ces anciennes leçons. Ces plaisanteries me sont amères, et je les reçois toujours fort mal : mais il rit de ma colère, et dit : Allons tirer des grives, c'est assez pousser d'arguments. Puis il crie en passant : Claire, Claire, un bon souper à ton maître, car je vais lui faire gagner de l'appétit. En effet, à son âge il court les vignes avec son fusil tout aussi vigoureusement que moi, et tire incomparablement mieux. Ce qui me venge un peu de ses railleries, c'est que devant sa fille il n'ose plus souffler ; et la petite écolière n'en impose guère moins à son père même qu'à son précepteur. Je reviens à nos vendanges.

« père ont fait à Saint-Preux tout le mal qu'ils pouvoient lui faire :
« il n'en a plus rien à craindre, il ne les hait plus, il les plaint. Le
« baron, de son côté, ne le craint plus : il a le cœur bon ; il sent
« qu'il lui a fait bien du mal, il en a pitié. Je vois qu'ils seront fort
« bien ensemble, et se verront avec plaisir : aussi, dès cet instant,
« je compte sur lui tout-à-fait. »

Depuis huit jours que cet agréable travail nous occupe, on est à peine à la moitié de l'ouvrage. Outre les vins destinés pour la vente et pour les provisions ordinaires, lesquels n'ont d'autre façon que d'être recueillis avec soin, la bienfaisante fée en prépare d'autres plus fins pour nos buveurs ; et j'aide aux opérations magiques dont je vous ai parlé, pour tirer d'un même vignoble des vins de tous les pays. Pour l'un, elle fait tordre la grappe quand elle est mûre et la laisse flétrir au soleil sur la souche ; pour l'autre, elle fait égrapper le raisin et trier les grains avant de les jeter dans la cuve ; pour un autre, elle fait cueillir avant le lever du soleil du raisin rouge, et le porter doucement sur le pressoir couvert encore de sa fleur et de sa rosée, pour en exprimer du vin blanc. Elle prépare un vin de liqueur en mêlant dans les tonneaux du moût réduit en sirop sur le feu, un vin sec, en l'empêchant de cuver; un vin d'absinthe pour l'estomac [1] ; un vin muscat avec des simples. Tous ces vins différents ont leur apprêt particulier ; toutes ces préparations sont saines et naturelles : c'est ainsi qu'une économe industrie supplée à la diversité des terrains, et rassemble vingt climats en un seul.

Vous ne sauriez concevoir avec quel zèle, avec

---

[1] En Suisse on boit beaucoup de vin d'absinthe, et en général, comme les herbes des Alpes ont plus de vertu que dans les plaines, on y fait plus d'usage des infusions.

quelle gaieté tout cela se fait. On chante, on rit toute la journée, et le travail n'en va que mieux. Tout vit dans la plus grande familiarité; tout le monde est égal, et personne ne s'oublie. Les dames sont sans airs, les paysannes sont décentes, les hommes badins et non grossiers. C'est à qui trouvera les meilleures chansons, à qui fera les meilleurs contes, à qui dira les meilleurs traits. L'union même engendre les folâtres querelles; et l'on ne s'agace mutuellement que pour montrer combien on est sûr les uns des autres. On ne revient point ensuite faire chez soi les messieurs; on passe aux vignes toute la journée : Julie y a fait faire une loge où l'on va se chauffer quand on a froid, et dans laquelle on se réfugie en cas de pluie. On dîne avec les paysans et à leur heure, aussi-bien qu'on travaille avec eux. On mange avec appétit leur soupe un peu grossière, mais bonne, saine, et chargée d'excellents légumes. On ne ricane point orgueilleusement de leur air gauche et de leurs compliments rustauds; pour les mettre à leur aise, on s'y prête sans affectation. Ces complaisances ne leur échappent pas, ils y sont sensibles; et voyant qu'on veut bien sortir pour eux de sa place, ils s'en tiennent d'autant plus volontiers dans la leur. A dîner, on amène les enfants, et ils passent le reste de la journée à la vigne. Avec quelle joie ces bons villageois les voient arriver! O bienheureux enfants!

disent-il en les pressant dans leurs bras robustes, que le bon Dieu prolonge vos jours aux dépens des nôtres ! ressemblez à vos pères et mères, et soyez comme eux la bénédiction du pays ! Souvent, en songeant que la plupart de ces hommes ont porté les armes, et savent manier l'épée et le mousquet aussi bien que la serpette et la houe, en voyant Julie au milieu d'eux si charmante et si respectée recevoir, elle et ses enfants, leurs touchantes acclamations, je me rappelle l'illustre et vertueuse Agrippine montrant son fils aux troupes de Germanicus. Julie ! femme incomparable ! vous exercez dans la simplicité de la vie privée le despotique empire de la sagesse et des bienfaits : vous êtes pour tout le pays un dépôt cher et sacré que chacun voudroit défendre et conserver au prix de son sang ; vous vivez plus sûrement, plus honorablement au milieu d'un peuple entier qui vous aime, que les rois entourés de leurs soldats.

Le soir, on revient gaiement tous ensemble. On nourrit et loge les ouvriers tout le temps de la vendange : et même le dimanche, après le prêche du soir, on se rassemble avec eux et l'on danse jusqu'au souper. Les autres jours on ne se sépare point non plus en rentrant au logis, hors le baron, qui ne soupe jamais et se couche de fort bonne heure, et Julie, qui monte avec ses enfants chez lui jusqu'à ce qu'il s'aille coucher. A cela près, depuis le moment qu'on prend le métier de vendangeur jusqu'à celui qu'on le quitte, on ne mêle plus la vie citadine à la vie rustique. Ces saturnales sont bien plus agréables et plus sages que celles des Romains. Le renversement qu'ils affectoient étoit trop vain pour instruire le maître ni l'esclave : mais la douce égalité qui règne ici rétablit l'ordre de la nature, forme une instruction pour les uns, une consolation pour les autres, et un lien d'amitié pour tous [1].

Le lieu d'assemblée est une salle à l'antique avec une grande cheminée où l'on fait bon feu. La pièce est éclairée de trois lampes, auxquelles M. de Wolmar a seulement fait ajouter des capuchons de ferblanc pour intercepter la fumée et réfléchir la lumière. Pour prévenir l'envie et les regrets, on tâche de ne rien étaler aux yeux de ces bonnes gens qu'ils ne puissent retrouver chez eux, de ne leur montrer d'autre opulence que le choix du bon dans les choses communes, et un peu plus de

---

[1] Si de là naît un commun état de fête, non moins doux à ceux qui descendent qu'à ceux qui montent, ne s'ensuit-il pas que tous les états sont presque indifférents par eux-mêmes, pourvu qu'on puisse et qu'on veuille en sortir quelquefois ? Les gueux sont malheureux parce qu'ils sont toujours gueux ; les rois sont malheureux parce qu'ils sont toujours rois. Les états moyens, dont on sort plus aisément, offrent des plaisirs au-dessus et au-dessous de soi ; ils étendent aussi les lumières de ceux qui les remplissent ; en leur donnant plus de préjugés à connoître et plus de degrés à comparer. Voilà, ce me semble, la principale raison pourquoi c'est généralement dans les conditions médiocres qu'on trouve les hommes les plus heureux et du meilleur sens.

largesse dans la distribution. Le souper est servi sur deux longues tables. Le luxe et l'appareil des festins n'y sont pas, mais l'abondance et la joie y sont. Tout le monde se met à table, maîtres, journaliers, domestiques ; chacun se lève indifféremment pour servir, sans exclusion, sans préférence, et le service se fait toujours avec grâce et avec plaisir. On boit à discrétion ; la liberté n'a point d'autres bornes que l'honnêteté. La présence de maîtres si respectés contient tout le monde, et n'empêche pas qu'on ne soit à son aise et gai. Que s'il arrive à quelqu'un de s'oublier, on ne trouble point la fête par des réprimandes, mais il est congédié sans rémission dès le lendemain.

Je me prévaux aussi des plaisirs du pays et de la saison. Je reprends la liberté de vivre à la valaisanne, et de boire assez souvent du vin pur ; mais je n'en bois point qui n'ait été versé de la main d'une des deux cousines. Elles se chargent de mesurer ma soif à mes forces, et de ménager ma raison. Qui sait mieux qu'elles comment il la faut gouverner, et l'art de me l'ôter et de me la rendre ? Si le travail de la journée, la durée et la gaieté du repas donnent plus de force au vin versé de ces mains chéries, je laisse exhaler mes transports sans contrainte ; ils n'ont plus rien que je doive taire, rien que gêne la présence du sage Wolmar. Je ne crains point que son œil éclairé lise au fond de mon cœur; et quand un tendre souvenir y veut renaître, un regard de Claire y donne le change, un regard de Julie m'en fait rougir.

Après le souper on veille encore une heure ou deux en teillant du chanvre : chacun dit sa chanson tour à tour. Quelquefois les vendangeuses chantent en chœur toutes ensemble, ou bien alternativement à voix seule et en refrain. La plupart de ces chansons sont de vieilles romances dont les airs ne sont pas piquants, mais ils ont je ne sais quoi d'antique et de doux qui touche à la longue. Les paroles sont simples, naïves, souvent tristes; elles plaisent pourtant. Nous ne pouvons nous empêcher, Claire de sourire, Julie de rougir, moi de soupirer, quand nous retrouvons dans ces chansons des tours et des expressions dont nous nous sommes servis autrefois. Alors, en jetant les yeux sur elles et me rappelant les temps éloignés, un tressaillement me prend, un poids insupportable me tombe tout à coup sur le cœur, et me laisse une impression funeste qui ne s'efface qu'avec peine. Cependant je trouve à ces veillées une sorte de charme que je ne puis vous expliquer, et qui m'est pourtant fort sensible. Cette réunion des différents états, la simplicité de cette occupation, l'idée de délassement, d'accord, de tranquillité, le sentiment de paix qu'elle porte à l'ame, a quelque chose d'attendrissant qui dispose à trouver ces chansons plus intéressantes. Ce concert de voix de femmes n'est pas non plus sans douceur. Pour moi, je suis convaincu que de toutes les harmonies il n'y en a point d'aussi agréable que le chant à l'unisson, et que s'il nous faut des accords, c'est parce que nous avons le goût dépravé. En effet, toute l'harmonie ne se trouve-t-elle pas dans un son quelconque? et qu'y pouvons-nous ajouter sans altérer les proportions que la nature a établies dans la force relative des sons harmonieux? En doublant les uns et non pas les autres, en ne les renforçant pas en même rapport, n'ôtons-nous pas à l'instant ces proportions? La nature a tout fait le mieux qu'il étoit possible ; mais nous voulons mieux faire encore, et nous gâtons tout.

Il y a une grande émulation pour ce travail du soir aussi-bien que pour celui de la journée ; et la filouterie que j'y voulois employer m'attira hier un petit affront. Comme je ne suis pas des plus adroits à teiller, et que j'ai souvent des distractions, ennuyé d'être toujours noté pour avoir fait le moins d'ouvrage, je tirois doucement avec le pied des chenevottes de mes voisins pour grossir mon tas : mais cette impitoyable madame d'Orbe s'en étant aperçue, fit signe à Julie, qui, m'ayant pris sur le fait, me tança sévèrement. Monsieur le fripon, me dit-elle tout haut, point d'injustice, même en plaisantant ; c'est ainsi qu'on s'accoutume à devenir méchant tout de bon, et, qui pis est, à plaisanter encore[1].

Voilà comment se passe la soirée. Quand l'heure de la retraite approche, madame de Wolmar dit, Allons tirer le feu d'artifice. A l'instant chacun prend son paquet de chenevottes, signe honorable de son travail; on le porte en triomphe au milieu de la cour, on les rassemble en un tas, on en fait un trophée; on y met le feu: mais n'a pas cet honneur qui veut: Julie l'adjuge en présentant le flambeau à celui ou celle qui a fait ce soir-là le plus d'ouvrage; fût-ce elle-même, elle se l'attribue sans façon. L'auguste cérémonie est accompagnée d'acclamations et de battements de mains. Les chenevottes font un feu clair et brillant qui s'élève jusqu'aux nues, un vrai feu de joie, autour duquel on saute, on rit. Ensuite on offre à boire à toute l'assemblée: chacun boit à la santé du vainqueur, et va se coucher content d'une journée passée dans le travail, la gaieté, l'innocence, et qu'on ne seroit pas fâché de recommencer le lendemain, le surlendemain, et toute sa vie.

[1] L'homme au beurre, il me semble que cet avis vous iroit assez bien *.

* Cet *homme au beurre* étoit le comte de Lastic, dont les gens reçurent un panier de beurre à l'adresse de la mère de Thérèse, en disposèrent pour eux ou leurs maîtres, et quand madame Le Vasseur se présenta pour réclamer ce qui lui appartenoit, la mirent à la porte après l'avoir maltraitée. Jean-Jacques écrivit deux lettres à ce sujet dont l'une est un chef-d'œuvre de persiflage. (20 décembre 1754 au comte de Lastic.) Madame d'Épinay l'empêcha de les envoyer. Rousseau, que l'injustice révoltoit, oublia que *l'homme au beurre* étoit une énigme pour le public, et que, sans une note explicative, on ne pouvoit ni le comprendre, ni partager son indignation. (Note de M. Musset-Pathay.)

LETTRE VIII.

DE SAINT-PREUX A M. DE WOLMAR.

Jouissez, cher Wolmar, du fruit de vos soins. Recevez les hommages d'un cœur épuré, qu'avec tant de peine vous avez rendu digne de vous être offert. Jamais homme n'entreprit ce que vous avez entrepris; jamais homme ne tenta ce que vous avez exécuté; jamais ame reconnoissante et sensible ne sentit ce que vous m'avez inspiré. La mienne avoit perdu son ressort, sa vigueur, son être; vous m'avez tout rendu. J'étois mort aux vertus ainsi qu'au bonheur; je vous dois cette vie morale à laquelle je me sens renaître. O mon bienfaiteur! ô mon père! en me donnant à vous tout entier, je ne puis vous offrir, comme à Dieu même, que les dons que je tiens de vous.

Faut-il vous avouer ma foiblesse et mes craintes? Jusqu'à présent je me suis toujours défié de moi. Il n'y a pas huit jours que j'ai rougi de mon cœur et cru toutes vos bontés perdues. Ce moment fut cruel et décourageant pour la vertu : grâce au ciel, grâce à vous, il est passé pour ne plus revenir. Je ne me crois plus guéri seulement parce que vous me le dites, mais parce que je le sens. Je n'ai plus besoin que vous me répondiez de moi; vous m'avez mis en état d'en répondre moi-même. Il m'a fallu séparer de vous et d'elle pour savoir ce que je pouvois être sans votre appui. C'est loin des lieux qu'elle habite que j'apprends à ne plus craindre d'en approcher.

J'écris à madame d'Orbre le détail de notre voyage. Je ne vous le répéterai point ici. Je veux bien que vous connnoissiez toutes mes foiblesses, mais je n'ai pas la force de vous les dire. Cher Wolmar, c'est ma dernière faute : je m'en sens déjà si loin que je n'y songe point sans fierté; mais l'instant en est si près encore, que je ne puis l'avouer sans peine. Vous qui sûtes pardonner mes égarements, comment ne pardonneriez-vous pas la honte qu'a produite leur repentir?

Rien ne manque plus à mon bonheur; milord m'a tout dit. Cher ami, je serai donc à vous, j'élèverai donc vos enfants. L'aîné des trois élèvera les deux autres. Avec quelle ardeur je l'ai désiré! combien l'espoir d'être trouvé digne d'un si cher emploi redoubloit mes soins pour répondre aux vôtres! Combien de fois j'osai montrer là-dessus mon empressement à Julie! Qu'avec plaisir j'interprétois souvent en ma faveur vos discours et les siens! Mais, quoiqu'elle fût sensible à mon zèle et qu'elle en parût approuver l'objet, je ne la vis point entrer assez précisément dans mes vues pour oser en parler plus ouvertement. Je sentis qu'il falloit mériter cet honneur et ne pas le demander. J'attendois de vous et d'elle ce gage de votre confiance et de votre estime. Je n'ai point été trompé dans mon espoir : mes amis, croyez-moi, vous ne serez point trompés dans le vôtre.

Vous savez qu'à la suite de nos conversations sur l'éducation de vos enfants j'avois jeté sur le papier quelques idées qu'elles m'avoient fournies et que vous approuvâtes. Depuis mon départ il m'est venu de nouvelles réflexions sur le même sujet, et j'ai réduit le tout en une espèce de système que je vous communiquerai quand je l'aurai mieux digéré, afin que vous l'examiniez à votre tour. Ce n'est qu'après notre arrivée à Rome que j'espère pouvoir le mettre en état de vous être montré. Ce système commence où finit celui de Julie, ou plutôt il n'en est que la suite et le développement ; car tout consiste à ne pas gâter l'homme de la nature en l'appropriant à la société.

J'ai recouvré ma raison par vos soins : redevenu libre et sain de cœur, je me sens aimé de tout ce qui m'est cher ; l'avenir le plus charmant se présente à moi ; ma situation devroit être délicieuse ; mais il est dit que je n'aurai jamais l'ame en paix. En approchant du terme de notre voyage, j'y vois l'époque du sort de mon illustre ami ; c'est moi qui dois pour ainsi dire en décider. Saurai-je faire au moins une fois pour lui ce qu'il a fait si souvent pour moi ? Saurai-je remplir dignement le plus grand, le plus important devoir de ma vie ? Cher

Wolmar, j'emporte au fond de mon cœur toutes vos leçons; mais, pour savoir les rendre utiles, que ne puis-je de même emporter votre sagesse ! Ah ! si je puis voir un jour Édouard heureux ; si, selon son projet et le vôtre, nous nous rassemblons tous pour ne nous plus séparer, quel vœu me restera-t-il à faire ? Un seul, dont l'accomplissement ne dépend ni de vous, ni de moi, ni de personne au monde, mais de celui qui doit un prix aux vertus de votre épouse et compte en secret vos bienfaits.

LETTRE IX.

DE SAINT-PREUX A MADAME D'ORBE.

Où êtes-vous, charmante cousine ? où êtes-vous, aimable confidente de ce foible cœur que vous partagez à tant de titres et que vous avez consolé tant de fois ? Venez ; qu'il verse aujourd'hui dans le vôtre l'aveu de sa dernière erreur. N'est-ce pas à vous qu'il appartient toujours de le purifier ? et sait-il se reprocher encore les torts qu'il vous a confessés ? Non, je ne suis plus le même, et ce changement vous est dû : c'est un nouveau cœur que vous m'avez fait et qui vous offre ses prémices ; mais je ne me croirai délivré de celui que je quitte qu'après l'avoir déposé dans vos mains.

O vous qui l'avez vu naître, recevez ses derniers soupirs !

L'eussiez-vous jamais pensé ! le moment de ma vie où je fus le plus content de moi-même fut celui où je me séparai de vous. Revenu de mes longs égaremens, je fixois à cet instant la tardive époque de mon retour à mes devoirs; je commençois à payer enfin les immenses dettes de l'amitié, en m'arrachant d'un séjour si chéri pour suivre un bienfaiteur, un sage, qui, feignant d'avoir besoin de mes soins, mettoit le succès des siens à l'épreuve. Plus ce départ m'étoit douloureux, plus je m'honorois d'un pareil sacrifice. Après avoir perdu la moitié de ma vie à nourrir une passion malheureuse, je consacrois l'autre à la justifier, à rendre par mes vertus un plus digne hommage à celle qui reçut si long-temps tous ceux de mon cœur. Je marquois hautement le premier de mes jours où je ne faisois rougir de moi ni vous, ni elle, ni rien de ce qui m'étoit cher.

Milord Édouard avoit craint l'attendrissement des adieux, et nous voulions partir sans être aperçus; mais, tandis que tout dormoit encore, nous ne pûmes tromper votre vigilante amitié. En apercevant votre porte entr'ouverte et votre femme de chambre au guet, en vous voyant venir au-devant de nous, en entrant et trouvant une table à thé préparée, le rapport des circonstances me fit songer à d'autres temps; et, comparant ce départ à celui dont il me rappeloit l'idée, je me sentis si différent de ce que j'étois alors, que, me félicitant d'avoir Édouard pour témoin de ces différences, j'espérai bien lui faire oublier à Milan l'indigne scène de Besançon. Jamais je ne m'étois senti tant de courage : je me faisois une gloire de vous le montrer ; je me parois auprès de vous de cette fermeté que vous ne m'aviez jamais vue, et je me glorifiois en vous quittant de paroître un moment à vos yeux tel que j'allois être. Cette idée ajoutoit à mon courage ; je me fortifiois de votre estime ; et peut-être vous eussé-je dit adieu d'un œil sec, si vos larmes coulant sur ma joue n'eussent forcé les miennes de s'y confondre.

Je partis le cœur plein de tous mes devoirs, pénétré surtout de ceux que votre amitié m'impose, et bien résolu d'employer le reste de ma vie à la mériter. Édouard, passant en revue toutes mes fautes, me remit devant les yeux un tableau qui n'étoit pas flatté ; et je connus, par sa juste rigueur à blâmer tant de foiblesses, qu'il craignoit peu de les imiter. Cependant il feignoit d'avoir cette crainte ; il me parloit avec inquiétude de son voyage de Rome et des indignes attachements qui l'y rappeloient malgré lui : mais je jugeai facilement qu'il augmentoit ses propres dangers pour m'en occuper davantage et m'éloigner d'autant plus de ceux auxquels j'étois exposé.

Comme nous approchions de Villeneuve, un

laquais qui montoit un mauvais cheval se laissa tomber, et se fit une légère contusion à la tête. Son maître le fit saigner, et voulut coucher là cette nuit. Ayant dîné de bonne heure, nous prîmes des chevaux pour aller à Bex voir la saline; et milord ayant des raisons particulières qui lui rendoient cet examen intéressant, je pris les mesures et le dessin du bâtiment de graduation : nous ne rentrâmes à Villeneuve qu'à la nuit. Après le souper, nous causâmes en buvant du punch et veillâmes assez tard. Ce fut alors qu'il m'apprit quels soins m'étoient confiés, et ce qui avoit été fait pour rendre cet arrangement praticable. Vous pouvez juger de l'effet que fit sur moi cette nouvelle : une telle conversation n'amenoit pas le sommeil. Il fallut pourtant enfin se coucher.

En entrant dans la chambre qui m'étoit destinée, je la reconnus pour la même que j'avois occupée autrefois en allant à Sion. A cet aspect je sentis une impression que j'aurois peine à vous rendre. J'en fus si vivement frappé, que je crus redevenir à l'instant tout ce que j'étois alors ; dix années s'effacèrent de ma vie, et tous mes malheurs furent oubliés. Hélas! cette erreur fut courte ; et le second instant me rendit plus accablant le poids de toutes mes anciennes peines. Quelles tristes réflexions succédèrent à ce premier enchantement! Quelles comparaisons douloureuses s'offrirent à mon esprit! Charmes de la première jeunesse, délices des premières amours, pourquoi vous retracer encore à ce cœur accablé d'ennuis et surchargé de lui-même? O temps, temps heureux, tu n'es plus! j'aimois, j'étois aimé. Je me livrois dans la paix de l'innocence aux transports d'un amour partagé; je savourois à longs traits le délicieux sentiment qui me faisoit vivre. La douce vapeur de l'espérance enivroit mon cœur; une extase, un ravissement, un délire absorboit toutes mes facultés. Ah! sur les rochers de Meillerie, au milieu de l'hiver et des glaces, d'affreux abîmes devant les yeux, quel être au monde jouissoit d'un sort comparable au mien?.... Et je pleurois! et je me trouvois à plaindre! et la tristesse osoit approcher de moi!.... Que ferai-je donc aujourd'hui que j'ai tout possédé, tout perdu?... J'ai bien mérité ma misère puisque j'ai si peu senti mon bonheur... Je pleurois alors... Tu pleurois... Infortuné, tu ne pleures plus... Tu n'as pas même le droit de pleurer... Que n'est-elle morte! osai-je m'écrier dans un transport de rage; oui, je serois moins malheureux, j'oserois me livrer à mes douleurs; j'embrasserois sans remords sa froide tombe; mes regrets seroient dignes d'elle; je dirois: Elle entend mes cris, elle voit mes pleurs, mes gémissements la touchent, elle approuve et reçoit mon pur hommage.... J'aurois au moins l'espoir de la rejoindre... Mais elle vit, elle est heureuse... Elle vit, et sa vie est ma mort, et son bonheur est mon supplice ; et le ciel, après me l'avoir arrachée, m'ôte jusqu'à la douceur de la regretter ! Elle vit, mais non pas pour moi ; elle vit pour mon désespoir. Je suis cent fois plus loin d'elle que si elle n'étoit plus.

Je me couchai dans ces tristes idées ; elles me suivirent durant mon sommeil, et le remplirent d'images funèbres. Les amères douleurs, les regrets, la mort, se peignirent dans mes songes, et tous les maux que j'avois soufferts reprenoient à mes yeux cent formes nouvelles pour me tourmenter une seconde fois. Un rêve surtout, le plus cruel de tous, s'obstinoit à me poursuivre ; et de fantôme en fantôme toutes leurs apparitions confuses finissoient toujours par celui-là.

Je crus voir la digne mère de votre amie dans son lit, expirante, et sa fille à genoux devant elle, fondant en larmes, baisant ses mains et recueillant ses derniers soupirs. Je revis cette scène que vous m'avez autrefois dépeinte et qui ne sortira jamais de mon souvenir. O ma mère, disoit Julie d'un ton à me navrer l'ame, celle qui vous doit le jour vous l'ôte ! Ah ! reprenez votre bienfait ! sans vous il n'est pour moi qu'un don funeste. Mon enfant, répondit sa tendre mère...... Il faut remplir son sort... Dieu est juste... tu seras mère à ton tour... Elle ne put achever. Je voulus lever les yeux sur elle, je ne la vis plus. Je vis Julie à sa place ; je la vis, je la reconnus, quoique son visage fût couvert d'un voile. Je fais un cri; je m'élance pour écarter le voile, je ne pus l'atteindre; j'étendois les bras, je me tourmentois, et ne touchois rien. Ami, calme-toi, me dit-elle d'une voix foible : le voile redoutable me couvre, nulle main ne peut l'écarter. A ce mot je m'agite et fais un nouvel effort : cet effort me réveille; je me trouve dans mon lit, accablé de fatigue, et trempé de sueur et de larmes.

Bientôt ma frayeur se dissipe, l'épuisement me rendort : le même songe me rend les mêmes agitations; je m'éveille et me rendors une troisième fois. Toujours ce spectacle lugubre, toujours ce même appareil de mort, toujours ce voile impénétrable échappe à mes mains, et dérobe à mes yeux l'objet expirant qu'il couvre.

A ce dernier réveil ma terreur fut si forte que je ne la pus vaincre étant éveillé. Je me jette à bas de mon lit sans savoir ce que je faisois. Je me mets à errer par la chambre, effrayé comme un enfant des ombres de la nuit, croyant me voir environné de fantômes, et l'oreille encore frappée de cette voix plaintive dont je n'entendis jamais le son sans émotion. Le crépuscule, en commençant d'éclairer les objets, ne fit que les transformer au gré de mon imagination troublée. Mon effroi redouble et m'ôte le jugement : après avoir trouvé ma porte avec peine, je m'enfuis de ma chambre, j'entre brusquement dans celle d'Édouard;

j'ouvre son rideau, et me laisse tomber sur son lit en m'écriant hors d'haleine : C'en est fait, je ne la verrai plus ! Il s'éveille en sursaut, il saute à ses armes, se croyant surpris par un voleur. A l'instant il me reconnoît ; je me reconnois moi-même ; et pour la seconde fois de ma vie je me vois devant lui dans la confusion que vous pouvez concevoir.

Il me fit asseoir, me remettre, et parler. Sitôt qu'il sut de quoi il s'agissoit, il voulut tourner la chose en plaisanterie ; mais voyant que j'étois vivement frappé et que cette impression ne seroit pas facile à détruire, il changea de ton. Vous ne méritez ni mon amitié ni mon estime, me dit-il assez durement ; si j'avois pris pour mon laquais le quart des soins que j'ai pris pour vous, j'en aurois fait un homme ; mais vous n'êtes rien. Ah ! lui dis-je, il est trop vrai. Tout ce que j'avois de bon me venoit d'elle ; je ne la reverrai jamais ; je ne suis plus rien. Il sourit, et m'embrassa. Tranquillisez-vous aujourd'hui, me dit-il, demain vous serez raisonnable : je me charge de l'événement. Après cela, changeant de conversation, il me proposa de partir. J'y consentis. On fit mettre les chevaux, nous nous habillâmes. En entrant dans la chaise, milord dit un mot à l'oreille au postillon, et nous partîmes.

Nous marchions sans rien dire. J'étois si occupé de mon funeste rêve, que je n'entendois et ne voyois rien : je ne fis pas même attention que le lac, qui la veille étoit à ma droite, étoit maintenant à ma gauche. Il n'y eut qu'un bruit de pavé qui me tira de ma léthargie, et me fit apercevoir avec un étonnement facile à comprendre que nous rentrions dans Clarens. A trois cents pas de la grille milord fit arrêter, et me tirant à l'écart : Vous voyez, me dit-il, mon projet ; il n'a pas besoin d'explication. Allez, visionnaire, ajouta-t-il en me serrant la main, allez la revoir ; heureux de ne montrer vos folies qu'à des gens qui vous aiment ! Hâtez-vous, je vous attends ; mais surtout ne revenez qu'après avoir déchiré ce fatal voile tissu dans votre cerveau.

Qu'aurois-je dit ? Je partis sans répondre. Je marchois d'un pas précipité que la réflexion ralentit en approchant de la maison. Quel personnage allois-je faire ? comment oser me montrer ? de quel prétexte couvrir ce retour imprévu ? avec quel front irois-je alléguer mes ridicules terreurs, et supporter le regard méprisant du généreux Wolmar ? Plus j'approchois, plus ma frayeur me paroissoit puérile, et mon extravagance me faisoit pitié. Cependant un noir pressentiment m'agitoit encore, et je ne me sentois point rassuré. J'avançois toujours, quoique lentement, et j'étois déjà près de la cour, quand j'entendis ouvrir et refermer la porte de l'Élysée. N'en voyant sortir personne, je fis le tour en dehors, et j'allai par le rivage côtoyer la volière autant qu'il me fut possible. Je ne tardai pas de juger qu'on en approchoit. Alors prêtant l'oreille, je vous entendis parler toutes deux ; et, sans qu'il me fût possible de distinguer un seul mot, je trouvai dans le son de votre voix je ne sais quoi de languissant et de tendre qui me donna de l'émotion, et dans la sienne un accent affectueux et doux à son ordinaire, mais paisible et serein, qui me remit à l'instant, et qui fit le vrai réveil de mon rêve.

Sur-le-champ je me sentis tellement changé, que je me moquai de moi-même et de mes vaines alarmes. En songeant que je n'avois qu'une haie et quelques buissons à franchir pour voir pleine de vie et de santé celle que j'avois cru ne revoir jamais, j'abjurai pour toujours mes craintes, mon effroi, mes chimères, et je me déterminai sans peine à repartir, même sans la voir. Claire, je vous le jure, non seulement je ne la vis point, mais je m'en retournai fier de ne l'avoir point vue, de n'avoir pas été foible et crédule jusqu'au bout, et d'avoir au moins rendu cet honneur à l'ami d'Édouard de le mettre au-dessus d'un songe.

Voilà, chère cousine, ce que j'avois à vous dire, et le dernier aveu qui me restoit à vous faire. Le détail du reste de notre voyage n'a plus rien d'intéressant : il me suffit de vous protester que depuis lors non seulement milord est content de moi, mais que je le suis encore plus moi-même, qui sens mon entière guérison bien mieux qu'il ne la peut voir. De peur de lui laisser une défiance inutile, je lui ai caché que je ne vous avois point vues. Quand il me demanda si le voile étoit levé, je l'affirmai sans balancer, et nous n'en avons plus parlé. Oui, cousine, il est levé pour jamais ce voile dont ma raison fut long-temps offusquée. Tous mes transports inquiets sont éteints : je vois tous mes devoirs, et je les aime. Vous m'êtes toutes deux plus chères que jamais ; mais mon cœur ne distingue plus l'une de l'autre, et ne sépare point les inséparables.

Nous arrivâmes avant-hier à Milan : nous en repartons après-demain. Dans huit jours nous comptons être à Rome, et j'espère y trouver de vos nouvelles en arrivant. Qu'il me tarde de voir ces deux étonnantes personnes qui troublent depuis si long-temps le repos du plus grand des hommes ! O Julie ! ô Claire ! il faudroit votre égale pour mériter de le rendre heureux.

LETTRE X.

DE MADAME D'ORBE A SAINT-PREUX.

Nous attendions tous de vos nouvelles avec impatience, et je n'ai pas besoin de vous dire combien vos lettres ont fait de plaisir à la petite communauté : mais ce que vous ne devinerez pas de même, c'est que de toute la maison je suis peut-être celle qu'elles ont le moins réjouie. Ils ont tous appris que vous aviez heureusement passé les Alpes; moi, j'ai songé que vous étiez au-delà.

A l'égard du détail que vous m'avez fait, nous n'en avons rien dit au baron, et j'en ai passé à tout le monde quelques soliloques fort inutiles. M. de Wolmar a eu l'honnêteté de ne faire que se moquer de vous; mais Julie n'a pu se rappeler les derniers moments de sa mère sans de nouveaux regrets et de nouvelles larmes. Elle n'a remarqué de votre rêve que ce qui ranimoit ses douleurs.

Quant à moi, je vous dirai, mon cher maître, que je ne suis plus surprise de vous voir en continuelle admiration de vous-même, toujours achevant quelque folie, et toujours commençant d'être sage; car il y a long-temps que vous passez votre vie à vous reprocher le jour de la veille et à vous applaudir pour le lendemain.

Je vous avoue aussi que ce grand effort de courage, qui, si près de nous, vous a fait retourner comme vous étiez venu, ne me paroît pas aussi merveilleux qu'à vous. Je le trouve plus vain que sensé, et je crois qu'à tout prendre j'aimerois autant moins de force avec un peu plus de raison. Sur cette manière de vous en aller, pourroit-on vous demander ce que vous êtes venu faire? Vous avez eu honte de vous montrer, et c'étoit de n'oser vous montrer qu'il falloit avoir honte; comme si la douceur de voir ses amis n'effaçoit pas cent fois le petit chagrin de leur raillerie! N'étiez-vous pas trop heureux de venir nous offrir votre air effaré pour nous faire rire? Hé bien donc! je ne me suis pas moquée de vous alors, mais je m'en moque tant plus aujourd'hui, quoique n'ayant pas le plaisir de vous mettre en colère, je ne puis pas rire de si bon cœur. Malheureusement il y a pis encore; c'est que j'ai gagné toutes vos terreurs sans me rassurer comme vous. Ce rêve a quelque chose de d'effrayant qui m'inquiète et m'attriste malgré que j'en aie. En lisant votre lettre je blâmois vos agitations; en la finissant j'ai blâmé votre sécurité. L'on ne sauroit voir à la fois pourquoi vous étiez si ému, et pourquoi vous êtes devenu si tranquille. Par quelle bizarrerie avez-vous gardé les plus tristes pressentiments jusqu'au moment où vous avez pu les détruire et ne l'avez pas voulu? un pas, un geste, un mot, tout étoit fini. Vous vous étiez alarmé sans raison, vous vous êtes rassuré de même : mais vous m'avez transmis la frayeur que vous n'avez plus, et il se trouve qu'ayant eu de la force une seule fois en votre vie, vous l'avez eue à mes dépens. Depuis votre fatale lettre un serrement de cœur ne m'a pas quittée : je n'approche point de Julie sans trembler de la perdre; à chaque instant je crois voir sur son visage la pâleur de la mort; et ce matin, la pressant dans mes bras, je me suis sentie en pleurs sans savoir pourquoi.

Ce voile! ce voile!... il a je ne sais quoi de sinistre qui me trouble chaque fois que j'y pense. Non, je ne puis vous pardonner d'avoir pu l'écarter sans l'avoir fait, et j'ai bien peur de n'avoir plus désormais un moment de contentement que je ne vous revoie auprès d'elle. Convenez aussi qu'après avoir si long-temps parlé de philosophie, vous vous êtes montré philosophe à la fin bien mal à propos. Ah! rêvez, et voyez vos amis; cela vaut mieux que de les fuir et d'être un sage.

Il paroît, par la lettre de milord à M. de Wolmar, qu'il songe sérieusement à venir s'établir avec nous. Sitôt qu'il aura pris son parti là-bas et que son cœur sera décidé, revenez tous deux heureux et fixés; c'est le vœu de la petite communauté, et surtout de celui de votre amie.

CLAIRE D'ORBE.

P. S. Au reste, s'il est vrai que vous n'avez rien entendu de notre conversation dans l'Élysée, c'est peut-être tant mieux pour vous; car vous me savez assez alerte pour voir les gens sans qu'ils m'aperçoivent, et assez maligne pour persifler les écouteurs.

LETTRE XI.

DE M. DE WOLMAR A SAINT-PREUX.

J'écris à milord Édouard, et je lui parle de vous si au long, qu'il ne me reste en vous écrivant à vous-même qu'à vous renvoyer à sa lettre. La vôtre exigeroit peut-être de ma part un retour d'honnêtetés : mais vous appeler dans ma famille, vous traiter en frère, en ami, faire votre sœur de celle qui fut votre amante, vous remettre l'autorité paternelle sur mes enfants, vous confier mes droits après avoir usurpé les vôtres, voilà les compliments dont je vous ai cru digne. De votre part, si vous justifiez ma conduite et mes soins, vous m'aurez assez loué. J'ai tâché de vous honorer par mon estime ; honorez-moi par vos vertus. Tout autre éloge doit être banni d'entre nous.

Loin d'être surpris de vous voir frappé d'un songe, je ne vois pas pourquoi vous vous reprochez de l'avoir été. Il me semble que pour un homme à système ce n'est pas une si grande affaire qu'un rêve de plus.

Mais ce que je vous reprocherois volontiers, c'est moins l'effet de votre songe que son espèce, et cela, par une raison fort différente de celle que vous pourriez penser. Un tyran fit autrefois mourir un homme qui, dans un songe, avoit cru le poignarder¹. Rappelez-vous la raison qu'il donna de ce meurtre, et faites-vous-en l'application. Quoi! vous allez décider du sort de votre ami, et vous songez à vos anciennes amours? Sans les conversations du soir précédent, je ne vous pardonnerois jamais ce rêve-là. Pensez le jour à ce que vous allez faire à Rome, vous songerez moins la nuit à ce qui s'est fait à Vevai.

La Fanchon est malade; cela tient ma femme occupée et lui ôte le temps de vous écrire. Il y a ici quelqu'un qui supplée volontiers à ce soin. Heureux jeune homme! tout conspire à votre bonheur; tous les prix de la vertu vous recherchent pour vous forcer à les mériter. Quant à celui de mes bienfaits, n'en chargez personne que vous-même, c'est de vous seul que je l'attends.

LETTRE XII.

DE SAINT-PREUX A M. DE WOLMAR.

Que cette lettre demeure entre vous et moi, qu'un profond secret cache à jamais les erreurs du plus vertueux des hommes. Dans quel pas dange-

¹ PLUTARQUE, *Vie de Denys*. Montesquieu rapporte ainsi ce trait : « Un Marsyas songea qu'il coupoit la gorge à Denys. Celui-« ci le fit mourir, disant qu'il n'y auroit pas songé la nuit s'il n'y « eût pensé le jour. » *Esprit des Lois*, liv. XII, chap. 9.

reux je me trouve engagé ! O mon sage et bienfaisant ami, que n'ai-je tous vos conseils dans la mémoire comme j'ai vos bontés dans le cœur! Jamais je n'eus si grand besoin de prudence, et jamais la peur d'en manquer ne nuisit tant au peu que j'en ai. Ah! où sont vos soins paternels? où sont vos leçons, vos lumières? que deviendrai-je sans vous? Dans ce moment de crise je donnerois tout l'espoir de ma vie pour vous avoir ici durant huit jours.

Je me suis trompé dans toutes mes conjectures; je n'ai fait que des fautes jusqu'à ce moment. Je ne redoutois que la marquise : après l'avoir vue, effrayé de sa beauté, de son adresse, je m'efforçois d'en détacher tout-à-fait l'ame noble de son ancien amant. Charmé de le ramener du côté d'où je ne voyois rien à craindre, je lui parlois de Laure avec l'estime et l'admiration qu'elle m'avoit inspirée; en relâchant son plus fort attachement par l'autre, j'espérois les rompre enfin tous les deux.

Il se prêta d'abord à mon projet, il outra même la complaisance; et voulant peut-être punir mes importunités par un peu d'alarmes, il affecta pour Laure encore plus d'empressement qu'il ne croyoit en avoir. Que vous dirai-je aujourd'hui? Son empressement est toujours le même, mais il n'affecte plus rien. Son cœur, épuisé par tant de combats, s'est trouvé dans un état de foiblesse dont elle a profité. Il seroit difficile à tout autre de feindre long-temps de l'amour auprès d'elle ; jugez-en par l'objet même de la passion qui le consume. En vérité, l'on ne peut voir cette infortunée sans être touché de son air et de sa figure ; une impression de langueur et d'abattement qui ne quitte point son charmant visage, en éteignant la vivacité de sa physionomie, la rend plus intéressante ; et, comme les rayons du soleil échappés à travers les nuages, ses yeux ternis par la douleur lancent des feux plus piquants. Son humiliation même a toutes les grâces de la modestie : en la voyant on la plaint, en l'écoutant on l'honore : enfin je dois dire, à la justification de mon ami, que je ne connois que deux hommes au monde qui puissent rester sans risque auprès d'elle.

Il s'égare, ô Wolmar ! je le vois, je le sens ; je vous l'avoue dans l'amertume de mon cœur. Je frémis en songeant jusqu'où son égarement peut lui faire oublier ce qu'il est et ce qu'il se doit. Je tremble que cet intrépide amour de la vertu, qui lui fait mépriser l'opinion publique, ne le porte à l'autre extrémité, et ne lui fasse braver encore les lois sacrées de la décence et de l'honnêteté. Édouard Bomston faire un tel mariage !... vous concevez !... sous les yeux de son ami !... qui le permet !... qui le souffre !... et qui lui doit tout !... Il faudra qu'il m'arrache le cœur de sa main avant de la profaner ainsi.

Cependant que faire ? comment me comporter ?

Vous connoissez sa violence ; on ne gagne rien avec lui par les discours, et les siens depuis quelque temps ne sont pas propres à calmer mes craintes. J'ai feint d'abord de ne pas l'entendre ; j'ai fait indirectement parler la raison en maximes générales : à son tour il ne m'entend point. Si j'essaie de le toucher un peu plus au vif, il répond des sentences, et croit avoir réfuté ; si j'insiste, il s'emporte, il prend un ton qu'un ami devroit ignorer, et auquel l'amitié ne sait point répondre. Croyez que je ne suis en cette occasion ni craintif ni timide ; quand on est dans son devoir on n'est que trop tenté d'être fier : mais il ne s'agit pas ici de fierté, il s'agit de réussir, et de fausses tentatives peuvent nuire aux meilleurs moyens. Je n'ose presque entrer avec lui dans aucune discussion ; car je sens tous les jours la vérité de l'avertissement que vous m'avez donné, qu'il est plus fort que moi de raisonnement, et qu'il ne faut point l'enflammer par la dispute.

Il paroît d'ailleurs un peu refroidi pour moi ; on diroit que je l'inquiète. Combien, avec tant de supériorité à tous égards, un homme est rabaissé par un moment de foiblesse ! Le grand, le sublime Édouard a peur de son ami, de sa créature, de son élève ! il semble même, par quelques mots jetés sur le choix de son séjour s'il ne se marie pas, vouloir tenter ma fidélité par mon intérêt. Il sait bien que je ne dois ni ne veux le quitter. O

Wolmar! je ferai mon devoir et suivrai partout mon bienfaiteur. Si j'étois lâche et vil, que gagnerois-je à ma perfidie? Julie et son digne époux confieroient-ils leurs enfants à un traître?

Vous m'avez dit souvent que les petites passions ne prennent jamais le change et vont toujours à leur fin, mais qu'on peut armer les grandes contre elles-mêmes. J'ai cru pouvoir ici faire usage de cette maxime. En effet, la compassion, le mépris des préjugés, l'habitude, tout ce qui détermine Édouard en cette occasion échappe à force de petitesse, et devient presque inattaquable; au lieu que le véritable amour est inséparable de la générosité, et que par elle on a toujours sur lui quelque prise. J'ai tenté cette voie indirecte, et je ne désespère pas du succès. Ce moyen paroît cruel; je ne l'ai pris qu'avec répugnance. Cependant, tout bien pesé, je crois rendre service à Laure elle-même. Que feroit-elle dans l'état auquel elle peut monter, qu'y montrer son ancienne ignominie? mais qu'elle peut être grande en demeurant ce qu'elle est! Si je connois bien cette étrange fille, elle est faite pour jouir de son sacrifice plus que du rang qu'elle doit refuser.

Si cette ressource me manque, il m'en reste une de la part du gouvernement à cause de la religion; mais ce moyen ne doit être employé qu'à la dernière extrémité et au défaut de tout autre: quoi qu'il en soit, je n'en veux épargner aucun pour prévenir une alliance indigne et déshonnête. O respectable Wolmar! je suis jaloux de votre estime durant tous les moments de ma vie. Quoi que puisse vous écrire Édouard, quoi que vous puissiez entendre dire, souvenez-vous qu'à quelque prix que ce puisse être, tant que mon cœur battra dans ma poitrine, jamais *Lauretta Pisana* ne sera lady Bomston.

Si vous approuvez mes mesures, cette lettre n'a pas besoin de réponse. Si je me trompe, instruisez-moi; mais hâtez-vous, car il n'y a pas un moment à perdre. Je ferai mettre l'adresse par une main étrangère. Faites de même en me répondant. Après avoir examiné ce qu'il faut faire, brûlez ma lettre, et oubliez ce qu'elle contient. Voici le premier et le seul secret que j'aurai eu de ma vie à cacher aux deux cousines : si j'osois me fier davantage à mes lumières, vous-même n'en sauriez jamais rien [1].

---

[1] Pour bien entendre cette lettre et la troisième de la sixième partie, il faudroit savoir les aventures de milord Édouard, et j'avois d'abord résolu de les ajouter à ce recueil. En y repensant, je n'ai pu me résoudre à gâter la simplicité de l'histoire de deux amants par le romanesque de la sienne. Il vaut mieux laisser quelque chose à deviner au lecteur [*].

[*] Les aventures de milord Édouard, ou du moins un extrait de ces aventures fait par Rousseau pour madame de Luxembourg, se trouvera à la fin de cet ouvrage.

LETTRE XIII.

DE MADAME DE WOLMAR A MADAME D'ORBE.

Le courrier d'Italie sembloit n'attendre pour arriver que le moment de ton départ, comme pour te punir de ne l'avoir différé qu'à cause de lui. Ce n'est pas moi qui ai fait cette jolie découverte, c'est mon mari, qui a remarqué qu'ayant fait mettre les chevaux à huit heures, tu tardas de partir jusqu'à onze, non pour l'amour de nous, mais après avoir demandé vingt fois s'il en étoit dix, parce que c'est ordinairement l'heure où la poste passe.

Tu es prise, pauvre cousine; tu ne peux plus t'en dédire. Malgré l'augure de la Chaillot, cette Claire si folle, ou plutôt si sage, n'a pu l'être jusqu'au bout : te voilà dans les mêmes las[1] dont tu pris tant de peine à me dégager, et tu n'as pu conserver pour toi la liberté que tu m'as rendue. Mon tour de rire est-il donc venu? Chère amie, il faudroit avoir ton charme et tes grâces pour savoir plaisanter comme toi, et donner à la raillerie elle-même l'accent tendre et touchant des caresses. Et

[1] Je n'ai pas voulu laisser *lacs*, à cause de la prononciation genevoise remarquée par madame d'Orbe dans la lettre cinquième de la sixième partie.

puis quelle différence entre nous! De quel front pourrois-je me jouer d'un mal dont je suis la cause, et que tu t'es fait pour me l'ôter? Il n'y a pas un sentiment dans ton cœur qui n'offre au mien quelque sujet de reconnoissance; et tout, jusqu'à ta foiblesse, est en toi l'ouvrage de ta vertu. C'est cela même qui me console et m'égare. Il falloit me plaindre et pleurer de mes fautes; mais on peut se moquer de la mauvaise honte qui te fait rougir d'un attachement aussi pur que toi.

Revenons au courrier d'Italie, et laissons un moment les moralités : ce seroit trop abuser de mes anciens titres, car il est permis d'endormir son auditoire, mais non pas de l'impatienter. Hé bien donc! ce courrier que je fais si lentement arriver, qu'a-t-il apporté? Rien que de bien sur la santé de nos amis, et de plus une grande lettre pour toi. Ah! bon! je te vois déjà sourire et reprendre haleine; la lettre venue te fait attendre plus patiemment ce qu'elle contient.

Elle a pourtant bien son prix encore, même après s'être fait désirer ; car elle respire une si..... Mais je ne veux te parler que de nouvelles, et sûrement ce que j'allois dire n'en est pas une.

Avec cette lettre, il en est venu une autre de milord Édouard pour mon mari, et beaucoup d'amitiés pour nous. Celle-ci contient véritablement des nouvelles, et d'autant moins attendues que la première n'en dit rien. Ils devoient le lendemain partir pour Naples, où milord a quelques affaires, et d'où ils iront voir le Vésuve.... Conçois-tu, ma chère, ce que cette vue a de si attrayant? Revenus à Rome, Claire, pense, imagine... Édouard est sur le point d'épouser... non, grâce au ciel, cette indigne marquise; il marque, au contraire, qu'elle est fort mal. Qui donc?... Laure, l'aimable Laure, qui... Mais pourtant.... quel mariage!... Notre ami n'en dit pas un mot. Aussitôt après ils partiront tous trois, et viendront ici prendre leurs derniers arrangements. Mon mari ne m'a pas dit quels; mais il compte toujours que Saint-Preux nous restera.

Je t'avoue que son silence m'inquiète un peu. J'ai peine à voir clair dans tout cela; j'y trouve des situations bizarres, et des jeux du cœur humain qu'on n'entend guère. Comment un homme aussi vertueux a-t-il pu se prendre d'une passion si durable pour une aussi méchante femme que cette marquise? comment elle-même, avec un caractère violent et cruel, a-t-elle pu concevoir et nourrir un amour aussi vif pour un homme qui lui ressembloit si peu, si tant est cependant qu'on puisse honorer du nom d'amour une fureur capable d'inspirer des crimes? Comment un jeune cœur aussi généreux, aussi tendre, aussi désintéressé que celui de Laure, a-t-il pu supporter ses premiers désordres? comment s'en est-il retiré par ce penchant trompeur fait pour égarer son sexe? et comment l'amour, qui perd tant d'honnêtes femmes, a-t-il pu venir à bout d'en faire une? Dis-moi, ma Claire, désunir deux cœurs qui s'aimoient sans se convenir; joindre ceux qui se convenoient sans s'entendre; faire triompher l'amour de l'amour même; du sein du vice et de l'opprobre tirer le bonheur et la vertu; délivrer son ami d'un monstre en lui créant, pour ainsi dire, une compagne... infortunée, il est vrai, mais aimable, honnête même, au moins si, comme je l'ose croire, on peut le redevenir : dis, celui qui auroit fait tout cela seroit-il coupable? celui qui l'auroit souffert seroit-il à blâmer?

Lady Bomston viendra donc ici! ici, mon ange! Qu'en penses-tu? Après tout, quel prodige ne doit pas être cette étonnante fille que son éducation perdit, que son cœur a sauvée, et pour qui l'amour fut la route de la vertu! Qui doit plus l'admirer que moi, qui fis tout le contraire, et que mon penchant seul égara quand tout concouroit à me bien conduire? Je m'avilis moins, il est vrai; mais me suis-je élevée comme elle? ai-je évité tant de pièges et fait tant de sacrifices? Du dernier degré de la honte elle a su remonter au premier degré de l'honneur : elle est plus respectable cent fois que si jamais elle n'eût été coupable. Elle est sensible et vertueuse ; que lui faut-il de plus pour nous ressembler? S'il n'y a point de retour aux fautes de la jeunesse, quel droit ai-je à plus d'indulgence ? devant qui dois-je espérer de trouver grâce ? et à quel honneur pourrois-je prétendre en refusant de l'honorer ?

Hé bien ! cousine, quand ma raison me dit cela, mon cœur en murmure ; et, sans que je puisse expliquer pourquoi, j'ai peine à trouver bon qu'Édouard ait fait ce mariage et que son ami s'en soit mêlé. O l'opinion ! l'opinion ! qu'on a de peine à secouer son joug ! toujours elle nous porte à l'injustice : le bien passé s'efface par le mal présent ; le mal passé ne s'effacera-t-il jamais par aucun bien ?

J'ai laissé voir à mon mari mon inquiétude sur la conduite de Saint-Preux dans cette affaire. Il semble, ai-je dit, avoir honte d'en parler à ma cousine. Il est incapable de lâcheté, mais il est foible... trop d'indulgence pour les fautes d'un ami... Non, m'a-t-il dit, il a fait son devoir ; il le fera, je le sais ; je ne puis rien vous dire de plus : mais Saint-Preux est un honnête garçon ; je réponds de lui, vous en serez contente..... Claire il est impossible que Wolmar me trompe et qu'il se trompe. Un discours si positif m'a fait rentrer en moi-même ; j'ai compris que tous mes scrupules ne venoient que de fausse délicatesse, et que si j'étois moins vaine et plus équitable, je trouverois lady Bomston plus digne de son rang.

Mais laissons un peu lady Bomston, et revenons à nous. Ne sens-tu point trop, en lisant cette lettre, que nos amis reviendront plus tôt qu'ils n'étoient attendus ? et le cœur ne te dit-il rien ? ne bat-il point à présent plus fort qu'à l'ordinaire, ce cœur trop tendre et trop semblable au mien ? ne songe-t-il point au danger de vivre familièrement avec un objet chéri, de le voir tous les jours, de loger sous le même toit ? Et si mes erreurs ne m'ôtèrent point ton estime, mon exemple ne te fait-il rien craindre pour toi ? Combien dans nos jeunes ans la raison, l'amitié, l'honneur, t'inspirèrent pour moi de craintes que l'aveugle amour me fit mépriser ! C'est mon tour maintenant, ma douce amie : et j'ai de plus, pour me faire écouter, la triste autorité de l'expérience. Écoute-moi donc tandis qu'il est temps, de peur qu'après avoir passé la moitié de ta vie à déplorer mes fautes, tu ne passes l'autre à déplorer les tiennes. Surtout ne te fie plus à cette gaieté folâtre qui garde celles qui n'ont rien à craindre et perd celles qui sont en danger. Claire ! Claire ! tu te moquois de l'amour une fois, mais c'est parce que tu ne le connoissois pas ; et, pour n'en avoir pas senti les traits, tu te croyois au-dessus de ses atteintes. Il se venge et rit à son tour. Apprends à te défier de sa traîtresse joie, ou crains qu'elle ne te coûte un jour bien des pleurs. Chère amie, il est temps de te montrer à toi-même, car jusqu'ici tu ne t'es pas bien vue ; tu t'es trompée sur ton caractère, et n'as pas su t'estimer ce que tu valois. Tu t'es fiée aux discours de la Chaillot : sur ta vivacité badine elle te jugea peu sensible ; mais un cœur comme le tien étoit au-dessus de sa portée. La Chaillot n'étoit pas faite pour te connoître; personne au monde ne t'a bien connue, excepté moi seule. Notre ami même a plutôt senti que vu tout ton prix. Je t'ai laissé ton erreur tant qu'elle a pu t'être utile ; à présent qu'elle te perdroit, il faut te l'ôter.

Tu es vive, et te crois peu sensible. Pauvre enfant, que tu t'abuses! ta vivacité même prouve le contraire : n'est-ce pas toujours sur des choses de sentiment qu'elle s'exerce? n'est-ce pas de ton cœur que viennent les grâces de ton enjouement? tes railleries sont des signes d'intérêt plus touchants que les compliments d'une autre : tu caresses quand tu folâtres; tu ris; mais ton rire pénètre l'ame ; tu ris, mais tu fais pleurer de tendresse, et je te vois presque toujours sérieuse avec les indifférents.

Si tu n'étois que ce que tu prétends être, dis-moi ce qui nous uniroit si fort l'une à l'autre ; où seroit entre nous le lien d'une amitié sans exemple? par quel prodige un tel attachement seroit-il venu chercher par préférence un cœur si peu capable d'attachement? Quoi ! celle qui n'a vécu que pour son amie ne sait pas aimer! celle qui voulut quitter père, époux, parents, et son pays, pour la suivre, ne sait préférer l'amitié à rien! Et qu'ai-je donc fait, moi qui porte un cœur sensible? Cousine, je me suis laissé aimer; et j'ai beaucoup fait, avec toute ma sensibilité, de te rendre une amitié qui valût la tienne.

Ces contradictions t'ont donné de ton caractère l'idée la plus bizarre qu'une folle comme toi pût jamais concevoir, c'est de te croire à la fois ardente amie et froide amante. Ne pouvant disconvenir du tendre attachement dont tu te sentois pénétrée, tu crus n'être capable que de celui-là. Hors ta Julie, tu ne pensois pas que rien pût t'émouvoir au monde : comme si les cœurs naturellement sensibles pouvoient ne l'être que pour un objet, et que, ne sachant aimer que moi, tu m'eusses bien pu aimer moi-même! Tu demandois plaisamment si l'ame avoit un sexe. Non, mon enfant, l'ame n'a point de sexe; mais ses affections les distinguent, et tu commences trop à le sentir. Parce que le premier amant qui s'offrit ne t'avoit pas émue, tu crus aussitôt ne pouvoir l'être; parce que tu manquois d'amour pour ton soupirant, tu crus n'en pouvoir sentir pour personne. Quand il fut ton mari, tu l'aimas pourtant, et si fort que notre intimité même en souffrit : cette ame si peu sensible sut trouver à l'amour un supplément encore assez tendre pour satisfaire un honnête homme.

Pauvre cousine, c'est à toi désormais de résoudre tes propres doutes; et s'il est vrai

> *Ch' un freddo amante è mal sicuro amico* [2],

j'ai grand'peur d'avoir maintenant une raison de trop pour compter sur toi. Mais il faut que j'achève de te dire là-dessus tout ce que je pense.

Je soupçonne que tu as aimé, sans le savoir, bien plus tôt que tu ne le crois, ou du moins que le même penchant qui me perdit t'eût séduite si je ne t'avois prévenue. Conçois-tu qu'un sentiment si naturel et si doux puisse tarder si long-temps à naître? conçois-tu qu'à l'âge où nous étions on puisse impunément se familiariser avec un jeune homme aimable, ou qu'avec tant de conformité dans tous nos goûts celui-ci seul ne nous eût pas été commun? Non, mon ange, tu l'aurois aimé, j'en suis sûre, si je ne l'eusse aimé la première. Moins foible et non moins sensible, tu aurois été plus sage que moi sans être plus heureuse. Mais quel penchant eût pu vaincre dans ton ame honnête l'horreur de la trahison et de l'infidélité? L'amitié te sauva des piéges de l'amour; tu ne vis plus qu'un ami dans l'amant de ton amie, et tu rachetas ainsi ton cœur aux dépens du mien.

Ces conjectures ne sont pas même si conjectures que tu penses; et, si je voulois rappeler des temps qu'il faut oublier, il me seroit aisé de

---

[1] Ce vers est renversé de l'original; et, n'en déplaise aux belles dames, le sens de l'auteur est plus véritable et plus beau.

[2] Qu'un froid amant est un peu sûr ami. MÉTAST.

trouver dans l'intérêt que tu croyois ne prendre qu'à moi seul un intérêt non moins vif pour ce qui m'étoit cher. N'osant l'aimer, tu voulois que je l'aimasse : tu jugeas chacun de nous nécessaire au bonheur de l'autre, et ce cœur, qui n'a point d'égal au monde, nous en chérit plus tendrement tous les deux. Sois sûre que, sans ta propre foiblesse, tu m'aurois été moins indulgente ; mais tu te serois reproché sous le nom de jalousie une juste sévérité. Tu ne te sentois pas en droit de combattre en moi le penchant qu'il eût fallu vaincre ; et, craignant d'être perfide plutôt que sage, en immolant ton bonheur au nôtre, tu crus avoir assez fait pour la vertu.

Ma Claire, voilà ton histoire; voilà comment ta tyrannique amitié me force à te savoir gré de ma honte, et à te remercier de mes torts. Ne crois pas pourtant que je veuille t'imiter en cela : je ne suis pas plus disposée à suivre ton exemple que toi le mien ; et comme tu n'as pas à craindre mes fautes, je n'ai plus, grâce au ciel, tes raisons d'indulgence. Quel plus digne usage ai-je à faire de la vertu que tu m'as rendue que de t'aider à la conserver?

Il faut donc te dire encore mon avis sur ton état présent. La longue absence de notre maître n'a pas changé tes dispositions pour lui : ta liberté recouvrée et son retour ont produit une nouvelle époque dont l'amour a su profiter. Un nouveau sentiment n'est pas né dans ton cœur : celui qui s'y cacha si long-temps n'a fait que se mettre plus à l'aise. Fière d'oser te l'avouer à toi-même, tu t'es pressée de me le dire. Cet aveu te sembloit presque nécessaire pour le rendre tout-à-fait innocent; en devenant un crime pour ton amie, il cessoit d'en être un pour toi; et peut-être ne t'es-tu livrée au mal que tu combattois depuis tant d'années. que pour mieux achever de m'en guérir.

J'ai senti tout cela, ma chère; je me suis peu alarmée d'un penchant qui me servoit de sauvegarde, et que tu n'avois point à te reprocher. Cet hiver, que nous avons passé tous ensemble au sein de la paix et de l'amitié, m'a donné plus de confiance encore en voyant que, loin de rien perdre de ta gaieté, tu semblois l'avoir augmentée. Je t'ai vue tendre, empressée, attentive, mais franche dans tes caresses, naïve dans tes jeux, sans mystère, sans ruse en toutes choses; et dans tes plus vives agaceries la joie de l'innocence réparoit tout.

Depuis notre entretien de l'Élysée je ne suis plus si contente de toi; je te trouve triste et rêveuse; tu te plais seule autant qu'avec ton amie : tu n'as pas changé de langage, mais d'accent; tes plaisanteries sont plus timides : tu n'oses plus parler de lui si souvent; on diroit que tu crains toujours qu'il ne t'écoute; et l'on voit à ton inquiétude que tu attends de ses nouvelles plutôt que tu m'en demandes.

Je tremble, bonne cousine, que tu ne sentes

pas tout ton mal, et que le trait ne soit enfoncé plus avant que tu n'as paru le craindre. Crois-moi, sonde bien ton cœur malade; dis-toi bien, je le répète, si, quelque sage qu'on puisse être, on peut sans risque demeurer long-temps avec ce qu'on aime, et si la confiance qui me perdit est tout-à-fait sans danger pour toi. Vous êtes libres tous deux; c'est précisément ce qui rend les occasions plus suspectes. Il n'y a point dans un cœur vertueux de foiblesse qui cède aux remords; et je conviens avec toi qu'on est toujours assez forte contre le crime : mais hélas! qui peut se garantir d'être foible! Cependant regarde les suites, songe aux effets de la honte. Il faut s'honorer pour être honorée. Comment peut-on mériter le respect d'autrui sans en avoir pour soi-même? et où s'arrêtera dans la route du vice celle qui fait le premier pas sans effroi? Voilà ce que je dirois à ces femmes du monde pour qui la morale et la religion ne sont rien, et qui n'ont de loi que l'opinion d'autrui. Mais toi, femme vertueuse et chrétienne, toi qui vois ton devoir et qui l'aimes, toi qui connois et suis d'autres règles que les jugements publics, ton premier honneur est celui que te rend ta conscience; c'est celui-là qu'il s'agit de conserver.

Veux-tu savoir quel est ton tort en toute cette affaire? c'est, je te le redis, de rougir d'un sentiment honnête que tu n'as qu'à déclarer pour le rendre innocent¹. Mais avec toute ton humeur folâtre, rien n'est si timide que toi : tu plaisantes pour faire la brave, et je vois ton pauvre cœur tout tremblant; tu fais avec l'amour, dont tu feins de rire, comme ces enfants qui chantent la nuit quand ils ont peur. O chère amie! souviens-toi de l'avoir dit mille fois, c'est la fausse honte qui mène à la véritable, et la vertu ne sait rougir que de ce qui est mal. L'amour en lui-même est-il un crime? N'est-il pas le plus pur ainsi que le plus doux penchant de la nature? n'a-t-il pas une fin bonne et louable? ne dédaigne-t-il pas les ames basses et rampantes? n'anime-t-il pas les ames grandes et fortes? n'ennoblit-il pas tous leurs sentiments? ne double-t-il pas leur être? ne les élève-t-il pas au-dessus d'elles-mêmes? Ah! si pour être honnête et sage il faut être inaccessible à ses traits, dis, que reste-il pour la vertu sur la terre? Le rebut de la nature et les plus vils des mortels.

Qu'as-tu donc fait que tu puisses te reprocher? N'as-tu pas fait choix d'un honnête homme? N'est-il pas libre? ne l'es-tu pas? Ne mérite-t-il pas toute ton estime? n'as-tu pas toute la sienne? Ne seras-tu pas trop heureuse de faire le bonheur

---

¹ Pourquoi l'éditeur laisse-t-il les continuelles répétitions dont cette lettre est pleine, ainsi que beaucoup d'autres? par une raison fort simple; c'est qu'il ne se soucie point du tout que ces lettres plaisent à ceux qui feront cette question.

d'un ami si digne de ce nom, de payer de ton cœur et de ta personne les anciennes dettes de ton amie, et d'honorer en l'élevant à toi le mérite outragé par la fortune?

Je vois les petits scrupules qui t'arrêtent : démentir une résolution prise et déclarée, donner un successeur au défunt, montrer sa foiblesse au public, épouser un aventurier, car les ames basses, toujours prodigues de titres flétrissants, sauront bien trouver celui-ci ; voilà donc les raisons sur lesquelles tu aimes mieux te reprocher ton penchant que le justifier, et couver tes feux au fond de ton cœur que les rendre légitimes! Mais je te prie, ta honte est-elle d'épouser celui qu'on aime, ou de l'aimer sans l'épouser? Voilà le choix qui te reste à faire. L'honneur que tu dois au défunt est de respecter assez sa veuve pour lui donner un mari plutôt qu'un amant; et si ta jeunesse te force à remplir sa place, n'est-ce pas rendre encore hommage à sa mémoire de choisir un homme qui lui fut cher?

Quant à l'inégalité, je croirois t'offenser de combattre une objection si frivole lorsqu'il s'agit de sagesse et de bonnes mœurs. Je ne connois d'inégalité déshonorante que celle qui vient du caractère ou de l'éducation. A quelque état que parvienne un homme imbu de maximes basses, il est toujours honteux de s'allier à lui : mais un homme élevé dans des sentiments d'honneur est l'égal de tout le monde ; il n'y a point de rang où il ne soit à sa place. Tu sais quel étoit l'avis de ton père même quand il fut question de moi pour notre ami. Sa famille est honnête quoique obscure ; il jouit de l'estime publique, il la mérite. Avec cela fût-il le dernier des hommes, encore ne faudroit-il pas balancer ; car il vaut mieux déroger à la noblesse qu'à la vertu, et la femme d'un charbonnier est plus respectable que la maîtresse d'un prince [1].

J'entrevois bien encore une autre espèce d'embarras dans la nécessité de te déclarer la première ; car, comme tu dois le sentir, pour qu'il ose aspirer à toi il faut que tu le lui permettes ; et c'est un des justes retours de l'inégalité, qu'elle coûte souvent au plus élevé des avances mortifiantes. Quant à cette difficulté, je te la pardonne ; et j'avoue même qu'elle me paroîtroit fort grave si je ne prenois soin de la lever. J'espère que tu comptes assez sur ton amie pour croire que ce sera sans te compromettre : de mon côté, je compte assez sur le

[1] Jean-Jacques, sur l'observation de M. de Malesherbes, remplaça *la maîtresse d'un roi* par celle d'un *prince*. Madame de Pompadour en fut informée, *comme de raison*. Madame de Boufflers, amie du prince de Conti, auroit pu être choquée du changement fait par Rousseau, qui couroit risque de tomber de Charybde en Scylla. Mais s'il déplut on ne le lui fit pas sentir. Dans sa maxime, qui étoit générale, il n'avoit pas plus songé à madame de Pompadour qu'il ne pensa à madame de Boufflers quand il substitua le prince au roi. Les lecteurs font souvent des allusions qui ne vinrent point à l'esprit de l'auteur quand il écrivoit. (Note de M. Musset-Pathay.)

succès pour m'en charger avec confiance; car, quoi que vous m'ayez dit autrefois tous deux sur la difficulté de transformer une amie en maîtresse, si je connois bien un cœur dans lequel j'ai trop appris à lire, je ne crois pas qu'en cette occasion l'entreprise exige une grande habileté de ma part. Je te propose donc de me laisser charger de cette négociation, afin que tu puisses te livrer au plaisir que te fera son retour, sans mystère, sans regret, sans danger, sans honte. Ah! cousine, quel charme pour moi de réunir à jamais deux cœurs si bien faits l'un pour l'autre, et qui se confondent depuis si long-temps dans le mien! Qu'ils s'y confondent mieux encore s'il est possible : ne soyez plus qu'un pour vous et pour moi. Oui, ma Claire, tu serviras encore ton amie en couronnant ton amour; et j'en serai plus sûre de mes propres sentiments quand je ne pourrai plus les distinguer entre vous.

Que si, malgré mes raisons, ce projet ne te convient pas, mon avis est qu'à quelque prix que ce soit nous écartions de nous cet homme dangereux, toujours redoutable à l'une ou à l'autre; car, quoi qu'il arrive, l'éducation de nos enfants nous importe encore moins que la vertu de leurs mères. Je te laisse le temps de réfléchir sur tout ceci durant ton voyage : nous en parlerons après ton retour.

Je prends le parti de t'envoyer cette lettre en droiture à Genève, parce que tu n'as dû coucher qu'une nuit à Lausanne, et qu'elle ne t'y trouveroit plus. Apporte-moi bien des détails de la petite république. Sur tout le bien qu'on dit de cette ville charmante, je t'estimerois heureuse de l'aller voir si je pouvois faire cas des plaisirs qu'on achète aux dépens de ses amis. Je n'ai jamais aimé le luxe, et je le hais maintenant de t'avoir ôtée à moi pour je ne sais combien d'années. Mon enfant, nous n'allâmes ni l'une ni l'autre faire nos emplettes de noce à Genève; mais, quelque mérite que puisse avoir ton frère, je doute que ta belle-sœur soit plus heureuse avec sa dentelle de Flandre et ses étoffes des Indes que nous dans notre simplicité. Je te charge pourtant, malgré ma rancune, de l'engager à venir faire la noce à Clarens. Mon père écrit au tien, et mon mari à la mère de l'épouse, pour les en prier. Voilà les lettres; donne-les, et soutiens l'invitation de ton crédit renaissant : c'est tout ce que je puis faire pour que la fête ne se fasse pas sans moi ; car je te déclare qu'à quelque prix que ce soit je ne veux pas quitter ma famille. Adieu, cousine : un mot de tes nouvelles, et que je sache au moins quand je dois t'attendre. Voici le deuxième jour depuis ton départ, et je ne sais plus vivre si long-temps sans toi.

P. S. Tandis que j'achevois cette lettre interrompue, mademoiselle Henriette se donnoit les airs d'écrire aussi de son côté. Comme je veux que les enfants disent toujours ce qu'ils pensent et non ce qu'on leur fait dire, j'ai laissé la petite curieuse écrire tout ce qu'elle a voulu sans y changer un seul mot. Troisième lettre ajoutée à la mienne. Je me doute bien que ce n'est pas encore celle que tu cherchois du coin de l'œil en furetant ce paquet. Pour celle-là, dispense-toi de l'y chercher plus long-temps, car tu ne la trouveras pas. Elle est adressée à Clarens ; c'est à Clarens qu'elle doit être lue : arrange-toi là-dessus.

LETTRE XIV.

D'HENRIETTE A SA MÈRE.

Où êtes-vous donc, maman ? On dit que vous êtes à Genève, et que c'est si loin, si loin, qu'il faudroit marcher deux jours tout le jour pour vous atteindre : voulez-vous donc faire aussi le tour du monde ? Mon petit papa est parti ce matin pour Étange ; mon petit grand-papa est à la chasse ; ma petite maman vient de s'enfermer pour écrire ; il ne reste que ma mie Pernette et ma mie Fanchon. Mon Dieu ! je ne sais plus comment tout va ; mais, depuis le départ de notre bon ami, tout le monde s'éparpille. Maman, vous avez commencé la première. On s'ennuyoit déjà bien quand vous n'aviez plus personne à faire endêver. Oh ! c'est encore pis depuis que vous êtes partie, car la petite maman n'est pas non plus de si bonne humeur que quand vous y êtes. Maman, mon petit mali se porte bien, mais il ne vous aime plus, parce que vous ne l'avez pas fait sauter hier comme à l'ordinaire. Moi, je crois que je vous aimerois encore un peu si vous reveniez bien vite, afin qu'on ne s'ennuyât pas tant. Si vous voulez m'apaiser tout-à-fait, apportez à mon petit mali quelque chose qui lui fasse plaisir. Pour l'apaiser, lui, vous aurez bien l'esprit de trouver aussi ce qu'il faut faire. Ah! mon Dieu! si notre bon ami étoit ici, comme il l'auroit déjà deviné! Mon bel éventail est tout brisé; mon ajustement bleu n'est plus qu'un chiffon; ma pièce de blonde est en loques; mes mitaines à jour ne valent plus rien. Bonjour, maman. Il faut finir ma lettre, car la petite maman vient de finir la sienne et sort de son cabinet. Je crois qu'elle a les yeux rouges, mais je n'ose le lui dire; mais en lisant ceci elle verra bien que je l'ai vu. Ma bonne maman, que vous êtes méchante si vous faites pleurer ma petite maman!

P. S. J'embrasse mon grand-papa, j'embrasse mes oncles, j'embrasse ma nouvelle tante et sa maman; j'embrasse tout le monde excepté vous. Maman, vous m'entendez bien; je n'ai pas pour vous de si longs bras [1].

[1] Parmi les brouillons de ces lettres dont le recueil est déposé à

la bibliothèque de la Chambre des Députés, il existe une réponse de Claire que l'auteur a supprimée. Les lecteurs pourront juger s'il a eu raison de le faire. Voici cette lettre : elle est d'une écriture très-lisible quoique chargée de corrections.

LETTRE DE MADAME D'ORBE A SA FILLE.

Tu fais bien, mignonne, de m'aimer encore un peu ; pour moi je t'aime à la folie. Mais je trouve que tu te plains de mon absence de manière à la faire durer long-temps ; car ta lettre m'en fait désirer beaucoup de semblables, et tu grondes de trop bonne grâce pour me donner envie de t'apaiser. Quant au petit mali, qu'il ne faut point tant appeler le tien, je veux l'apaiser, lui, de peur qu'il ne boude, et l'on n'a jamais bonne grâce à bouder. Tu dis que j'aurai bien l'esprit de savoir pour cela ce qu'il faut faire ; ah ! je le crois. J'emporterai d'ici tout plein d'ajustements avec lesquels je me ferai si jolie, qu'aussitôt qu'il m'aura vue il n'aura plus le courage d'être en colère, et ne songera plus à toi. N'est-ce pas cela, ma mignonne?

Ne parlons point de ton bon ami, je t'en prie. Depuis qu'il t'a promis des coquilles, je sais qu'il t'a mise dans son parti. Mais patience : Genève a ses coquilles aussi-bien que Rome, et tu verras que si je ne vends pas les miennes, je ne les donne pas légèrement.

Ne m'accuse point de faire pleurer ta petite maman, de peur que je ne t'en accuse la première. A ton avis, de laquelle de nous deux est-elle plus souvent mécontente? Elle est si enfant, ta petite maman, elle aura pleuré de ce que sa poupée n'étoit pas sage. Tu m'entends. Prends donc soin de la faire taire. Embrasse-la, caresse-la, traite-la en enfant gâté. Tu dois savoir comme il faut s'y prendre. Enfin dis-lui que je la connois bien, sa poupée, et qu'elle ne veut point que ta petite maman pleure.

FIN DE LA CINQUIÈME PARTIE.

SIXIÈME PARTIE.

LETTRE I.

DE MADAME D'ORBE A MADAME DE WOLMAR.

Avant de partir de Lausanne il faut t'écrire un petit mot pour t'apprendre que j'y suis arrivée, non pas pourtant aussi joyeuse que j'espérois. Je me faisois un fête de ce petit voyage qui t'a toi-même si souvent tentée ; mais en refusant d'en être tu me l'as rendu presque importun ; car quelle ressource y trouverai-je ? S'il est ennuyeux, j'aurai l'ennui pour mon compte ; et s'il est agréable, j'aurai le regret de m'amuser sans toi. Si je n'ai rien à dire contre tes raisons, crois-tu pour cela que je m'en contente ? Ma foi, cousine, tu te trompes bien fort ; et c'est encore ce qui me fâche de n'être pas même en droit de me fâcher. Dis, mauvaise, n'as-tu pas honte d'avoir toujours raison avec ton amie, et de résister à ce qui lui fait plaisir, sans lui laisser même celui de gronder ? Quand tu aurois planté là pour huit jours ton mari, ton ménage et tes marmots, ne diroit-on pas que tout eût été perdu ? Tu aurois fait une étourderie, il est vrai, mais tu en vaudrois cent fois mieux ; au lieu qu'en te mêlant d'être parfaite, tu ne seras plus bonne à rien, et tu n'auras qu'à te chercher des amis parmi les anges.

Malgré les mécontentements passés, je n'ai pu sans attendrissement me retrouver au milieu de ma famille : j'y ai été reçue avec plaisir, ou du moins avec beaucoup de caresses. J'attends pour te parler de mon frère que j'aie fait connoissance avec lui. Avec une assez belle figure il a l'air empesé du pays d'où il vient. Il est sérieux et froid ; je lui trouve même un peu de morgue : j'ai grand'peur pour la petite personne qu'au lieu d'être un aussi bon mari que les nôtres, il ne tranche un peu du seigneur et maître.

Mon père a été si charmé de me voir, qu'il a quitté pour m'embrasser la relation d'une grande bataille que les François viennent de gagner en Flandre, comme pour vérifier la prédiction de l'ami de notre ami. Quel bonheur qu'il n'ait pas été là ! Imagines-tu le brave Édouard voyant fuir les Anglois, et fuyant lui-même?.... Jamais, jamais!.... il se fût fait tuer cent fois.

Mais à propos de nos amis, il y a long-temps qu'ils ne nous ont écrit. N'étoit-ce pas hier, je crois, jour de courrier ? Si tu reçois de leurs lettres, j'espère que tu n'oublieras pas l'intérêt que j'y prends.

Adieu, cousine ; il faut partir. J'attends de tes nouvelles à Genève, où nous comptons arriver demain pour dîner. Au reste, je t'avertis que de manière ou d'autre la noce ne se fera pas sans toi, et que, si tu ne veux pas venir à Lausanne, moi je viens avec tout mon monde mettre Clarens au pillage, et boire les vins de tout l'univers.

LETTRE II.

DE MADAME D'ORBE A MADAME DE WOLMAR.

A merveille, sœur prêcheuse! mais tu comptes un peu trop, ce me semble, sur l'effet salutaire de tes sermons. Sans juger s'ils endormoient beaucoup autrefois ton ami, je t'avertis qu'ils n'endorment point aujourd'hui ton amie; et celui que j'ai reçu hier au soir, loin de m'exciter au sommeil, me l'a ôté durant la nuit entière. Gare la paraphrase de mon Argus s'il voit cette lettre! mais j'y mettrai bon ordre, et je te jure que tu te brûleras les doigts plutôt que de la lui montrer.

Si j'allois te récapituler point par point, j'empiéterois sur tes droits; il vaut mieux suivre ma tête : et puis, pour avoir l'air plus modeste et ne pas te donner trop beau jeu, je ne veux pas d'abord parler de nos voyageurs et du courrier d'Italie. Le pis aller, si cela m'arrive, sera de récrire ma lettre, et de mettre le commencement à la fin. Parlons de la prétendue lady Bomston.

Je m'indigne à ce seul titre. Je ne pardonnerois pas plus à Saint-Preux de le laisser prendre à cette fille, qu'à Édouard de le lui donner, et à toi de le reconnoître. Julie de Wolmar recevoir *Lauretta Pisana* dans sa maison! la souffrir auprès d'elle! eh! mon enfant, y penses-tu? Quelle douceur cruelle est cela? Ne sais-tu pas que l'air qui t'entoure est mortel à l'infamie? La pauvre malheureuse oseroit-elle mêler son haleine à la tienne? oseroit-elle respirer près de toi? Elle y seroit plus mal à son aise qu'un possédé touché par des reliques; ton seul regard la feroit rentrer en terre, ton ombre seule la tueroit.

Je ne méprise point Laure, à Dieu ne plaise! au contraire, je l'admire et la respecte d'autant plus qu'un pareil retour est héroïque et rare. En est-ce assez pour autoriser les comparaisons basses avec lesquelles tu t'oses profaner toi-même? Comme si, dans ses plus grandes foiblesses, le véritable amour ne gardoit pas la personne, et ne rendoit pas l'honneur plus jaloux! Mais je t'entends et je t'excuse. Les objets éloignés et bas se confondent maintenant à ta vue; dans ta sublime élévation, tu regardes la terre et n'en vois plus les inégalités : ta dévote humilité sait mettre à profit jusqu'à ta vertu.

Hé bien! que sert tout cela? Les sentiments naturels en reviennent-ils moins? L'amour-propre en fait-il moins son jeu? Malgré toi tu sens ta répugnance ? tu la taxes d'orgueil, tu la voudrois combattre, tu l'imputes à l'opinion. Bonne fille ! et depuis quand l'opprobre du vice n'est-il que dans l'opinion ? Quelle société conçois-tu possible avec une femme devant qui l'on ne sauroit nommer la chasteté, l'honnêteté, la vertu, sans lui faire verser des larmes de honte, sans ranimer ses douleurs, sans insulter presque à son repentir ? Crois-moi, mon ange, il faut respecter Laure et ne la point voir. La fuir est un égard que lui doivent d'honnêtes femmes; elle auroit trop à souffrir avec nous.

Écoute. Ton cœur te dit que ce mariage ne se doit point faire, n'est-ce pas te dire qu'il ne se fera point... Notre ami, dis-tu, n'en parle pas dans sa lettre... dans la lettre que tu dis qu'il m'écrit ?... et tu dis que cette lettre est fort longue ?... Et puis vient le discours de ton mari... Il est mystérieux ton mari !... Vous êtes un couple de fripons qui me jouez d'intelligence ; mais... Son sentiment au reste n'étoit pas ici fort nécessaire... surtout pour toi qui as vu la lettre... ni pour moi qui ne l'ai pas vue... car je suis plus sûre de ton ami, du mien, que de toute la philosophie.

Ah çà ! ne voilà-t-il pas déjà cet importun qui revient on ne sait comment ! Ma foi, de peur qu'il ne revienne encore, puisque je suis sur son chapitre, il faut que je l'épuise, afin de n'en pas faire à deux fois.

N'allons point nous perdre dans le pays des chimères. Si tu n'avois pas été Julie, si ton ami n'eût pas été ton amant, j'ignore ce qu'il eût été pour moi; je ne sais ce que j'aurois été moi-même : tout ce que je sais bien, c'est que si sa mauvaise étoile me l'eût adressé d'abord, c'étoit fait de sa pauvre tête; et, que je sois folle ou non, je l'aurois infailliblement rendu fou. Mais qu'importe ce que je pouvois être ? parlons de ce que je suis. La première chose que j'ai faite a été de t'aimer. Dès nos premiers ans mon cœur s'absorba dans le tien : toute tendre et sensible que j'eusse été, je ne sus plus aimer ni sentir par moi-même; tous mes sentiments me vinrent de toi, toi seule me tins lieu de tout, et je ne vécus que pour être ton amie. Voilà ce que vit la Chaillot; voilà sur quoi elle me jugea. Réponds, cousine, se trompa-t-elle ?

Je fis mon frère de ton ami, tu le sais. L'amant de mon amie me fut comme le fils de ma mère. Ce ne fut point ma raison, mais mon cœur qui fit ce choix. J'eusse été plus sensible encore, que je ne l'aurois pas autrement aimé. Je t'embrassois en embrassant la plus chère moitié de toi-même; j'avois pour garant de la pureté de mes caresses leur propre vivacité. Une fille traite-t-elle ainsi ce qu'elle aime ? le traitois-tu toi-même ainsi ? Non, Julie; l'amour chez nous est craintif et timide; la réserve et la honte sont ses avances; il s'annonce par ses refus, et, sitôt qu'il transforme en faveur les caresses, il en sait bien distinguer le prix. L'amitié est prodigue, mais l'amour est avare.

J'avoue que de trop étroites liaisons sont toujours périlleuses à l'âge où nous étions lui et moi ; mais, tous deux le cœur plein du même objet, nous nous accoutumâmes tellement à le placer entre nous, qu'à moins de t'anéantir nous ne pouvions plus arriver l'un à l'autre ; la familiarité même dont nous avions pris la douce habitude, cette familiarité, dans tout autre cas si dangereuse, fut alors ma sauvegarde. Nos sentiments dépendent de nos idées ; et, quand elles ont pris un certain cours, elles en changent difficilement. Nous en avions trop dit sur un ton pour recommencer sur un autre ; nous étions déjà trop loin pour revenir sur nos pas. L'amour veut faire tout son progrès lui-même ; il n'aime point que l'amitié lui épargne la moitié du chemin. Enfin, je l'ai dit autrefois, et j'ai lieu de le croire encore, on ne prend guère de baiser coupable sur la même bouche où l'on en prit d'innocents.

A l'appui de tout cela vint celui que le ciel destinoit à faire le court bonheur de ma vie. Tu le sais, cousine, il étoit jeune, bien fait, honnête, attentif, complaisant : il ne savoit pas aimer comme ton ami ; mais c'étoit moi qu'il aimoit ; et quand on a le cœur libre, la passion qui s'adresse à nous a toujours quelque chose de contagieux. Je lui rendis donc du mien tout ce qu'il en restoit à prendre, et sa part fut encore assez bonne pour ne lui pas laisser de regret à son choix. Avec cela, qu'avois-je à redouter ? J'avoue même que les droits du sexe, joints à ceux du devoir, portèrent un moment préjudice aux tiens, et que, livrée à mon nouvel état, je fus d'abord plus épouse qu'amie; mais en revenant à toi je te rapportai deux cœurs au lieu d'un, et je n'ai pas oublié depuis que je suis restée seule chargée de cette double dette.

Que te dirai-je encore, ma douce amie? Au retour de notre ancien maître, c'étoit pour ainsi dire une nouvelle connoissance à faire. Je crus le voir avec d'autres yeux; je crus sentir en l'embrassant un frémissement qui jusque-là m'avoit été inconnu. Plus cette émotion me fut délicieuse, plus elle me fit de peur. Je m'alarmai comme d'un crime d'un sentiment qui n'existoit peut-être que parce qu'il n'étoit plus criminel. Je pensai trop que ton amant ne l'étoit plus et qu'il ne pouvoit plus l'être; je sentis trop qu'il étoit libre et que je l'étois aussi. Tu sais le reste, aimable cousine; mes frayeurs, mes scrupules, te furent connus aussitôt qu'à moi. Mon cœur sans expérience s'intimidoit tellement d'un état si nouveau pour lui, que je me cachois mon empressement de te rejoindre, comme s'il n'eût pas précédé le retour de cet ami. Je n'aimois point qu'il fût précisément où je désirois si fort d'être; et je crois que j'aurois moins souffert de sentir ce désir plus tiède que d'imaginer qu'il ne fût pas tout pour toi.

Enfin je te rejoignis, et je fus presque rassurée. Je m'étois moins reproché ma foiblesse après t'en avoir fait l'aveu ; près de toi je me la reprochois moins encore : je crus m'être mise à mon tour sous ta garde, et je cessai de craindre pour moi. Je résolus, par ton conseil même, de ne point changer de conduite avec lui. Il est constant qu'une plus grande réserve eût été une espèce de déclaration ; et ce n'étoit que trop de celles qui pouvoient m'échapper malgré moi, sans en faire une volontaire. Je continuai donc d'être badine par honte, et familière par modestie. Mais peut-être tout cela, se faisant moins naturellement, ne se faisoit-il plus avec la même mesure. De folâtre que j'étois je devins tout-à-fait folle ; et ce qui m'en accrut la confiance fut de sentir que je pouvois l'être impunément. Soit que l'exemple de ton retour à toi-même me donnât plus de force pour t'imiter, soit que ma Julie épure tout ce qui l'approche, je me trouvai tout-à-fait tranquille, et il ne me resta de mes premières émotions qu'un sentiment très-doux, il est vrai, mais calme et paisible, et qui ne demandoit rien de plus à mon cœur que la durée de l'état où j'étois.

Oui, chère amie, je suis tendre et sensible aussi bien que toi ; mais je le suis d'une autre manière : mes affections sont plus vives, les tiennes sont plus pénétrantes. Peut-être avec des sens plus animés ai-je plus de ressources pour leur donner le change; et cette même gaieté qui coûte l'innocence à tant d'autres me l'a toujours conservée. Ce n'a pas toujours été sans peine, il faut l'avouer. Le moyen de rester veuve à mon âge, et de ne pas sentir quelquefois que les jours ne sont que la moitié de la vie? mais, comme tu l'as dit et comme tu l'éprouves, la sagesse est un grand moyen d'être sage; car, avec toute ta bonne contenance, je ne te crois pas dans un cas fort différent du mien. C'est alors que l'enjouement vient à mon secours, et fait plus peut-être pour la vertu que n'eussent fait les graves leçons de la raison. Combien de fois dans le silence de la nuit, où l'on ne peut s'échapper à soi-même, j'ai chassé des idées importunes en méditant des tours pour le lendemain! combien de fois j'ai sauvé les dangers d'un tête-à-tête par une saillie extravagante! Tiens, ma chère, il y a toujours, quand on est foible, un moment où la gaieté devient sérieuse, et ce moment ne viendra point pour moi : voilà ce que je crois sentir et de quoi je t'ose répondre.

Après cela, je te confirme librement tout ce que je t'ai dit dans l'Élysée sur l'attachement que j'ai senti naître, et sur tout le bonheur dont j'ai joui cet hiver. Je m'en livrois de meilleur cœur au charme de vivre avec ce que j'aime en sentant que je ne désirois rien de plus. Si ce temps eût duré toujours, je n'en aurois jamais souhaité un autre. Ma gaieté venoit de contentement, et non d'artifice. Je tournois en espiéglerie le plaisir de m'occuper de lui sans cesse : je sentois qu'en me bornant à rire je ne m'apprêtois point de pleurs.

Ma foi, cousine, j'ai cru m'apercevoir quelquefois que le jeu ne lui déplaisoit pas trop à lui-même. Le rusé n'étoit pas fâché d'être fâché ; et il ne s'apaisoit avec tant de peine que pour se faire apaiser plus long-temps. J'en tirois occasion de lui tenir des propos assez tendres en paroissant me moquer de lui ; c'étoit à qui des deux seroit le plus enfant. Un jour qu'en ton absence il jouoit aux échecs avec ton mari, et que je jouois au volant avec Fanchon dans la même salle, elle avoit le mot, et j'observois notre philosophe. A son air humblement fier et à la promptitude de ses coups, je vis qu'il avoit beau jeu. La table étoit petite, et l'échiquier débordoit. J'attendis le moment ; et sans paroître y tâcher, d'un revers de raquette je renversai l'échec et mat. Tu ne vis de tes jours pareille colère : il étoit si furieux, que, lui ayant laissé le choix d'un soufflet ou d'un baiser pour ma pénitence, il se détourna quand je lui présentai la joue. Je lui demandai pardon, il fut inflexible. Il m'auroit laissée à genoux si je m'y étois mise. Je finis par lui faire une autre pièce qui lui fit oublier la première, et nous fûmes meilleurs amis que jamais.

Avec une autre méthode infailliblement je m'en serois moins bien tirée; et je m'aperçus une fois que si le jeu fût devenu sérieux, il eût pu trop l'être. C'étoit un soir qu'il nous accompagnoit ce duo si simple et si touchant de Leo, *Vado a morir, ben mio*. Tu chantois avec assez de négligence; je n'en faisois pas de même; et comme j'avois une main appuyée sur le clavecin, au moment le plus pathétique et où j'étois moi-même émue, il appliqua sur cette main un baiser que je sentis sur mon cœur. Je ne connois pas bien les baisers de l'amour; mais ce que je peux dire, c'est que jamais l'amitié, pas même la nôtre, n'en a donné ni reçu de semblable à celui-là. Hé bien! mon enfant, après de pareils moments que devient-on quand on s'en va rêver seule et qu'on emporte avec soi leur souvenir? Moi je troublai la musique : il fallut danser; je fis danser le philosophe. On soupa presque en l'air; on veilla fort avant dans la nuit; je fus me coucher bien lasse; et je ne fis qu'un sommeil.

J'ai donc de fort bonnes raisons pour ne point gêner mon humeur ni changer de manières. Le moment qui rendra ce changement nécessaire est si près, que ce n'est pas la peine d'anticiper. Le temps ne viendra que trop tôt d'être prude et réservée. Tandis que je compte encore par vingt, je me dépêche d'user de mes droits; car, passé la trentaine, on n'est plus folle, mais ridicule. Et ton épilogueur d'homme ose bien me dire qu'il ne me reste que six mois encore à retourner la salade avec les doigts. Patience ! pour payer ce sarcasme je prétends la lui retourner dans six ans; et je te jure qu'il faudra qu'il la mange. Mais revenons.

Si l'on n'est pas maître de ses sentiments, au moins on l'est de sa conduite. Sans doute je demanderois au ciel un cœur plus tranquille; mais puissé-je à mon dernier jour offrir au souverain juge une vie aussi peu criminelle que celle que j'ai passée cet hiver! En vérité, je ne me reprochois rien auprès du seul homme qui pouvoit me rendre coupable. Ma chère, il n'en est pas de même depuis qu'il est parti : en m'accoutumant à penser à lui dans son absence, j'y pense à tous les instants du jour; et je trouve son image plus dangereuse que sa personne. S'il est loin, je suis amoureuse; s'il est près, je ne suis que folle : qu'il revienne, et je ne le crains plus.

Au chagrin de son éloignement s'est jointe l'inquiétude de son rêve. Si tu as tout mis sur le compte de l'amour tu t'es trompée, l'amitié avoit part à ma tristesse. Depuis leur départ je te voyois pâle et changée : à chaque instant je pensois te voir tomber malade. Je ne suis pas crédule, mais craintive. Je sais bien qu'un songe n'amène pas un événement, mais j'ai toujours peur que l'événement n'arrive à sa suite. A peine ce maudit rêve m'a-t-il laissé une nuit tranquille, jusqu'à ce que je t'aie vue bien remise et reprendre tes couleurs. Dussé-je avoir mis sans le savoir un intérêt suspect à cet empressement, il est sûr que j'aurois donné tout au monde pour qu'il se fût montré quand il s'en retourna comme un imbécile. Enfin ma vaine terreur s'en est allée avec ton mauvais visage. Ta santé, ton appétit, ont plus fait que tes plaisanteries; et je t'ai vue si bien argumenter à table contre mes frayeurs, qu'elles se sont tout-à-fait dissipées. Pour surcroît de bonheur il revient; et j'en suis charmée à tous égards. Son retour ne m'alarme point, il me rassure; et sitôt que nous le verrons, je ne craindrai plus rien pour tes jours ni pour mon repos. Cousine, conserve-moi mon amie, et ne sois point en peine de la tienne; je réponds d'elle tant qu'elle t'aura... Mais, mon Dieu! qu'ai-je donc qui m'inquiète encore et me serre le cœur sans savoir pourquoi? Ah mon enfant, faudra-t-il un jour qu'une des deux survive à l'autre? Malheur à celle sur qui doit tomber un sort si cruel! elle restera peu digne de vivre, ou sera morte avant sa mort.

Pourrois-tu me dire à propos de quoi je m'épuise en sottes lamentations? Foin de ces terreurs paniques qui n'ont pas le sens commun! au lieu de parler de mort, parlons de mariage; cela sera plus amusant. Il y a long-temps que cette idée est venue à mon mari; et s'il ne m'en eût jamais parlé, peut-être ne me fût-elle point venue à moi-même.

Depuis lors j'y ai pensé quelquefois, et toujours avec dédain. Fi! cela vieillit une jeune veuve. Si j'avois des enfants d'un second lit, je me croirois la grand'mère de ceux du premier. Je te trouve aussi fort bonne de faire avec légèreté les honneurs de ton amie, et de regarder cet arrangement comme un soin de ta bénigne charité. Oh bien! je t'apprends, moi, que toutes les raisons fondées sur tes soucis obligeants ne valent pas la moindre des miennes contre un second mariage.

Parlons sérieusement. Je n'ai pas l'ame assez basse pour faire entrer dans ces raisons la honte de me rétracter d'un engagement téméraire pris avec moi seule, ni la crainte du blâme en faisant mon devoir, ni l'inégalité des fortunes dans un cas où tout l'honneur est pour celui des deux à qui l'autre veut bien devoir la sienne : mais, sans répéter ce que je t'ai dit tant de fois sur mon humeur indépendante et sur mon éloignement naturel pour le joug du mariage, je me tiens à une seule objection, et je la tire de cette voix si sacrée que personne au monde ne respecte autant que toi. Lève cette objection, cousine, et je me rends. Dans tous ces jeux qui te donnent tant d'effroi, ma conscience est tranquille. Le souvenir de mon mari ne me fait point rougir ; j'aime à l'appeler à témoin de mon innocence : et pourquoi craindrois-je de faire devant son image tout ce que je faisois autrefois devant lui? En seroit-il de même, ô Julie ! si je violois les saints engagements qui nous unirent, que j'osasse jurer à un autre l'amour éternel que je lui jurai tant de fois; que mon cœur indignement partagé dérobât à sa mémoire ce qu'il donneroit à son successeur, et ne pût sans offenser l'un des deux remplir ce qu'il doit à l'autre ? Cette même image qui m'est si chère ne me donneroit qu'épouvante et qu'effroi ; sans cesse elle viendroit empoisonner mon bonheur ; et son souvenir, qui fait la douceur de ma vie, en feroit le tourment. Comment oses-tu me parler de donner un successeur à mon mari, après avoir juré de n'en jamais donner au tien ? Comme si les raisons que tu m'allègues t'étoient moins applicables en pareil cas! Ils s'aimèrent... C'est pis encore. Avec quelle indignation verroit-il un homme qui lui fut cher usurper ses droits et rendre sa femme infidèle! Enfin, quand il seroit vrai que je ne lui dois plus rien à lui-même, ne dois-je rien au cher gage de son amour; et puis-je croire qu'il eût jamais voulu de moi s'il eût prévu que j'eusse un jour exposé sa fille unique à se voir confondue avec les enfants d'un autre?

Encore un mot, et j'ai fini. Qui t'a dit que tous les obstacles viendroient de moi seule? En répondant de celui que cet engagement regarde, n'as-tu point plutôt consulté ton désir que ton pouvoir? Quand tu serois sûre de son aveu, n'aurois-tu donc aucun scrupule de m'offrir un cœur usé par une autre passion? Crois-tu que le mien dût s'en contenter, et que je pusse être heureuse avec un homme que je ne rendrois pas heureux? Cousine, penses-y mieux; sans exiger plus d'amour que je n'en puis ressentir moi-même, tous les sentiments que j'accorde je veux qu'ils me soient rendus; et je suis trop honnête femme pour pouvoir me passer de plaire à mon mari. Quel garant as-tu donc de tes espérances? Un certain plaisir à se voir, qui peut être l'effet de la seule amitié; un transport passager, qui peut naître à notre âge de la seule différence du sexe, tout cela suffit-il pour les fonder? Si ce transport eût produit quelque sentiment durable, est-il croyable qu'il s'en fût tu non seulement à moi, mais à toi, mais à ton mari, de qui ce propos n'eût pu qu'être favorablement reçu? En a-t-il jamais dit un mot à personne? Dans nos tête-à-tête a-t-il jamais été question que de toi? a-t-il jamais été question de moi dans les vôtres? Puis-je penser que s'il avoit eu là-dessus quelque secret pénible à garder, je n'aurois jamais aperçu sa contrainte, ou qu'il ne lui seroit jamais échappé d'indiscrétion? Enfin, même depuis son départ, de laquelle de nous deux parle-t-il le plus dans ses lettres, de laquelle est-il occupé dans ses songes? Je t'admire de me croire sensible et tendre, et de ne pas imaginer que je me dirai tout cela! Mais j'aperçois vos ruses, ma mignonne; c'est pour vous donner droit de représailles que vous m'accusez d'avoir jadis sauvé mon cœur aux dépens du vôtre. Je ne suis pas la dupe de ce tour-là.

Voilà toute ma confession, cousine : je l'ai faite pour t'éclairer et non pour te contredire. Il me reste à te déclarer ma résolution sur cette affaire. Tu connois à présent mon intérieur aussi bien et peut-être mieux que moi-même : mon honneur, mon bonheur, te sont chers autant qu'à moi ; et, dans le calme des passions la raison te fera mieux voir où je dois trouver l'un et l'autre. Charge-toi donc de ma conduite ; je t'en remets l'entière direction. Rentrons dans notre état naturel, et changeons entre nous de métier ; nous nous en tirerons mieux toutes deux. Gouverne ; je serai docile : c'est à toi de vouloir ce que je dois faire, à moi de faire ce que tu voudras. Tiens mon ame à couvert dans la tienne ; que sert aux inséparables d'en avoir deux ?

Ah çà ! revenons à présent à nos voyageurs. Mais j'ai déjà tant parlé de l'un que je n'ose plus parler de l'autre, de peur que la différence du style ne se fît un peu trop sentir, et que l'amitié même que j'ai pour l'Anglois ne dît trop en faveur du Suisse. Et puis, que dire sur des lettres qu'on n'a pas vues ? Tu devois bien au moins m'envoyer celle de milord Édouard : mais tu n'as osé l'envoyer sans l'autre, et tu as fort bien fait... Tu pouvois pourtant faire mieux encore... Ah ! vivent les duègnes de vingt ans! elles sont plus traitables qu'à trente.

Il faut au moins que je me venge en t'apprenant ce que tu as opéré par cette belle réserve; c'est de me faire imaginer la lettre en question... cette lettre si... cent fois plus si, qu'elle ne l'est réellement. De dépit je me plais à la remplir de choses qui n'y sauroient être. Va, si je n'y suis pas adorée, c'est à toi que je ferai payer tout ce qu'il en faudra rabattre.

En vérité, je ne sais après tout cela comment tu m'oses parler du courrier d'Italie. Tu prouves que mon tort ne fut pas de l'attendre, mais de ne pas l'attendre assez long-temps. Un pauvre petit quart d'heure de plus, j'allois au-devant du paquet, je m'en emparois la première, je lisois le tout à mon aise; et c'étoit mon tour de me faire valoir. Les raisins sont trop verts. On me retient deux lettres; mais j'en ai deux autres que, quoi que tu puisses croire, je ne changerois sûrement pas contre celles-là, quand tous les *si* du monde y seroient. Je te jure que si celle d'Henriette ne tient pas sa place à côté de la tienne, c'est qu'elle la passe, et que ni toi ni moi n'écrirons de la vie rien d'aussi joli. Et puis on se donnera les airs de traiter ce prodige de petite impernitente! ah! c'est assurément pure jalousie. En effet, te voit-on jamais à genoux devant elle lui baiser humblement les deux mains l'une après l'autre? Grâce à toi la voilà modeste comme une vierge et grave comme un Caton; respectant tout le monde, jusqu'à sa mère : il n'y a plus le mot pour rire à ce qu'elle dit; à ce qu'elle écrit, passe encore. Aussi depuis que j'ai découvert ce nouveau talent, avant que tu gâtes ses lettres comme ses propos, je compte établir de sa chambre à la mienne un courrier d'Italie dont on n'escamotera pas les paquets.

Adieu, petite cousine. Voilà des réponses qui t'apprendront à respecter mon crédit renaissant. Je voulois te parler de ce pays et de ses habitants : mais il faut mettre fin à ce volume, et puis tu m'as toute brouillée avec tes fantaisies; et le mari m'a presque fait oublier les hôtes. Comme nous avons encore cinq ou six jours à rester ici, et que j'aurai le temps de mieux revoir le peu que j'ai vu, tu ne perdras rien pour attendre; et tu peux compter sur un second tome avant mon départ.

LETTRE III.

DE MILORD ÉDOUARD A M. DE WOLMAR.

Non, cher Wolmar, vous ne vous êtes point trompé; le jeune homme est sûr; mais moi je ne le suis guère, et j'ai failli payer cher l'expérience qui m'en a convaincu. Sans lui je succombois moi-même à l'épreuve que je lui avois destinée. Vous savez que pour contenter sa reconnoissance, et remplir son cœur de nouveaux objets, j'affectois de donner à ce voyage plus d'importance qu'il n'en avoit réellement. D'anciens penchants à flatter, une vieille habitude à suivre encore une fois, voilà, avec ce qui se rapportoit à Saint-Preux, tout ce qui m'engageoit à l'entreprendre. Dire les derniers adieux aux attachements de ma jeunesse, ramener un ami parfaitement guéri, voilà tout le fruit que j'en voulois recueillir.

Je vous ai marqué que le songe de Villeneuve m'avoit laissé des inquiétudes : ce songe me rendit suspects les transports de joie auxquels il s'étoit livré quand je lui avois annoncé qu'il étoit le maître d'élever vos enfants et de passer sa vie avec vous. Pour mieux l'observer dans les effusions de son cœur, j'avois d'abord prévenu ses difficultés; en lui déclarant que je m'établirois moi-même avec vous, je ne laissois plus à son amitié d'objections à me faire : mais de nouvelles résolutions me firent changer de langage.

Il n'eut pas vu trois fois la marquise, que nous fûmes d'accord sur son compte. Malheureusement pour elle, elle voulut le gagner, et ne fit que lui montrer ses artifices. L'infortunée! que de grandes qualités sans vertus! que d'amour sans honneur! Cet amour ardent et vrai me touchoit, m'attachoit, nourrissoit le mien; mais il prit la teinte de son âme noire, et finit par me faire horreur. Il ne fut plus question d'elle.

Quand il eut vu Laure, qu'il connut son cœur, sa beauté, son esprit, et cet attachement sans exemple, trop fait pour me rendre heureux, je résolus de me servir d'elle pour bien éclaircir l'état de Saint-Preux. Si j'épouse Laure, lui dis-je, mon dessein n'est point de la mener à Londres, où quelqu'un pourroit la reconnoître, mais dans des lieux où l'on sait honorer la vertu partout où elle est; vous remplirez votre emploi, et nous ne cesserons point de vivre ensemble. Si je ne l'épouse pas, il est temps de me recueillir. Vous connoissez ma maison d'Oxford-shire, et vous choisirez d'élever les enfants d'un de vos amis, ou d'accompagner l'autre dans sa solitude. Il me fit la réponse à laquelle je pouvois m'attendre : mais je voulois l'observer par sa conduite. Car si pour vivre à Clarens il favorisoit un mariage qu'il eût dû blâmer, ou si, dans cette occasion délicate, il préféroit à son bonheur la gloire de son ami, dans l'un et l'autre cas l'épreuve étoit faite, et son cœur étoit jugé.

Je le trouvai d'abord tel que je le désirois, ferme contre le projet que je feignois d'avoir, et armé de toutes les raisons qui devoient m'empêcher d'épouser Laure. Je sentois ces raisons mieux que lui; mais je la voyois sans cesse, et je la voyois affligée et tendre. Mon cœur tout-à-fait détaché de la marquise, se fixa par ce commerce assidu. Je trouvai dans les sentiments de Laure de quoi redoubler l'attachement qu'elle m'avoit inspiré. J'eus honte de sacrifier à l'opinion, que je méprisois, l'estime que je devois à son mérite : ne devois-je rien aussi à l'espérance que je lui avois donnée, sinon par mes discours, au moins par mes soins ? Sans avoir rien promis, ne rien tenir c'étoit la tromper ; cette tromperie étoit barbare. Enfin, joignant à mon penchant une espèce de devoir, et songeant plus à mon bonheur qu'à ma gloire, j'achevai de l'aimer par raison ; je résolus de pousser la feinte aussi loin qu'elle pouvoit aller, et jusqu'à la réalité même si je ne pouvois m'en tirer autrement sans injustice.

Cependant je sentis augmenter mon inquiétude sur le compte du jeune homme, voyant qu'il ne remplissoit pas dans toute sa force le rôle dont il s'étoit chargé. Il s'opposoit à mes vues, il improuvoit le nœud que je voulois former ; mais il combattoit mal mon inclination naissante, et me parloit de Laure avec tant d'éloges, qu'en paroissant me détourner de l'épouser, il augmentoit mon penchant pour elle. Ces contradictions m'alarmèrent. Je ne le trouvois point aussi ferme qu'il auroit dû l'être : il sembloit n'oser heurter de front mon sentiment, il mollissoit contre ma résistance, il craignoit de me fâcher, il n'avoit point à mon gré, pour son devoir, l'intrépidité qu'il inspire à ceux qui l'aiment.

D'autres observations augmentèrent ma défiance; je sus qu'il voyoit Laure en secret; je remarquois entre eux des signes d'intelligence. L'espoir de s'unir à celui qu'elle avoit tant aimé ne la rendoit point gaie. Je lisois bien la même tendresse dans ses regards; mais cette tendresse n'étoit plus mêlée de joie à mon abord, la tristessse y dominoit toujours. Souvent, dans les plus doux épanchements de son cœur, je la voyois jeter sur le jeune homme un coup d'œil à la dérobée, et ce coup d'œil étoit suivi de quelques larmes qu'on cherchoit à me cacher. Enfin le mystère fut poussé au point que j'en fus alarmé. Jugez de ma surprise. Que pouvois-je penser? N'avois-je réchauffé qu'un serpent dans mon sein? Jusqu'où n'osois-je point porter mes soupçons et lui rendre son ancienne injustice! Foibles et malheureux que nous sommes! c'est nous qui faisons nos propres maux. Pourquoi nous plaindre que les méchants nous tourmentent, si les bons se tourmentent encore entre eux?

Tout cela ne fit qu'achever de me déterminer. Quoique j'ignorasse le fond de cette intrigue; je voyois que le cœur de Laure étoit toujours le même; et cette épreuve ne me la rendoit que plus chère. Je me proposois d'avoir une explication avec elle avant la conclusion; mais je voulois attendre jusqu'au dernier moment, pour prendre auparavant par moi-même tous les éclaircissements possibles. Pour lui, j'étois résolu de me convaincre, de le convaincre; afin d'aller jusqu'au bout avant que de lui rien dire ni de prendre un parti par rapport à lui; prévoyant une rupture infaillible, et ne voulant pas mettre un bon naturel et vingt ans d'honneur en balance avec des soupçons.

La marquise n'ignoroit rien de ce qui se passoit entre nous. Elle avoit des épies dans le couvent de Laure, et parvint à savoir qu'il étoit question de mariage. Il n'en fallut pas davantage pour réveiller ses fureurs : elle m'écrivit des lettres menaçantes. Elle fit plus que d'écrire; mais comme ce n'étoit pas la première fois, et que nous étions sur nos gardes, ses tentatives furent vaines. J'eus seulement le plaisir de voir, dans l'occasion, que Saint-Preux savoit payer de sa personne, et ne marchandoit pas sa vie pour sauver celle d'un ami.

Vaincue par les transports de sa rage, la marquise tomba malade et ne se releva plus. Ce fut là le terme de ses tourments[1] et de ses crimes. Je ne pus apprendre son état sans en être affligé. Je lui envoyai le docteur Eswin; Saint-Preux y fut de ma part : elle ne voulut voir ni l'un ni l'autre; elle ne voulut pas même entendre parler de moi, et m'ac-

---

[1] Par la lettre de milord Édouard ci-devant supprimée, on voit qu'il pensoit qu'à la mort des méchants leurs âmes étoient anéanties.

cabla d'imprécations horribles chaque fois qu'elle entendit prononcer mon nom. Je gémis sur elle, et sentis mes blessures prêtes à se rouvrir. La raison vainquit encore; mais j'eusse été le dernier des hommes de songer au mariage, tandis qu'une femme qui me fut si chère étoit à l'extrémité. Saint-Preux, craignant qu'enfin je ne pusse résister au désir de la voir, me proposa le voyage de Naples, et j'y consentis.

Le surlendemain de notre arrivée, je le vis entrer dans ma chambre avec une contenance ferme et grave, et tenant une lettre à la main. Je m'écriai: La marquise est morte! Plût à Dieu! reprit-il froidement; il vaut mieux n'être plus que d'exister pour faire mal. Mais ce n'est pas d'elle que je viens vous parler; écoutez-moi. J'attendis en silence.

Milord, me dit-il, en me donnant le saint nom d'ami vous m'apprîtes à le porter. J'ai rempli la fonction dont vous m'avez chargé; et, vous voyant prêt à vous oublier, j'ai dû vous rappeler à vous-même. Vous n'avez pu rompre une chaîne que par une autre. Toutes deux étoient indignes de vous. S'il n'eût été question que d'un mariage inégal, je vous aurois dit: Songez que vous êtes pair d'Angleterre, et renoncez aux honneurs du monde, ou respectez l'opinion. Mais un mariage abject!... vous... Choisissez mieux votre épouse. Ce n'est pas assez qu'elle soit vertueuse, elle doit être sans tache.... la femme d'Édouard Bomston n'est pas facile à trouver. Voyez ce que j'ai fait.

Alors il me remit la lettre. Elle étoit de Laure. Je ne l'ouvris pas sans émotion. « L'amour a « vaincu, me disoit-elle : vous avez voulu m'épou- « ser ; je suis contente. Votre ami m'a dicté mon « devoir ; je le remplis sans regret. En vous désho- « norant j'aurois vécu malheureuse ; en vous lais- « sant votre gloire je crois la partager. Le sacrifice « de tout mon bonheur à un devoir si cruel me « fait oublier la honte de ma jeunesse. Adieu ; dès « cet instant je cesse d'être en votre pouvoir et au « mien. Adieu pour jamais. O Édouard ! ne por- « tez pas le désespoir dans ma retraite ; écoutez « mon dernier vœu. Ne donnez à nul autre une « place que je n'ai pu remplir. Il fut au monde « un cœur fait pour vous, et c'étoit celui de « Laure. »

L'agitation m'empêchoit de parler. Il profita de mon silence pour me dire qu'après mon départ elle avoit pris le voile dans le couvent où elle étoit pensionnaire ; que la cour de Rome, informée qu'elle devoit épouser un luthérien, avoit donné des ordres pour empêcher de la recevoir ; et il m'a- voua franchement qu'il avoit pris tous ces soins de concert avec elle. Je ne m'opposai point à vos projets, continua-t-il, aussi vivement que je l'au- rois pu, craignant un retour à la marquise, et vou- lant donner le change à cette ancienne passion par celle de Laure. En vous voyant aller plus loin qu'il ne falloit, je fis d'abord parler la raison, mais, ayant trop acquis par mes propres fautes le droit de me défier d'elle, je sondai le cœur de Laure ; et, y trouvant toute la générosité qui est inséparable du véritable amour, je m'en prévalus pour la porter au sacrifice qu'elle vient de faire. L'assurance de n'être plus l'objet de votre mépris lui releva le courage et la rendit plus digne de votre estime. Elle a fait son devoir, il faut faire le vôtre.

Alors s'approchant avec transport, il me dit en me serrant contre sa poitrine : Ami, je lis dans le sort commun que le ciel nous envoie la loi commune qu'il nous prescrit. Le règne de l'amour est passé, que celui de l'amitié commence ; mon cœur n'entend plus que sa voix sacrée, il ne connoît plus d'autre chaîne que celle qui me lie à toi. Choisis le séjour que tu veux habiter ; Clarens, Oxford, Londres, Paris ou Rome ; tout me convient, pourvu que nous y vivions ensemble. Va, viens où tu voudras, cherche un asile en quelque lieu que ce puisse être, je te suivrai partout : j'en fais le serment solennel à la face du Dieu vivant, je ne te quitte plus qu'à la mort.

Je fus touché. Le zèle et le feu de cet ardent jeune homme éclatoient dans ses yeux. J'oubliai la marquise et Laure. Que peut-on regretter au monde quand on y conserve un ami ? Je vis aussi, par le parti qu'il prit sans hésiter dans cette occasion, qu'il étoit guéri véritablement, et que vous n'aviez pas perdu vos peines : enfin j'osai croire, par le vœu qu'il fit de si bon cœur de rester attaché à moi, qu'il l'étoit plus à la vertu qu'à ses anciens penchants. Je puis donc vous le ramener en toute confiance. Oui, cher Wolmar, il est digne d'élever des hommes, et, qui plus est, d'habiter votre maison.

Peu de jours après j'appris la mort de la marquise. Il y avoit long-temps pour moi qu'elle étoit morte ; cette perte ne me toucha plus. Jusqu'ici j'avois regardé le mariage comme une dette que chacun contracte à sa naissance envers son espèce, envers son pays, et j'avois résolu de me marier, moins par inclination que par devoir. J'ai changé de sentiment. L'obligation de se marier n'est pas commune à tous ; elle dépend pour chaque homme de l'état où le sort l'a placé : c'est pour le peuple, pour l'artisan, pour le villageois, pour les hommes vraiment utiles, que le célibat est illicite ; pour les ordres qui dominent les autres, auxquels tout tend sans cesse, et qui ne sont toujours que trop remplis, il est permis et même convenable. Sans cela, l'état ne fait que se dépeupler par la multiplication des sujets qui lui sont à charge. Les hommes auront toujours assez de maîtres, et l'Angleterre manquera plutôt de laboureurs que de pairs.

Je me crois donc libre et maître de moi dans la condition où le ciel m'a fait naître. A l'âge où je suis on ne répare plus les pertes que mon cœur a faites. Je le dévoue à cultiver ce qui me reste, et ne puis mieux le rassembler qu'à Clarens. J'accepte donc toutes vos offres, sous les conditions que ma fortune y doit mettre, afin qu'elle ne me soit pas inutile. Après l'engagement qu'a pris Saint-Preux, je n'ai plus d'autre moyen de le tenir auprès de vous que d'y demeurer moi-même; et si jamais il est de trop, il me suffira d'en partir. Le seul embarras qui me reste est pour mes voyages d'Angleterre; car, quoique je n'aie plus aucun crédit dans le parlement, il me suffit d'en être membre pour faire mon devoir jusqu'à la fin. Mais j'ai un collègue et un ami sûr que je puis charger de ma voix dans les affaires courantes. Dans les occasions où je croirai devoir m'y trouver moi-même, notre élève pourra m'accompagner, même avec les siens quand ils seront un peu plus grands, et que vous voudrez bien nous les confier. Ces voyages ne sauroient que leur être utiles, et ne seront pas assez longs pour affliger beaucoup leur mère.

Je n'ai point montré cette lettre à Saint-Preux; ne la montrez pas entière à vos dames : il convient que le projet de cette épreuve ne soit jamais connu que de vous et de moi. Au surplus, ne leur cachez rien de ce qui fait honneur à mon digne ami, même à mes dépens. Adieu, cher Wolmar. Je vous envoie les dessins de mon pavillon; réformez, changez comme il vous plaira; mais faites-y travailler dès à présent, s'il se peut. J'en voulois ôter le salon de musique; car tous mes goûts sont éteints, et je ne me soucie plus de rien. Je le laisse, à la prière de Saint-Preux, qui se propose d'exercer dans ce salon vos enfants. Vous recevrez aussi quelques livres pour l'augmentation de votre bibliothèque; mais que trouverez-vous de nouveau dans des livres? O Wolmar! il ne vous manque que d'apprendre à lire dans celui de la nature pour être le plus sage des mortels.

LETTRE IV.

DE M. DE WOLMAR A MILORD ÉDOUARD.

Je me suis attendu, cher Bomston, au dénouement de vos longues aventures. Il eût paru bien étrange qu'ayant résisté si long-temps à vos penchants, vous eussiez attendu, pour vous laisser vaincre, qu'un ami vînt vous soutenir, quoique à vrai dire on soit souvent plus foible en s'appuyant sur un autre que quand on ne compte que sur soi. J'avoue pourtant que je fus alarmé de votre dernière lettre, où vous m'annonciez votre mariage avec Laure comme une affaire absolument décidée. Je doutai de l'événement malgré votre assurance ; et si mon attente eût été trompée, de mes jours je n'aurois revu Saint-Preux. Vous avez fait tous deux ce que j'avois espéré de l'un et de l'autre, et vous avez trop bien justifié le jugement que j'avois porté de vous, pour que je ne sois pas charmé de vous voir reprendre nos premiers arrangements. Venez, hommes rares, augmenter et partager le bonheur de cette maison. Quoi qu'il en soit de l'espoir des croyants dans l'autre vie, j'aime à passer avec eux celle-ci, et je sens que vous me convenez tous mieux tels que vous êtes, que si vous aviez le malheur de penser comme moi.

Au reste, vous savez ce que je vous dis sur son sujet à votre départ. Je n'avois pas besoin, pour le juger, de votre épreuve, car la mienne étoit faite, et je crois le connoître autant qu'un homme en peut connoître un autre. J'ai d'ailleurs plus d'une raison de compter sur son cœur, et de bien meilleures cautions de lui que lui-même. Quoique dans votre renoncement au mariage il paroisse vouloir vous imiter, peut-être trouverez-vous ici de quoi l'engager à changer de système. Je m'expliquerai mieux après votre retour.

Quant à vous, je trouve vos distinctions sur le célibat toutes nouvelles et fort subtiles. Je les crois même judicieuses pour le politique qui balance les forces respectives de l'état afin d'en maintenir l'équilibre. Mais je ne sais si dans vos principes ces raisons sont assez solides pour dispenser les particuliers de leur devoir envers la nature. Il sembleroit que la vie est un bien qu'on ne reçoit qu'à la charge de le transmettre, une sorte de substitution qui doit passer de race en race; et que quiconque eut un père est obligé de le devenir. C'étoit votre sentiment jusqu'ici, c'étoit une des raisons de votre voyage; mais je sais d'où vous vient cette nouvelle philosophie, et j'ai vu dans le billet de Laure un argument auquel votre cœur n'a point de réplique.

La petite cousine est, depuis huit ou dix jours, à Genève avec sa famille, pour des emplettes et d'autres affaires. Nous l'attendons de retour de jour en jour. J'ai dit à ma femme, de votre lettre, tout ce qu'elle en devoit savoir. Nous avions appris par M. Miol que le mariage étoit rompu; mais elle ignoroit la part qu'avoit Saint-Preux à cet événement. Soyez sûr qu'elle n'apprendra jamais qu'avec la plus vive joie tout ce qu'il fera pour mériter vos bienfaits et justifier votre estime. Je lui ai montré les dessins de votre pavillon; elle les trouve de très-bon goût: nous y ferons pourtant quelques changements que le local exige, et qui rendront votre logement plus commode; vous les approuverez sûrement. Nous attendons l'avis de Claire avant d'y toucher, car vous savez qu'on ne peut rien faire sans elle.

En attendant j'ai déjà mis du monde en œuvre, et j'espère qu'avant l'hiver la maçonnerie sera fort avancée.

Je vous remercie de vos livres; mais je ne lis plus ceux que j'entends, et il est trop tard pour apprendre à lire ceux que je n'entends pas. Je suis pourtant moins ignorant que vous ne m'accusez de l'être. Le vrai livre de la nature est pour moi le cœur des hommes, et la preuve que j'y sais lire est dans mon amitié pour vous.

LETTRE V.

DE MADAME D'ORBE A MADAME DE WOLMAR.

J'ai bien des griefs, cousine, à la charge de ce séjour. Le plus grave est qu'il me donne envie d'y rester. La ville est charmante, les habitants sont hospitaliers, les mœurs sont honnêtes; et la liberté, que j'aime sur toutes choses, semble s'y être réfugiée. Plus je contemple ce petit état, plus je trouve qu'il est beau d'avoir une patrie; et Dieu garde de mal tous ceux qui pensent en avoir une, et n'ont pourtant qu'un pays! Pour moi, je sens que si j'étois née dans celui-ci, j'aurois l'ame toute romaine. Je n'oserois pourtant pas trop dire à présent,

Rome n'est plus à Rome, elle est toute où je suis;

car j'aurois peur que dans ta malice tu n'allasses penser le contraire. Mais pourquoi donc Rome, et toujours Rome? restons à Genève.

Je ne te dirai rien de l'aspect du pays. Il ressemble au nôtre, excepté qu'il est moins montueux, plus champêtre, et qu'il n'a pas des chalets si voisins [1]. Je ne te dirai rien non plus du gouvernement. Si Dieu ne t'aide, mon père t'en parlera de reste : il passe toute la journée à politiquer avec les magistrats dans la joie de son cœur; et je le vois déjà très-mal édifié que la gazette parle si peu de Genève. Tu peux juger de leurs conférences par mes lettres. Quand ils m'excèdent, je me dérobe, et je t'ennuie pour me désennuyer.

Tout ce qui m'est resté de leurs longs entretiens, c'est beaucoup d'estime pour le grand sens qui règne en cette ville. A voir l'action et réaction mutuelles de toutes les parties de l'état qui le tiennent en équilibre, on ne peut douter qu'il n'y ait plus d'art et de vrai talent employés au gouvernement de cette petite république qu'à celui des plus vastes empires, où tout se soutient par sa propre masse, et où les rênes de l'état peuvent tomber entre les mains d'un sot sans que les affaires cessent d'aller. Je te réponds qu'il n'en seroit pas de même ici. Je n'entends jamais parler à mon père de tous ces grands ministres des grandes cours sans songer à ce pauvre musicien qui bar-

---

[1] L'éditeur les croit un peu rapprochés.

bouilloit si fièrement sur notre grand orgue[1] à Lausanne, et qui se croyoit un fort habile homme parce qu'il faisoit beaucoup de bruit. Ces gens-ci n'ont qu'une petite épinette; mais ils en savent tirer une bonne harmonie, quoiqu'elle soit souvent assez mal d'accord.

Je ne te dirai rien non plus.... Mais à force de ne te rien dire je ne finirois pas. Parlons de quelque chose pour avoir plus tôt fait. Le Génevois est de tous les peuples du monde celui qui cache le moins son caractère et qu'on connoît le plus promptement. Ses mœurs, ses vices mêmes, sont mêlés de franchise. Il se sent naturellement bon; et cela lui suffit pour ne pas craindre de se montrer tel qu'il est. Il a de la générosité, du sens, de la pénétration; mais il aime trop l'argent: défaut que j'attribue à sa situation qui le lui rend nécessaire; car le territoire ne suffiroit pas pour nourrir les habitants.

Il arrive de là que les Génevois, épars dans l'Europe pour s'enrichir, imitent les grands airs des étrangers, et, après avoir pris les vices des pays où ils ont vécu[2], les rapportent chez eux

[1] Il y avoit *grande orgue*. Je remarquerai, pour ceux de nos Suisses et Génevois qui se piquent de parler correctement, que le mot *orgue* est masculin au singulier, féminin au pluriel, et s'emploie également dans les deux nombres, mais le singulier est plus élégant.

[2] Maintenant on ne leur donne plus la peine de les aller chercher, on les leur porte.

en triomphe avec leurs trésors. Ainsi le luxe des autres peuples leur fait mépriser leur antique simplicité : la fière liberté leur paroît ignoble; ils se forgent des fers d'argent, non comme une chaîne, mais comme un ornement.

Hé bien ! ne me voilà-t-il pas encore dans cette maudite politique? Je m'y perds, je m'y noie, j'en ai par-dessus la tête, je ne sais plus par où m'en tirer. Je n'entends parler ici d'autre chose, si ce n'est quand mon père n'est pas avec nous, ce qui n'arrive qu'aux heures des courriers. C'est nous, mon enfant, qui portons partout notre influence ; car d'ailleurs les entretiens du pays sont utiles et variés, et l'on n'apprend rien de bon dans les livres qu'on ne puisse apprendre ici dans la conversation. Comme autrefois les mœurs angloises ont pénétré jusqu'en ce pays, les hommes, y vivant encore un peu plus séparés des femmes que dans le nôtre, contractent entre eux un ton plus grave, et généralement plus de solidité dans leurs discours. Mais aussi cet avantage a son inconvénient qui se fait bientôt sentir. Des longueurs toujours excédantes, des arguments, des exordes, un peu d'apprêt, quelquefois des phrases, rarement de la légèreté, jamais de cette simplicité naïve qui dit le sentiment avant la pensée, et fait si bien valoir ce qu'elle dit. Au lieu que le François écrit comme il parle, ceux-ci parlent comme ils écrivent; ils dissertent au lieu de causer; on les croiroit toujours prêts à soutenir thèse. Ils distinguent, ils divisent, ils traitent la conversation par points; ils mettent dans leurs propos la même méthode que dans leurs livres; ils sont auteurs, et toujours auteurs. Ils semblent lire en parlant, tant ils observent bien les étymologies, tant ils font sonner toutes les lettres avec soin. Ils articulent le *marc* du raisin comme *Marc* nom d'homme; ils disent exactement du *taba-k* et non pas du *taba.*, un *pare-sol* et non pas un *parasol*, *avan-t-hier* et non pas *avan-hier*, *secrétaire* et non pas *segrétaire*, un *lac-d'amour* où l'on se noie, et non pas où l'on s'étrangle; partout les *s* finales, partout les *r* des infinitifs; enfin leur parler est toujours soutenu, leurs discours sont des harangues, et ils jasent comme s'ils prêchoient.

Ce qu'il y a de singulier, c'est qu'avec ce ton dogmatique et froid ils sont vifs, impétueux, et ont les passions très-ardentes: ils diroient même assez bien les choses de sentiment s'ils ne disoient pas tout, ou s'ils ne parloient qu'à des oreilles: mais leurs points, leurs virgules, sont tellement insupportables; ils peignent si posément des émotions si vives, que, quand ils ont achevé leur dire, on chercheroit volontiers autour d'eux où est l'homme qui sent ce qu'ils ont décrit.

Au reste, il faut avouer que je suis un peu payée pour bien penser de leurs cœurs, et croire qu'ils ne sont pas de mauvais goût. Tu sauras en confidence qu'un joli monsieur à marier, et, dit-on, fort riche, m'honore de ses attentions, et qu'avec des propos assez tendres il ne m'a point fait chercher ailleurs l'auteur de ce qu'il me disoit. Ah! s'il étoit venu il y a dix-huit mois, quel plaisir j'aurois pris à me donner un souverain pour esclave, et à faire tourner la tête à un magnifique seigneur[1] ! Mais à présent la mienne n'est plus assez droite pour que le jeu me soit agréable, et je sens que toutes mes folies s'en vont avec ma raison.

Je reviens à ce goût de lecture qui porte les Génevois à penser. Il s'étend à tous les états, et se fait sentir dans tous avec avantage. Le François lit beaucoup; mais il ne lit que les livres nouveaux, ou plutôt il les parcourt, moins pour les lire que pour dire qu'il les a lus. Le Génevois ne lit que les bons livres; il les lit, il les digère : il ne les juge pas, mais il les sait. Le jugement et le choix se font à Paris; les livres choisis sont presque les seuls qui vont à Genève. Cela fait que la lecture y est moins mêlée, et s'y fait avec plus de profit. Les femmes dans leur retraite[2] lisent de leur côté; et leur ton s'en ressent aussi, mais d'une autre manière. Les belles madames y sont petites maîtresses et beaux esprits tout comme chez nous. Les petites citadines elles-

---

[1] * Les membres du petit-conseil ou sénat de Genève sont appelés *magnifiques et souverains seigneurs*.

[2] On se souviendra que cette lettre est de vieille date, et je crains bien que cela ne soit trop facile à voir.

mêmes prennent dans les livres un babil plus arrangé, et certain choix d'expressions qu'on est étonné d'entendre sortir de leur bouche, comme quelquefois de celle des enfants. Il faut tout le bon sens des hommes, toute la gaieté des femmes, et tout l'esprit qui leur est commun, pour qu'on ne trouve pas les premiers un peu pédants et les autres un peu précieuses.

Hier, vis-à-vis de ma fenêtre, deux filles d'ouvriers, fort jolies, causoient devant leur boutique d'un air assez enjoué pour me donner de la curiosité. Je prêtai l'oreille, et j'entendis qu'une des deux proposoit en riant d'écrire leur journal. Oui, reprit l'autre à l'instant; le journal tous les matins, et tous les soirs le commentaire. Qu'en dis-tu, cousine? Je ne sais si c'est là le ton des filles d'artisans; mais je sais qu'il faut faire un furieux emploi du temps pour ne tirer du cours des journées que le commentaire de son journal. Assurément la petite personne avoit lu les aventures des Mille et une Nuits.

Avec ce style un peu guindé, les Génevoises ne laissent pas d'être vives et piquantes, et l'on voit autant de grandes passions ici qu'en ville du monde. Dans la simplicité de leur parure elles ont de la grâce et du goût; elles en ont dans leur entretien, dans leurs manières. Comme les hommes sont moins galants que tendres, les femmes sont moins coquettes que sensibles, et cette sensibilité donne même aux plus honnêtes un tour d'esprit agréable et fin qui va au cœur, et qui en tire toute sa finesse. Tant que les Génevoises seront Génevoises, elles seront les plus aimables femmes de l'Europe; mais bientôt elles voudront être Françoises, et alors les Françoises vaudront mieux qu'elles.

Ainsi tout dépérit avec les mœurs. Le meilleur goût tient à la vertu même; il disparoît avec elle, et fait place à un goût factice et guindé qui n'est plus que l'ouvrage de la mode. Le véritable esprit est presque dans le même cas. N'est-ce pas la modestie de notre sexe qui nous oblige d'user d'adresse pour repousser les agaceries des hommes? et s'ils ont besoin d'art pour se faire écouter, nous en faut-il moins pour savoir ne les pas entendre? N'est-ce pas eux qui nous délient l'esprit et la langue, qui nous rendent plus vives à la riposte[1], et nous forcent de nous moquer d'eux? Car enfin, tu as beau dire, une certaine coquetterie maligne et railleuse désoriente encore plus les soupirants que le silence et le mépris. Quel plaisir de voir un beau Céladon, tout déconcerté, se confondre, se troubler, se perdre à chaque repartie; de s'environner contre lui de traits moins brûlants, mais plus aigus que ceux de l'Amour; de le cribler de pointes de glace qui piquent à l'aide du froid! Toi-même, qui

---

[1] Il falloit *risposte*, de l'italien *risposta*; toutefois *riposte* se dit aussi, et je le laisse. Ce n'est au pis-aller qu'une faute de plus.

ne fais semblant de rien, crois-tu que tes manières naïves et tendres, ton air timide et doux, cachent moins de ruse et d'habileté que toutes mes étourderies? Ma foi, mignonne, s'il falloit compter les galants que chacune de nous a persiflés, je doute fort qu'avec ta mine hypocrite ce fût toi qui serois en reste. Je ne puis m'empêcher de rire encore en songeant à ce pauvre Conflans, qui venoit tout en furie me reprocher que tu l'aimois trop. Elle est si caressante, me disoit-il, que je ne sais de quoi me plaindre; elle me parle avec tant de raison, que j'ai honte d'en manquer devant elle; et je la trouve si fort mon amie, que je n'ose être son amant.

Je ne crois pas qu'il y ait nulle part au monde des époux plus unis et de meilleurs ménages que dans cette ville. La vie domestique y est agréable et douce : on y voit des maris complaisants, et presque d'autres Julies. Ton système se vérifie très-bien ici. Les deux sexes gagnent de toutes manières à se donner des travaux et des amusements différents qui les empêchent de se rassasier l'un de l'autre, et font qu'ils se retrouvent avec plus de plaisir. Ainsi s'aiguise la volupté du sage: s'abstenir pour jouir, c'est ta philosophie; c'est l'épicuréisme de la raison.

Malheureusement cette antique modestie commence à décliner. On se rapproche, et les cœurs s'éloignent. Ici, comme chez nous, tout est mêlé de bien et de mal, mais à différentes mesures. Le

Génevois tire ses vertus de lui-même; ses vices lui viennent d'ailleurs. Non seulement il voyage beaucoup, mais il adopte aisément les mœurs et les manières des autres peuples; il parle avec facilité toutes les langues; il prend sans peine leurs divers accents, quoiqu'il ait lui-même un accent traînant très-sensible, surtout dans les femmes, qui voyagent moins. Plus humble de sa petitesse que fier de sa liberté, il se fait chez les nations étrangères une honte de sa patrie; il se hâte pour ainsi dire de se naturaliser dans le pays où il vit, comme pour faire oublier le sien : peut-être la réputation qu'il a d'être âpre au gain contribue-t-elle à cette coupable honte. Il vaudroit mieux sans doute effacer par son désintéressement l'opprobre du nom génevois que de l'avilir encore en craignant de le porter : mais le Génevois le méprise même en le rendant estimable; et il a plus de tort encore de ne pas honorer son pays de son propre mérite.

Quelque avide qu'il puisse être, on ne le voit guère aller à la fortune par des moyens serviles et bas; il n'aime point s'attacher aux grands et ramper dans les cours. L'esclavage personnel ne lui est pas moins odieux que l'esclavage civil. Flexible et liant comme Alcibiade, il supporte aussi peu la servitude, et quand il se plie aux usages des autres, il les imite sans s'y assujettir. Le commerce, étant de tous les moyens de s'enrichir le plus compatible avec la liberté, est aussi celui que les Génevois préférent. Ils sont presque tous marchands ou banquiers; et ce grand objet de leurs désirs leur fait souvent enfouir de rares talents que leur prodigua la nature. Ceci me ramène au commencement de ma lettre. Ils ont du génie et du courage; ils sont vifs et pénétrants; il n'y a rien d'honnête et de grand au-dessus de leur portée; mais plus passionnés d'argent que de gloire, pour vivre dans l'abondance, ils meurent dans l'obscurité, et laissent à leurs enfants pour tout exemple l'amour des trésors qu'ils leur ont acquis.

Je tiens tout cela des Génevois mêmes; car ils parlent d'eux fort impartialement. Pour moi, je ne sais comment ils sont chez les autres, mais je les trouve aimables chez eux, et je ne connois qu'un moyen de quitter sans regret Genève. Quel est ce moyen, cousine? Oh, ma foi, tu as beau prendre ton air humble; si tu dis ne l'avoir pas déjà deviné, tu mens. C'est après demain que s'embarque la bande joyeuse dans un joli brigantin appareillé de fête; car nous avons choisi l'eau à cause de la saison, et pour demeurer tous rassemblés. Nous comptons coucher le même soir à Morges, le lendemain à Lausanne[1], pour la cérémonie, et le surlendemain... tu m'entends. Quand tu verras de

---

[1] Comment cela? Lausanne n'est pas au bord du lac; il y a du port à la ville une demi-lieue de fort mauvais chemin; et puis il faut un peu supposer que tous ces jolis arrangements ne seront point contrariés par le vent.

loin briller des flammes, flotter des banderoles, quand tu entendras ronfler le canon, cours par toute la maison comme une folle, en criant, Armes! armes! voici les ennemis! voici les ennemis!

P. S. Quoique la distribution des logements entre incontestablement dans les droits de ma charge, je veux bien m'en désister en cette occasion. J'entends seulement que mon père soit logé chez milord Édouard, à cause des cartes de géographie, et qu'on achève d'en tapisser du haut en bas tout l'appartement.

LETTRE VI.

DE MADAME DE WOLMAR A SAINT-PREUX.

Quel sentiment délicieux j'éprouve en commençant cette lettre! Voici la première fois de ma vie où j'ai pu vous écrire sans crainte et sans honte. Je m'honore de l'amitié qui nous joint comme d'un retour sans exemple. On étouffe de grandes passions, rarement on les épure. Oublier ce qui nous fut cher quand l'honneur le veut, c'est l'effort d'une ame honnête et commune; mais, après avoir été ce que nous fûmes, être ce que nous sommes aujourd'hui, voilà le vrai triomphe de la la vertu. La cause qui fait cesser d'aimer peut être un vice ; celle qui change un tendre amour en une amitié non moins vive ne sauroit être équivoque.

Aurions-nous jamais fait ce progrès par nos seules forces ? Jamais, jamais, mon bon ami ; le tenter même étoit une témérité. Nous fuir étoit pour nous la première loi du devoir, que rien ne nous eût permis d'enfreindre. Nous nous serions toujours estimés, sans doute : mais nous aurions cessé de nous voir, de nous écrire ; nous nous serions efforcés de ne plus penser l'un à l'autre ; et le plus grand honneur que nous pouvions nous rendre mutuellement étoit de rompre tout commerce entre nous.

Voyez, au lieu de cela, quelle est notre situation présente. En est-il au monde une plus agréable ? et ne goûtons-nous pas mille fois le jour le prix des combats qu'elle nous a coûtés ? Se voir, s'aimer, le sentir, s'en féliciter, passer les jours ensemble dans la familiarité fraternelle et dans la paix de l'innocence, s'occuper l'un de l'autre, y penser sans remords, en parler sans rougir, et s'honorer à ses propres yeux du même attachement qu'on s'est si long-temps reproché ; voilà le point où nous en sommes. O ami ! quelle carrière d'honneur nous avons déjà parcourue ! Osons nous en glorifier pour savoir nous y maintenir, et l'achever comme nous l'avons commencée.

A qui devons-nous un bonheur si rare ? vous le

savez. J'ai vu votre cœur sensible, plein des bienfaits du meilleur des hommes, aimer à s'en pénétrer. Et comment nous seroient-ils à charge, à vous et à moi? Ils ne nous imposent point de nouveaux devoirs; ils ne font que nous rendre plus chers ceux qui nous étoient déjà si sacrés. Le seul moyen de reconnoître ses soins est d'en être dignes, et tout leur prix est dans leurs succès. Tenons-nous-en donc là dans l'effusion de notre zèle; payons de nos vertus celles de notre bienfaiteur : voilà tout ce que nous lui devons. Il a fait assez pour nous et pour lui s'il nous a rendus à nous-mêmes. Absents ou présents, vivants ou morts, nous porterons partout un témoignage qui ne sera perdu pour aucun des trois.

Je faisois ces réflexions en moi-même quand mon mari vous destinoit l'éducation de ses enfants. Quand milord Édouard m'annonça son prochain retour et le vôtre, ces mêmes réflexions revinrent, et d'autres encore, qu'il importe de vous communiquer tandis qu'il est temps de les faire.

Ce n'est pas de moi qu'il est question, c'est de vous; je me crois plus en droit de vous donner des conseils depuis qu'ils sont tout-à-fait désintéressés, et que, n'ayant plus ma sûreté pour objet, ils ne se rapportent qu'à vous-même. Ma tendre amitié ne vous est pas suspecte, et je n'ai que trop acquis de lumières pour faire écouter mes avis.

Permettez-moi de vous offrir le tableau de l'état

où vous allez être, afin que vous examiniez vous-même s'il n'a rien qui vous doive effrayer. O bon jeune homme! si vous aimez la vertu, écoutez d'une oreille chaste les conseils de votre amie. Elle commence en tremblant un discours qu'elle voudroit taire : mais comment le taire sans vous trahir? Sera-t-il temps de voir les objets que vous devez craindre quand ils vous auront égaré? Non, mon ami ; je suis la seule personne au monde assez familière avec vous pour vous les présenter. N'ai-je pas le droit de vous parler, au besoin, comme une sœur, comme une mère? Ah! si les leçons d'un cœur honnête étoient capables de souiller le vôtre, il y a long-temps que je n'en aurois plus à vous donner.

Votre carrière, dites-vous, est finie ; mais convenez qu'elle est finie avant l'âge. L'amour est éteint, les sens lui survivent, et leur délire est d'autant plus à craindre que, le seul sentiment qui le bornoit n'existant plus, tout est occasion de chute à qui ne tient plus à rien. Un homme ardent et sensible, jeune et garçon, veut être continent et chaste ; il sait, il sent, il l'a dit mille fois, que la force de l'ame qui produit toutes les vertus tient à la pureté qui les nourrit toutes. Si l'amour le préserva des mauvaises mœurs dans sa jeunesse, il veut que la raison l'en préserve dans tous les temps : il connoît pour les devoirs pénibles un prix qui console de leur rigueur ; et s'il en coûte des combats quand on veut se vaincre, fera-t-il moins aujourd'hui pour le Dieu qu'il adore qu'il ne fit pour la maîtresse qu'il servit autrefois? Ce sont là, ce me semble, des maximes de votre morale, ce sont donc aussi des règles de votre conduite; car vous avez toujours méprisé ceux qui, contents de l'apparence, parlent autrement qu'ils n'agissent, et chargent les autres de lourds fardeaux auxquels ils ne veulent pas toucher eux-mêmes.

Quel genre de vie a choisi cet homme sage pour suivre les lois qu'il se prescrit? Moins philosophe encore qu'il n'est vertueux et chrétien, sans doute il n'a point pris son orgueil pour guide. Il sait que l'homme est plus libre d'éviter les tentations que de les vaincre, et qu'il n'est pas question de réprimer les passions irritées, mais de les empêcher de naître. Se dérobe-t-il donc aux occasions dangereuses? fuit-il les objets capables de l'émouvoir? fait-il d'une humble défiance de lui-même la sauvegarde de sa vertu? Tout au contraire, il n'hésite pas à s'offrir aux plus téméraires combats. A trente ans, il va s'enfermer dans une solitude avec des femmes de son âge, dont une lui fut trop chère pour qu'un si dangereux souvenir se puisse effacer, dont l'autre vit avec lui dans une étroite familiarité, et dont une troisième lui tient encore par les droits qu'ont les bienfaits sur les ames reconnoissantes. Il va s'exposer à tout ce qui peut réveiller en lui des passions mal éteintes; il va s'enlacer dans les piéges qu'il devroit le plus redouter. Il n'y a pas un rapport dans sa situation qui ne dût le faire défier de sa force, et pas un qui ne l'avilît à jamais s'il étoit foible un moment. Où est-elle donc cette grande force d'ame à laquelle on ose tant se fier? Qu'a-t-elle fait jusqu'ici qui lui réponde de l'avenir? Le tira-t-elle à Paris de la maison du colonel? Est-ce elle qui lui dicta l'été dernier la scène de Meillerie? L'a-t-elle bien sauvé cet hiver des charmes d'un autre objet, et ce printemps des frayeurs d'un rêve? S'est-il vaincu pour elle au moins une fois pour espérer de se vaincre sans cesse? Il sait, quand le devoir l'exige, combattre les passions d'un ami; mais les siennes?..... Hélas! sur la plus belle moitié de sa vie, qu'il doit penser modestement de l'autre!

On supporte un état violent quand il passe. Six mois, un an, ne sont rien; on envisage un terme, et l'on prend courage. Mais quand cet état doit durer toujours, qui est-ce qui le supporte? qui est-ce qui sait triompher de lui-même jusqu'à la mort? O mon ami! si la vie est courte pour le plaisir, qu'elle est longue pour la vertu! il faut être incessamment sur ses gardes. L'instant de jouir passe et ne revient plus; celui de mal faire passe et revient sans cesse: on s'oublie un moment, et l'on est perdu. Est-ce dans cet état effrayant qu'on peut couler des jours tranquilles? et ceux mêmes qu'on a sauvés du péril n'offrent-ils pas une raison de n'y plus exposer les autres?

Que d'occasions peuvent renaître aussi dangereuses que celles dont vous avez échappé, et, qui pis est, non moins imprévues! Croyez-vous que les monuments à craindre n'existent qu'à Meillerie? Ils existent partout où nous sommes, car nous les portons avec nous. Eh! vous savez trop qu'une ame attendrie intéresse l'univers entier à sa passion, et que, même après la guérison, tous les objets de la nature nous rappellent encore ce qu'on sentit autrefois en les voyant. Je crois pourtant, oui, j'ose le croire, que ces périls ne reviendront plus, et mon cœur me répond du vôtre. Mais, pour être au-dessus d'une lâcheté, ce cœur facile est-il au-dessus d'une foiblesse? et suis-je la seule ici qu'il lui en coûtera peut-être de respecter? Songez, Saint-Preux, que tout ce qui m'est cher doit être couvert de ce même respect que vous me devez; songez que vous aurez sans cesse à porter innocemment les jeux innocents d'une femme charmante; songez aux mépris éternels que vous auriez mérités si jamais votre cœur osoit s'oublier un moment et profaner ce qu'il doit honorer à tant de titres.

Je veux que le devoir, la foi, l'ancienne amitié, vous arrêtent, que l'obstacle opposé par la vertu vous ôte un vain espoir, et qu'au moins par raison vous étouffiez des vœux inutiles : serez-vous pour cela délivré de l'empire des sens et des piéges de l'imagination? Forcé de nous respecter toutes deux et d'oublier en nous notre sexe, vous le verrez dans celles qui nous servent, et en vous abaissant vous croirez vous justifier : mais serez-vous moins coupable en effet, et la différence des rangs change-t-elle ainsi la nature des fautes? Au contraire, vous vous avilirez d'autant plus que les moyens de réussir seront moins honnêtes. Quels moyens! Quoi! vous!... Ah! périsse l'homme indigne qui marchande un cœur et rend l'amour mercenaire! c'est lui qui couvre la terre des crimes que la débauche y fait commettre. Comment ne seroit pas toujours à vendre celle qui se laisse acheter une fois? Et, dans l'opprobre où bientôt elle tombe, lequel est l'auteur de sa misère, du brutal qui la maltraite en un mauvais lieu, ou du séducteur qui l'y traîne en mettant le premier ses faveurs à prix?

Oserai-je ajouter une considération qui vous touchera, si je ne me trompe? Vous avez vu quels soins j'ai pris pour établir ici la règle et les bonnes mœurs; la modestie et la paix y règnent, tout y respire le bonheur et l'innocence. Mon ami, songez à vous, à moi, à ce que nous fûmes, à ce que nous sommes, à ce que nous devons être. Faudra-t-il que je dise un jour, en regrettant mes peines perdues : C'est de lui que vient le désordre de ma maison?

Disons tout, s'il est nécessaire, et sacrifions

la modestie elle-même au véritable amour de la vertu. L'homme n'est pas fait pour le célibat, et il est bien difficile qu'un état si contraire à la nature n'amène pas quelque désordre public ou caché. Le moyen d'échapper toujours à l'ennemi qu'on porte sans cesse avec soi ? Voyez en d'autres pays ces téméraires qui font vœu de n'être pas hommes. Pour les punir d'avoir tenté Dieu, Dieu les abandonne ; ils se disent saints, et sont déshonnêtes ; leur feinte continence n'est que souillure ; et, pour avoir dédaigné l'humanité, ils s'abaissent au-dessous d'elle. Je comprends qu'il en coûte peu de se rendre difficile sur des lois qu'on n'observe qu'en apparence [1] ; mais celui qui veut être sincèrement vertueux se sent assez chargé des devoirs de l'homme sans s'en imposer de nouveaux. Voilà, cher Saint-Preux, la véritable humilité du chrétien, c'est de trouver toujours sa tâche au-dessus de ses forces, bien loin d'avoir l'orgueil de la doubler. Faites-vous l'application de cette règle, et vous sentirez qu'un état qui devroit seulement alarmer un autre homme doit par mille raisons

---

[1] Quelques hommes sont continents sans mérite, d'autres le sont par vertu, et je ne doute point que plusieurs prêtres catholiques ne soient dans ce dernier cas : mais imposer le célibat à un corps aussi nombreux que le clergé de l'Église romaine, ce n'est pas tant lui défendre de n'avoir point de femmes que lui ordonner de se contenter de celles d'autrui. Je suis surpris que dans tout pays où les bonnes mœurs sont encore en estime, les lois et les magistrats tolèrent un vœu si scandaleux.

vous faire trembler. Moins vous craignez, plus vous avez à craindre; et si vous n'êtes point effrayé de vos devoirs, n'espérez pas de les remplir.

Tels sont les dangers qui vous attendent ici. Pensez-y tandis qu'il en est temps. Je sais que jamais de propos délibéré vous ne vous exposerez à mal faire, et le seul mal que je crains de vous est celui que vous n'aurez pas prévu. Je ne vous dis donc pas de vous déterminer sur mes raisons, mais de les peser. Trouvez-y quelque réponse dont vous soyez content, et je m'en contente; osez compter sur vous, et j'y compte. Dites-moi, Je suis un ange, et je vous reçois à bras ouverts.

Quoi! toujours des privations et des peines! toujours des devoirs cruels à remplir! toujours fuir les gens qui nous sont chers! Non, mon aimable ami. Heureux qui peut dès cette vie offrir un prix à la vertu! J'en vois un digne d'un homme qui sut combattre et souffrir pour elle. Si je ne présume pas trop de moi, ce prix que j'ose vous destiner acquittera tout ce que mon cœur redoit au vôtre; et vous aurez plus que vous n'eussiez obtenu si le ciel eût béni nos premières inclinations. Ne pouvant vous faire ange vous-même, je vous en veux donner un qui garde votre ame, qui l'épure, qui la ranime, et sous les auspices duquel vous puissiez vivre avec nous dans la paix du séjour céleste. Vous n'aurez pas, je crois, beaucoup de peine à deviner qui je veux dire; c'est l'objet qui se trouve à peu près établi d'avance dans le cœur qu'il doit remplir un jour, si mon projet réussit.

Je vois toutes les difficultés de ce projet sans en être rebutée, car il est honnête. Je connois tout l'empire que j'ai sur mon amie, et ne crains point d'en abuser en l'exerçant en votre faveur. Mais ses résolutions vous sont connues, et, avant de les ébranler, je dois m'assurer de vos dispositions, afin qu'en l'exhortant de vous permettre d'aspirer à elle, je puisse répondre de vous et de vos sentimens ; car, si l'inégalité que le sort a mise entre l'un et l'autre vous ôte le droit de vous proposer vous-même, elle permet encore moins que ce droit vous soit accordé, sans savoir quel usage vous en pourrez faire.

Je connois toute votre délicatesse ; et si vous avez des objections à m'opposer, je sais qu'elles seront pour elle bien plus que pour vous. Laissez ces vains scrupules. Serez-vous plus jaloux que moi de l'honneur de mon amie ? Non, quelque cher que vous me puissiez être, ne craignez point que je préfère votre intérêt à sa gloire. Mais autant je mets de prix à l'estime des gens sensés, autant je méprise les jugements téméraires de la multitude, qui se laisse éblouir par un faux éclat, et ne voit rien de ce qui est honnête. La différence fût-elle cent fois plus grande, il n'est point de rang auquel les talents et les mœurs n'aient droit d'atteindre : et à quel titre une femme oseroit-elle dédaigner pour époux celui qu'elle s'honore d'avoir pour ami ? Vous savez quels sont là-dessus nos principes à toutes deux. La fausse honte et la crainte du blâme inspirent plus de mauvaises actions que de bonnes, et la vertu ne sait rougir que de ce qui est mal.

A votre égard, la fierté que je vous ai quelquefois connue ne sauroit être plus déplacée que dans cette occasion ; et ce seroit à vous une ingratitude de craindre d'elle un bienfait de plus. Et puis, quelque difficile que vous puissiez être, convenez qu'il est plus doux et mieux séant de devoir sa fortune à son épouse qu'à son ami ; car on devient le protecteur de l'une et le protégé de l'autre ; et, quoi que l'on puisse dire, un honnête homme n'aura jamais de meilleur ami que sa femme.

Que s'il reste au fond de votre ame quelque répugnance à former de nouveaux engagements, vous ne pouvez trop vous hâter de la détruire pour votre honneur et pour mon repos ; car je ne serai jamais contente de vous et de moi que quand vous serez en effet tel que vous devez être, et que vous aimerez les devoirs que vous avez à remplir. Eh ! mon ami, je devrois moins craindre cette répugnance qu'un empressement trop relatif à vos anciens penchants. Que ne fais-je point pour m'acquitter auprès de vous ! Je tiens plus que je n'avois promis. N'est-ce pas aussi Julie que je vous donne? n'aurez-vous pas la meilleure partie de moi-même, et n'en serez-vous pas plus cher à l'autre? Avec quel charme alors je me livrerai sans contrainte à tout mon attachement pour vous! Oui, portez-lui la foi que vous m'avez jurée; que votre cœur remplisse avec elle tous les engagemens qu'il prit avec moi; qu'il lui rende, s'il est possible, tout ce que vous redevez au mien. O Saint-Preux! je lui transmets cette ancienne dette. Souvenez-vous qu'elle n'est pas facile à payer.

Voilà, mon ami, le moyen que j'imagine de nous réunir sans danger, en vous donnant dans notre famille la même place que vous tenez dans nos cœurs. Dans le nœud cher et sacré qui nous unira tous, nous ne serons plus entre nous que des sœurs et des frères; vous ne serez plus votre propre ennemi ni le nôtre; les plus doux sentimens, devenus légitimes, ne seront plus dangereux; quand il ne faudra plus les étouffer, on n'aura plus à les craindre. Loin de résister à des sentimens si charmans, nous en ferons à la fois nos devoirs et nos plaisirs: c'est alors que nous nous aimerons tous plus parfaitement, et que nous goûterons, véritablement réunis, les charmes de l'amitié, de l'amour et de l'innocence. Que si, dans l'emploi dont vous vous chargez, le ciel récompense du bonheur d'être père le soin que vous prendrez de nos enfans, alors vous connoîtrez par vous-même le prix de ce que vous aurez fait pour nous. Comblé des vrais biens de l'humanité, vous apprendrez à porter avec plaisir le doux fardeau d'une vie utile à vos proches; vous sentirez enfin ce que la vaine sagesse des méchants n'a jamais pu croire, qu'il est un bonheur réservé dès ce monde aux seuls amis de la vertu.

Réfléchissez à loisir sur le parti que je vous propose, non pour savoir s'il vous convient, je n'ai pas besoin là-dessus de votre réponse, mais s'il convient à madame d'Orbe, et si vous pouvez faire son bonheur comme elle doit faire le vôtre. Vous savez comment elle a rempli ses devoirs dans tous les états de son sexe : sur ce qu'elle est, jugez de ce qu'elle a droit d'exiger. Elle aime comme Julie, elle doit être aimée comme elle. Si vous sentez pouvoir la mériter, parlez; mon amitié tentera le reste, et se promet tout de la sienne : mais si j'ai trop espéré de vous, au moins vous êtes honnête homme, et vous connoissez sa délicatesse; vous ne voudriez pas d'un bonheur qui lui coûteroit le sien : que votre cœur soit digne d'elle, ou qu'il ne lui soit jamais offert.

Encore une fois, consultez-vous bien. Pesez votre réponse avant de la faire. Quand il s'agit du sort de la vie, la prudence ne permet pas de se déterminer légèrement; mais toute délibération légère est un crime quand il s'agit du destin de l'ame et du choix de la vertu. Fortifiez la vôtre, ô mon bon ami, de tous les secours de la sagesse.

La mauvaise honte m'empêcheroit-elle de vous rappeler le plus nécessaire? Vous avez de la religion; mais j'ai peur que vous n'en tiriez pas tout l'avantage qu'elle offre dans la conduite de la vie, et que la hauteur philosophique ne dédaigne la simplicité du chrétien. Je vous ai vu sur la prière des maximes que je ne saurois goûter. Selon vous, cet acte d'humilité ne nous est d'aucun fruit; et Dieu, nous ayant donné dans la conscience tout ce qui peut nous porter au bien, nous abandonne ensuite à nous-mêmes, et laisse agir notre liberté. Ce n'est pas là, vous le savez, la doctrine de saint Paul, ni celle qu'on professe dans notre Église. Nous sommes libres, il est vrai, mais nous sommes ignorants, foibles, portés au mal. Et d'où nous viendroient la lumière et la force, si ce n'est de celui qui en est la source? et pourquoi les obtiendrions-nous si nous ne daignons pas les demander? Prenez garde, mon ami, qu'aux idées sublimes que vous vous faites du grand Être l'orgueil humain ne mêle des idées basses qui se rapportent à l'homme; comme si les moyens qui soulagent notre foiblesse convenoient à la puissance divine, et qu'elle eût besoin d'art comme nous pour généraliser les choses afin de les traiter plus facilement! Il semble, à vous entendre, que ce soit un embarras pour elle de veiller sur chaque individu; vous craignez qu'une attention partagée et continuelle ne la fatigue, et vous trouvez bien plus beau qu'elle fasse tout par des lois générales, sans doute parce qu'elles lui coûtent moins de soin. O grands philosophes! que Dieu vous est obligé de lui fournir ainsi des méthodes commodes, et de lui abréger le travail!

A quoi bon lui rien demander? dites-vous encore : ne connoît-il pas tous nos besoins? n'est-il pas notre père pour y pourvoir? savons-nous mieux que lui ce qu'il nous faut? et voulons-nous notre bonheur plus véritablement qu'il ne le veut lui-même? Cher Saint-Preux, que de vains sophismes! Le plus grand de nos besoins, le seul auquel nous pouvons pourvoir, est celui de sentir nos besoins, et le premier pas pour sortir de notre misère est de la connoître. Soyons humbles pour être sages; voyons notre foiblesse, et nous serons forts. Ainsi s'accorde la justice avec la clémence; ainsi règnent à la fois la grâce et la liberté. Esclaves par notre foiblesse, nous sommes libres par la prière; car il dépend de nous de demander et d'obtenir la force qu'il ne dépend pas de nous d'avoir pour nous-mêmes.

Apprenez donc à ne pas prendre toujours conseil de vous seul dans les occasions difficiles, mais de celui qui joint le pouvoir à la prudence, et sait faire le meilleur parti du parti qu'il nous fait préférer. Le grand défaut de la sagesse humaine, même de celle qui n'a que la vertu pour objet, est un excès de confiance qui nous fait juger de l'avenir par le présent, et, par un moment, de la vie entière. On se sent ferme un instant, et l'on compte n'être jamais ébranlé. Plein d'un orgueil que l'expérience confond tous les jours, on croit n'avoir plus à craindre un piége une fois évité. Le modeste langage de la vaillance est Je fus brave un tel jour; mais celui qui dit Je suis brave ne sait ce qu'il sera demain ; et tenant pour sienne une valeur qu'il ne s'est pas donnée, il mérite de la perdre au moment de s'en servir.

Que tous nos projets doivent être ridicules, que tous nos raisonnements doivent être insensés devant l'Être pour qui les temps n'ont point de succession ni les lieux de distance! Nous comptons pour rien ce qui est loin de nous, nous ne voyons que ce qui nous touche : quand nous aurons changé de lieu, nos jugements seront tout contraires, et ne seront pas mieux fondés. Nous réglons l'avenir sur ce qui nous convient aujourd'hui, sans savoir s'il nous conviendra demain; nous jugeons de nous comme étant toujours les mêmes, et nous changeons tous les jours. Qui sait si nous aimerons ce que nous aimons, si nous voudrons ce que nous voulons, si nous serons ce que nous sommes, si les objets étrangers et les altérations de nos corps n'auront pas autrement modifié nos ames, et si nous ne trouverons pas notre misère dans ce que nous aurons arrangé pour notre bonheur? Montrez-moi la règle de la sagesse humaine, et je vais la prendre pour guide. Mais si la meilleure leçon est de nous apprendre à nous défier d'elle, recourons à celle qui ne trompe point, et faisons ce qu'elle nous inspire. Je lui demande d'éclairer mes conseils; demandez-lui d'éclairer vos résolutions. Quelque parti que vous preniez, vous ne voudrez que ce qui est bon et honnête, je le sais bien : mais ce n'est pas assez encore; il faut vouloir ce qui le sera toujours; et ni vous ni moi n'en sommes les juges.

LETTRE VII.

DE SAINT-PREUX A MADAME DE WOLMAR.

Julie! une lettre de vous!... après sept ans de silence!... Oui, c'est elle; je le vois, je le sens : mes yeux méconnoîtroient-ils des traits que mon cœur ne peut oublier? Quoi! vous vous souvenez de mon nom! vous le savez encore écrire!... En formant ce nom[1], votre main n'a-t-elle point tremblé?... Je m'égare, et c'est votre faute. La forme, le pli, le cachet, l'adresse, tout dans cette lettre m'en rappelle de trop différentes. Le cœur et la main semblent se contredire. Ah! deviez-vous employer la même écriture pour tracer d'autres sentiments?

[1] On a dit que *Saint-Preux* étoit un nom controuvé. Peut-être le véritable étoit-il sur l'adresse.

Vous trouverez peut-être que songer si fort à vos anciennes lettres, c'est trop justifier la dernière. Vous vous trompez. Je me sens bien; je ne suis plus le même, ou vous n'êtes plus la même; et ce qui me le prouve est qu'excepté les charmes et la beauté, tout ce que je retrouve en vous de ce que j'y trouvois autrefois m'est un nouveau sujet de surprise. Cette observation répond d'avance à vos craintes. Je ne me fie point à mes forces, mais au sentiment qui me dispense d'y recourir. Plein de tout ce qu'il faut que j'honore en celle que j'ai cessé d'adorer, je sais à quels respects doivent s'élever mes anciens hommages. Pénétré de la plus tendre reconnoissance, je vous aime autant que jamais, il est vrai; mais ce qui m'attache le plus à vous est le retour de ma raison. Elle vous montre à moi telle que vous êtes; elle vous sert mieux que l'amour même. Non, si j'étois resté coupable, vous ne me seriez pas aussi chère.

Depuis que j'ai cessé de prendre le change, et que le pénétrant Wolmar m'a éclairé sur mes vrais sentiments, j'ai mieux appris à me connoître, et je m'alarme moins de ma foiblesse. Qu'elle abuse mon imagination, que cette erreur me soit douce encore, il suffit, pour mon repos, qu'elle ne puisse plus vous offenser, et la chimère qui m'égare à sa poursuite me sauve d'un danger réel.

O Julie! il est des impressions éternelles que

le temps ni les soins n'effacent point. La blessure guérit, mais la marque reste; et cette marque est un sceau respecté qui préserve le cœur d'une autre atteinte. L'inconstance et l'amour sont incompatibles : l'amant qui change ne change pas; il commence ou finit d'aimer. Pour moi j'ai fini; mais, en cessant d'être à vous, je suis resté sous votre garde. Je ne vous crains plus; mais vous m'empêchez d'en craindre une autre. Non, Julie, non, femme respectable, vous ne verrez jamais en moi que l'ami de votre personne et l'amant de vos vertus; mais nos amours, nos premières et uniques amours, ne sortiront jamais de mon cœur. La fleur de mes ans ne se flétrira point dans ma mémoire. Dussé-je vivre des siècles entiers, le doux temps de ma jeunesse ne peut ni renaître pour moi, ni s'effacer de mon souvenir. Nous avons beau n'être plus les mêmes, je ne puis oublier ce que nous avons été. Mais parlons de votre cousine.

Chère amie, il faut l'avouer, depuis que je n'ose plus contempler vos charmes je deviens plus sensible aux siens. Quels yeux peuvent errer toujours de beautés en beautés sans jamais se fixer sur aucune? Les miens l'ont revue avec trop de plaisir peut-être; et depuis mon éloignement, ses traits, déjà gravés dans mon cœur, y font une impression plus profonde. Le sanctuaire est fermé, mais son image est dans le temple. Insensiblement je deviens pour elle ce que j'aurois été si je ne vous avois jamais vue ; et il n'appartenoit qu'à vous seule de me faire sentir la différence de ce qu'elle m'inspire à l'amour. Les sens, libres de cette passion terrible, se joignent aux doux sentiments de l'amitié. Devient-elle amour pour cela? Julie, ah! quelle différence! Où est l'enthousiasme? où est l'idolâtrie? où sont les divins égarements de la raison, plus brillants, plus sublimes, plus forts, meilleurs cent fois que la raison même? Un feu passager m'embrase, un délire d'un moment me saisit, me trouble, me quitte. Je retrouve entre elle et moi deux amis qui s'aiment tendrement et qui se le disent. Mais deux amants s'aiment-ils l'un l'autre? Non, *vous* et *moi* sont des mots proscrits de leur langue : ils ne sont plus deux, ils sont un.

Suis-je donc tranquille en effet? Comment puis-je l'être? elle est charmante, elle est votre amie et la mienne : la reconnoissance m'attache à elle; elle entre dans mes souvenirs les plus doux. Que de droits pour une ame sensible! et comment écarter un sentiment plus tendre de tant de sentiments si bien dus? Hélas! il est dit qu'entre elle et vous je ne serai jamais un moment paisible.

Femmes! femmes! objets chers et funestes, que la nature orna pour notre supplice, qui punissez quand on vous brave, qui poursuivez quand on vous craint, dont la haine et l'amour sont également nuisibles, et qu'on ne peut ni rechercher ni fuir impunément!... Beauté, charme, attrait, sympathie, être ou chimère inconcevable, abîme de douleurs et de voluptés! beauté, plus terrible aux mortels que l'élément où l'on t'a fait naître, malheureux qui se livre à ton calme trompeur! C'est toi qui produis les tempêtes qui tourmentent le genre humain. O Julie! O Claire! que vous me vendez cher cette amitié cruelle dont vous osez vous vanter à moi!... J'ai vécu dans l'orage, et c'est toujours vous qui l'avez excité. Mais quelles agitations diverses vous avez fait éprouver à mon cœur! Celles du lac de Genève ne ressemblent pas plus aux flots du vaste Océan. L'un n'a que des ondes vives et courtes dont le perpétuel tranchant agite, émeut, submerge quelquefois, sans jamais former de long cours. Mais sur la mer, tranquille en apparence, on se sent élevé, porté doucement et loin par un flot lent presque insensible; on croit ne pas sortir de la place, et l'on arrive au bout du monde.

Telle est la différence de l'effet qu'ont produit sur moi vos attraits et les siens. Ce premier, cet unique amour qui fit le destin de ma vie, et que rien n'a pu vaincre que lui-même, étoit né sans que je m'en fusse aperçu; il m'entraînoit que je l'ignorois encore : je me perdis sans croire m'être égaré. Durant le vent j'étois au ciel ou dans les abîmes; le calme vient, je ne sais plus où je suis. Au contraire, je vois, je sens mon trouble auprès d'elle, et je me le figure plus grand qu'il n'est ; j'éprouve des transports passagers et sans suite ; je m'emporte un moment, et suis paisible un moment après : l'onde tourmente en vain le vaisseau, le vent n'enfle point les voiles ; mon cœur, content de ses charmes, ne leur prête point son illusion ; je la vois plus belle que je ne l'imagine, et je la redoute plus de près que de loin : c'est presque l'effet contraire à celui qui me vient de vous, et j'éprouvois constamment l'un et l'autre à Clarens.

Depuis mon départ, il est vrai qu'elle se présente à moi quelquefois avec plus d'empire. Malheureusement il m'est difficile de la voir seule. Enfin je la vois, et c'est bien assez ; elle ne m'a pas laissé de l'amour, mais de l'inquiétude.

Voilà fidèlement ce que je suis pour l'une et pour l'autre. Tout le reste de votre sexe ne m'est plus rien ; mes longues peines me l'ont fait oublier,

È fornito 'l mio tempo a mezzo gli anni [1].

Le malheur m'a tenu lieu de force pour vaincre la nature et triompher des tentations. On a peu de désirs quand on souffre ; et vous m'avez appris à les éteindre en leur résistant. Une grande passion malheureuse est un grand moyen de sagesse. Mon cœur est devenu, pour ainsi dire, l'organe de tous mes besoins ; je n'en ai point quand il est

[1] Ma carrière est finie au milieu de mes ans.

tranquille. Laissez-le en paix l'une et l'autre, et désormais il l'est pour toujours.

Dans cet état, qu'ai-je à craindre de moi-même, et par quelle précaution cruelle voulez-vous m'ôter mon bonheur pour ne pas m'exposer à le perdre ? Quel caprice de m'avoir fait combattre et vaincre pour m'enlever le prix après la victoire ! N'est-ce pas vous qui rendez blâmable un danger bravé sans raison ? Pourquoi m'avoir appelé près de vous avec tant de risques ? ou pourquoi m'en bannir quand je suis digne d'y rester ? Deviez-vous laisser prendre à votre mari tant de peine à pure perte ? Que ne le faisiez-vous renoncer à des soins que vous aviez résolu de rendre inutiles ? Que ne lui disiez-vous : Laissez-le au bout du monde, puisque aussi bien je l'y veux renvoyer ? Hélas ! plus vous craignez pour moi, plus il faudroit vous hâter de me rappeler. Non, ce n'est pas près de vous qu'est le danger, c'est en votre absence, et je ne vous crains qu'où vous n'êtes pas. Quand cette redoutable Julie me poursuit, je me réfugie auprès de madame de Wolmar, et je suis tranquille : où fuirai-je si cet asile m'est ôté ? Tous les temps, tous les lieux, me sont dangereux loin d'elle ; partout je trouve Claire ou Julie. Dans le passé, dans le présent, l'une et l'autre m'agite à son tour : ainsi mon imagination toujours troublée ne se calme qu'à votre vue, et ce n'est qu'auprès de vous que je suis en sûreté contre moi. Comment vous expliquer le changement que j'éprouve en vous abordant ? Toujours vous exercez le même empire, mais son effet est tout opposé ; en réprimant les transports que vous causiez autrefois, cet empire est plus grand, plus sublime encore ; la paix, la sérénité, succèdent au trouble des passions ; mon cœur, toujours formé sur le vôtre, aima comme lui, et devient paisible à son exemple. Mais ce repos passager n'est qu'une trêve ; et j'ai beau m'élever jusqu'à vous en votre présence, je retombe en moi-même en vous quittant. Julie, en vérité, je crois avoir deux ames, dont la bonne est en dépôt dans vos mains. Ah ! voulez-vous me séparer d'elle ?

Mais les erreurs des sens vous alarment ; vous craignez les restes d'une jeunesse éteinte par les ennuis ; vous craignez pour les jeunes personnes qui sont sous votre garde ; vous craignez de moi ce que le sage Wolmar n'a pas craint ! O Dieu ! que toutes ces frayeurs m'humilient ! Estimez-vous donc votre ami moins que le dernier de vos gens ? Je puis vous pardonner de mal penser de moi, jamais de ne vous pas rendre à vous-même l'honneur que vous vous devez. Non, non ; les feux dont j'ai brûlé m'ont purifié ; je n'ai plus rien d'un homme ordinaire. Après ce que je fus, si je pouvois être vil un moment, j'irois me cacher au bout du monde, et ne me croirois jamais assez loin de vous.

Quoi! je troublerois cet ordre aimable que j'admirois avec tant de plaisir! Je souillerois ce séjour d'innocence et de paix que j'habitois avec tant de respect! Je pourrois être assez lâche!.... Eh! comment le plus corrompu des hommes ne seroit-il pas touché d'un si charmant tableau? comment ne reprendroit-il pas dans cet asile l'amour de l'honnêteté? Loin d'y porter ses mauvaises mœurs, c'est là qu'il iroit s'en défaire... Qui? moi, Julie, moi?... si tard? sous vos yeux?...

Chère amie, ouvrez-moi votre maison sans crainte; elle est pour moi le temple de la vertu; partout j'y vois son simulacre auguste, et ne puis servir qu'elle auprès de vous. Je ne suis pas un ange, il est vrai; mais j'habiterai leur demeure, j'imiterai leurs exemples : on les fuit quand on ne leur veut pas ressembler.

Vous le voyez, j'ai peine à venir au point principal de votre lettre, le premier auquel il falloit songer, le seul dont je m'occuperois si j'osois prétendre au bien qu'il m'annonce. O Julie! ame bienfaisante! amie incomparable! en m'offrant la digne moitié de vous-même, et le plus précieux trésor qui soit au monde après vous, vous faites plus, s'il est possible, que vous ne fites jamais pour moi. L'amour, l'aveugle amour, put vous forcer à vous donner; mais donner votre amie est une preuve d'estime non suspecte. Dès cet instant je crois vraiment être homme de mérite, car je suis honoré de vous. Mais que le témoignage de cet honneur m'est cruel! En l'acceptant je le démentirois, et pour le mériter il faut que j'y renonce. Vous me connoissez; jugez-moi. Ce n'est pas assez que votre adorable cousine soit aimée; elle doit l'être comme vous; je le sais : le sera-t-elle? le peut-elle être? et dépend-il de moi de lui rendre sur ce point ce qui lui est dû? Ah! si vous vouliez m'unir avec elle, que ne me laissiez-vous un cœur à lui donner, un cœur auquel elle inspirât des sentimens nouveaux dont il lui pût offrir les prémices? En est-il un moins digne d'elle que celui qui sut vous aimer? Il faudroit avoir l'ame libre et paisible du bon et sage d'Orbe pour s'occuper d'elle seule à son exemple; il faudroit le valoir pour lui succéder : autrement la comparaison de son ancien état lui rendroit le dernier plus insupportable; et l'amour foible et distrait d'un second époux, loin de la consoler du premier, le lui feroit regretter davantage. D'un ami tendre et reconnoissant elle auroit fait un mari vulgaire. Gagneroit-elle à cet échange? Elle y perdroit doublement. Son cœur délicat et sensible sentiroit trop cette perte; et moi, comment supporterois-je le spectacle continuel d'une tristesse dont je serois cause, et dont je ne pourrois la guérir? Hélas! j'en mourrois de douleur même avant elle. Non, Julie, je ne ferai point mon bonheur aux dépens du sien. Je l'aime trop pour l'épouser.

Mon bonheur? Non. Serois-je heureux moi-même en ne la rendant pas heureuse? L'un des deux peut-il se faire un sort exclusif dans le mariage? Les biens, les maux n'y sont-ils pas communs, malgré qu'on en ait? et les chagrins qu'on se donne l'un à l'autre ne retombent-ils pas toujours sur celui qui les cause? Je serois malheureux par ses peines, sans être heureux par ses bienfaits. Grâces, beauté, mérite, attachement, fortune, tout concourroit à ma félicité; mon cœur, mon cœur seul empoisonneroit tout cela, et me rendroit misérable au sein du bonheur.

Si mon état présent est plein de charme auprès d'elle, loin que ce charme pût augmenter par une union plus étroite, les plus doux plaisirs que j'y goûte me seroient ôtés. Son humeur badine peut laisser un aimable essor à son amitié, mais c'est quand elle a des témoins de ses caresses. Je puis avoir quelque émotion trop vive auprès d'elle, mais c'est quand votre présence me distrait de vous. Toujours entre elle et moi dans nos têtes-à-tête, c'est vous qui nous les rendez délicieux. Plus notre attachement augmente, plus nous songeons aux chaînes qui l'ont formé; le doux lien de notre amitié se resserre, et nous nous aimons pour parler de vous. Ainsi mille souvenirs chers à votre amie, plus chers à votre ami, les réunissent: unis par d'autres nœuds, il y faudra renoncer. Ces souvenirs trop charmants ne seroient-ils pas autant d'infidélités envers elle ? Eh ! de quel front prendrois-je une épouse respectée et chérie pour confidente des outrages que mon cœur lui feroit malgré lui ? Ce cœur n'oseroit donc plus s'épancher dans le sien, il se fermeroit à son abord. N'osant plus lui parler de vous, bientôt je ne lui parlerois plus de moi. Le devoir, l'honneur, en m'imposant pour elle une réserve nouvelle, me rendroient ma femme étrangère, et je n'aurois plus ni guide ni conseil pour éclairer mon ame et corriger mes erreurs. Est-ce là l'hommage qu'elle doit attendre ? est-ce là le tribut de tendresse et de reconnoissance que j'irois lui porter ? est-ce ainsi que je ferois son bonheur et le mien ?

Julie, oubliâtes-vous mes serments avec les vôtres ? Pour moi, je ne les ai point oubliés. J'ai tout perdu ; ma foi seule m'est restée ; elle me restera jusqu'au tombeau. Je n'ai pu vivre à vous ; je mourrai libre. Si l'engagement en étoit à prendre, je le prendrois aujourd'hui : car si c'est un devoir de se marier, un devoir plus indispensable encore est de ne faire le malheur de personne ; et tout ce qui me reste à sentir en d'autres nœuds, c'est l'éternel regret de ceux auxquels j'osai prétendre. Je porterois dans ce lien sacré l'idée de ce que j'espérois y trouver une fois. Cette idée feroit mon supplice et celui d'une infortunée. Je lui demanderois compte des jours heureux que j'attendis de vous. Quelles comparaisons j'aurois à faire ! quelle femme au monde les pourroit soutenir ? Ah ! comment me consolerois-je à la fois de n'être pas à vous et d'être à une autre ?

Chère amie, n'ébranlez point des résolutions dont dépend le repos de mes jours ; ne cherchez point à me tirer de l'anéantissement où je suis tombé, de peur qu'avec le sentiment de mon existence je ne reprenne celui de mes maux, et qu'un état violent ne rouvre toutes mes blessures. Depuis mon retour j'ai senti, sans m'alarmer, l'intérêt plus vif que je prenois à votre amie ; car je savois bien que l'état de mon cœur ne lui permettroit jamais d'aller trop loin ; et voyant ce nouveau goût ajouter à l'attachement déja si tendre que j'eus pour elle dans tous les temps, je me suis félicité d'une émotion qui m'aidoit à prendre le change, et me faisoit supporter votre image avec moins de peine. Cette émotion a quelque chose des douceurs de l'amour, et n'en a pas les tourments. Le plaisir de la voir n'est point troublé par le désir de la posséder ; content de passer ma vie entière comme j'ai passé cet hiver, je trouve entre vous deux cette situation paisible [1] et douce qui tempère l'austérité de la vertu et rend ses leçons aimables. Si quelque vain transport m'agite un moment, tout le réprime

---

[1] Il a dit précisément le contraire quelques pages auparavant. Le pauvre philosophe, entre deux jolies femmes, me paroît dans un plaisant embarras : on diroit qu'il veut n'aimer ni l'une ni l'autre, afin de les aimer toutes deux.

et le fait taire : j'en ai trop vaincu de plus dangereux pour qu'il m'en reste aucun à craindre. J'honore votre amie comme je l'aime, et c'est tout dire. Quand je ne songerois qu'à mon intérêt, tous les droits de la tendre amitié me sont trop chers auprès d'elle pour que je m'expose à les perdre en cherchant à les étendre ; et je n'ai pas même eu besoin de songer au respect que je lui dois pour ne jamais lui dire un seul mot dans le tête-à-tête, qu'elle eût besoin d'interpréter ou de ne pas entendre. Que si peut-être elle a trouvé quelquefois un peu trop d'empressement dans mes manières, sûrement elle n'a point vu dans mon cœur la volonté de le témoigner. Tel que je fus six mois auprès d'elle, tel je serai toute ma vie. Je ne connois rien après vous de si parfait qu'elle ; mais fût-elle plus parfaite que vous encore, je sens qu'il faudroit n'avoir jamais été votre amant pour pouvoir devenir le sien.

Avant d'achever cette lettre, il faut vous dire ce que je pense de la vôtre. J'y trouve avec toute la prudence de la vertu les scrupules d'une ame craintive qui se fait un devoir de s'épouvanter, et croit qu'il faut tout craindre pour se garantir de tout. Cette extrême timidité a son danger ainsi qu'une confiance excessive. En nous montrant sans cesse des monstres où il n'y en a point, elle nous épuise à combattre des chimères, et, à force de nous effaroucher sans sujet, elle nous tient moins en garde contre les périls véritables, et nous les laisse moins discerner. Relisez quelquefois la lettre que milord Édouard vous écrivit l'année dernière au sujet de votre mari : vous y trouverez de bons avis à votre usage à plus d'un égard. Je ne blâme point votre dévotion ; elle est touchante, aimable et douce comme vous ; elle doit plaire à votre mari même. Mais prenez garde qu'à force de vous rendre timide et prévoyante, elle ne vous mène au quiétisme par une route opposée, et que, vous montrant partout du risque à courir, elle ne vous empêche enfin d'acquiescer à rien. Chère amie, ne savez-vous pas que la vertu est un état de guerre, et que pour y vivre on a toujours quelque combat à rendre contre soi ? Occupons-nous moins des dangers que de nous, afin de tenir notre ame prête à tout événement. Si chercher les occasions c'est mériter d'y succomber, les fuir avec trop de soin c'est souvent nous refuser à de grands devoirs ; et il n'est pas bon de songer sans cesse aux tentations, même pour les éviter. On ne me verra jamais rechercher des moments dangereux ni des tête-à-tête avec des femmes ; mais, dans quelque situation que me place désormais la Providence, j'ai pour sûreté de moi les huit mois que j'ai passés à Clarens, et ne crains plus que personne m'ôte le prix que vous m'avez fait mériter. Je ne serai pas plus foible que je l'ai été, je n'aurai pas de plus grands combats à rendre : j'ai senti l'amertume des remords ; j'ai goûté les douceurs de la victoire. Après de telles comparaisons, on n'hésite plus sur le choix ; tout, jusqu'à mes fautes passées, m'est garant de l'avenir.

Sans vouloir entrer avec vous dans de nouvelles discussions sur l'ordre de l'univers et sur la direction des êtres qui le composent, je me contenterai de vous dire que, sur des questions si fort au-dessus de l'homme, il ne peut juger des choses qu'il ne voit pas que par induction sur celles qu'il voit, et que toutes les analogies sont pour ces lois générales que vous semblez rejeter. La raison même, et les plus saines idées que nous pouvons nous former de l'Être suprême, sont très-favorables à cette opinion ; car, bien que sa puissance n'ait pas besoin de méthode pour abréger le travail, il est digne de sa sagesse de préférer pourtant les voies les plus simples, afin qu'il n'y ait rien d'inutile dans les moyens non plus que dans les effets. En créant l'homme, il l'a doué de toutes les facultés nécessaires pour accomplir ce qu'il exigeoit de lui ; et quand nous lui demandons le pouvoir de bien faire, nous ne lui demandons rien qu'il ne nous ait déjà donné. Il nous a donné la raison pour connoître ce qui est bien, la conscience pour l'aimer[1], et la liberté pour le choisir. C'est dans ces dons sublimes que consiste la grâce di-

---

[1] Saint-Preux fait de la conscience morale un sentiment, et non

vine; et comme nous les avons tous reçus, nous en sommes tous comptables.

J'entends beaucoup raisonner contre la liberté de l'homme, et je méprise tous ces sophismes, parce qu'un raisonneur a beau me prouver que je ne suis pas libre, le sentiment intérieur, plus fort que tous ces arguments, les dément sans cesse; et, quelque parti que je prenne, dans quelque délibération que ce soit, je sens parfaitement qu'il ne tient qu'à moi de prendre le parti contraire. Toutes ces subtilités de l'école sont vaines précisément parce qu'elles prouvent trop, qu'elles combattent tout aussi bien la vérité que le mensonge, et que, soit que la liberté existe ou non, elles peuvent servir également à prouver qu'elle n'existe pas. A entendre ces gens-là, Dieu même ne seroit pas libre, et ce mot de liberté n'auroit aucun sens. Ils triomphent, non d'avoir résolu la question, mais d'avoir mis à sa place une chimère. Ils commencent par supposer que tout être intelligent est purement passif, et puis ils déduisent de cette supposition des conséquences pour prouver qu'il n'est pas actif. La commode méthode qu'ils ont trouvée là! S'ils accusent leurs adversaires de raisonner de même, ils ont tort. Nous ne nous supposons point actifs et libres, nous sentons que nous le sommes. C'est à eux de prouver non seu-

---

pas un jugement; ce qui est contre les définitions des philosophes. Je crois pourtant qu'en ceci leur prétendu confrère a raison.

lement que ce sentiment pourroit nous tromper, mais qu'il nous trompe en effet[1]. L'évêque de Cloyne a démontré que, sans rien changer aux apparences, la matière et les corps pourroient ne pas exister; est-ce assez pour affirmer qu'ils n'existent pas? En tout ceci, la seule apparence coûte plus que la réalité : je m'en tiens à ce qui est plus simple.

Je ne crois donc pas qu'après avoir pourvu de toute manière aux besoins de l'homme, Dieu accorde à l'un plutôt qu'à l'autre des secours extraordinaires, dont celui qui abuse des secours communs à tous est indigne, et dont celui qui en use bien n'a pas besoin. Cette acception de personnes est injurieuse à la justice divine. Quand cette dure et décourageante doctrine se déduiroit de l'Écriture elle-même, mon premier devoir n'est-il pas d'honorer Dieu? Quelque respect que je doive au texte sacré, j'en dois plus encore à son auteur; et j'aimerois mieux croire la Bible falsifiée, ou inintelligible, que Dieu injuste ou malfaisant. Saint Paul ne veut pas que le vase dise au potier : Pourquoi m'as-tu fait ainsi? Cela est fort bien, si le potier n'exige du vase que des services qu'il l'a mis en état de lui rendre; mais s'il s'en prenoit au vase de n'être pas propre à un usage

---

[1] Ce n'est pas de tout cela qu'il s'agit. Il s'agit de savoir si la volonté se détermine sans cause, ou quelle est la cause qui détermine la volonté.

pour lequel il ne l'auroit pas fait, le vase auroit-il tort de lui dire : Pourquoi m'as-tu fait ainsi ?

S'ensuit-il de là que la prière soit inutile ? A Dieu ne plaise que je m'ôte cette ressource contre mes foiblesses ! Tous les actes de l'entendement qui nous élèvent à Dieu, nous portent au-dessus de nous-mêmes ; en implorant son secours, nous apprenons à le trouver. Ce n'est pas lui qui nous change, c'est nous qui nous changeons en nous élevant à lui[1]. Tout ce qu'on lui demande comme il faut, on se le donne ; et, comme vous l'avez dit, on augmente sa force en reconnoissant sa foiblesse. Mais, si l'on abuse de l'oraison et qu'on devienne mystique, on se perd à force de s'élever ; en cherchant la grâce, on renonce à la raison ; pour obtenir un don du ciel, on en foule aux pieds un autre ; en s'obstinant à vouloir qu'il nous éclaire, on s'ôte les lumières qu'il nous a données. Qui sommes-nous pour vouloir forcer Dieu de faire un miracle ?

Vous le savez, il n'y a rien de bien qui n'ait un

---

[1] Notre galant philosophe, après avoir imité la conduite d'Abélard, semble en vouloir prendre aussi la doctrine. Leurs sentimens sur la prière ont beaucoup de rapport. Bien des gens, relevant cette hérésie, trouveront qu'il eût mieux valu persister dans l'égarement que de tomber dans l'erreur. Je ne pense pas ainsi. C'est un petit mal de se tromper ; c'en est un grand de se mal conduire. Ceci ne contredit point, à mon avis, ce que j'ai dit ci-devant sur le danger des fausses maximes de morale. Mais il faut laisser quelque chose à faire au lecteur.

excès blâmable, même la dévotion qui tourne en délire. La vôtre est trop pure pour arriver jamais à ce point; mais l'excès qui produit l'égarement commence avant lui, et c'est de ce premier terme que vous avez à vous défier. Je vous ai souvent entendu blâmer les extases des ascétiques; savez-vous comment elles viennent? en prolongeant le temps qu'on donne à la prière plus que ne le permet la foiblesse humaine. Alors l'esprit s'épuise, l'imagination s'allume et donne des visions; on devient inspiré, prophète, et il n'y a plus ni sens ni génie qui garantisse du fanatisme. Vous vous enfermez fréquemment dans votre cabinet, vous vous recueillez; vous priez sans cesse; vous ne voyez pas encore les piétistes[1], mais vous lisez leurs livres. Je n'ai jamais blâmé votre goût pour les écrits du bon Fénélon; mais que faites-vous de ceux de sa disciple? Vous lisez Muralt; je le lis aussi; mais je choisis ses lettres, et vous choisissez son instinct divin. Voyez comment il a fini, déplorez les égarements de cet homme sage, et songez à vous. Femme pieuse et chrétienne, allez-vous n'être plus qu'une dévote?

Chère et respectable amie, je reçois vos avis

[1] Sorte de fous qui avoient la fantaisie d'être chrétiens et de suivre l'Évangile à la lettre; à peu près comme sont aujourd'hui les méthodistes en Angleterre, les moraves en Allemagne, les jansénistes en France; excepté pourtant qu'il ne manque à ces derniers que d'être les maîtres pour être plus durs et plus intolérants que leurs ennemis.

avec la docilité d'un enfant, et vous donne les miens avec le zèle d'un père. Depuis que la vertu, loin de rompre nos liens, les a rendus indissolubles, ses devoirs se confondent avec les droits de l'amitié. Les mêmes leçons nous conviennent, le même intérêt nous conduit. Jamais nos cœurs ne se parlent, jamais nos yeux ne se rencontrent sans offrir à tous deux un objet d'honneur et de gloire qui nous élève conjointement; et la perfection de chacun de nous importera toujours à l'autre. Mais si les délibérations sont communes, la décision ne l'est pas; elle appartient à vous seule. O vous qui fîtes toujours mon sort, ne cessez point d'en être l'arbitre; pesez mes réflexions, prononcez : quoi que vous ordonniez de moi, je me soumets; je serai digne au moins que vous ne cessiez pas de me conduire. Dussé-je ne vous plus revoir, vous me serez toujours présente, vous présiderez toujours à mes actions; dussiez-vous m'ôter l'honneur d'élever vos enfants, vous ne m'ôterez point les vertus que je tiens de vous : ce sont les enfants de votre ame, la mienne les adopte, et rien ne les lui peut ravir.

Parlez-moi sans détour, Julie. A présent que je vous ai bien expliqué ce que je sens et ce que je pense, dites-moi ce qu'il faut que je fasse. Vous savez à quel point mon sort est lié à celui de mon illustre ami. Je ne l'ai point consulté dans cette occasion, je ne lui ai montré ni cette lettre ni la vôtre. S'il apprend que vous désapprouviez son projet, ou plutôt celui de votre époux, il le désapprouvera lui-même; et je suis bien éloigné d'en vouloir tirer une objection contre vos scrupules; il convient seulement qu'il les ignore jusqu'à votre entière décision. En attendant, je trouverai, pour différer notre départ, des prétextes qui pourront le surprendre, mais auxquels il acquiescera sûrement. Pour moi, j'aime mieux ne vous plus voir que de vous revoir pour vous dire un nouvel adieu. Apprendre à vivre chez vous en étranger est une humiliation que je n'ai pas méritée.

LETTRE VIII.

DE MADAME DE WOLMAR A SAINT-PREUX.

Hé bien! ne voilà-t-il pas encore votre imagination effarouchée? et sur quoi, je vous prie, sur les plus vrais témoignages d'estime et d'amitié que vous ayez jamais reçus de moi; sur les paisibles réflexions que le soin de votre vrai bonheur m'inspire; sur la proposition la plus obligeante, la plus avantageuse, la plus honorable qui vous ait jamais été faite; sur l'empressement, indiscret peut-être, de vous unir à ma famille par des nœuds indissolubles; sur le désir de faire mon allié, mon parent, d'un ingrat qui croit ou qui feint de croire que je ne veux plus de lui pour mon ami. Pour vous tirer de l'inquiétude où vous paroissez être, il ne falloit que prendre ce que je vous écris dans son sens le plus naturel. Mais il y a long-temps que vous aimez à vous tourmenter dans vos injustices. Votre lettre est, comme votre vie, sublime et rampante, pleine de force et de puérilités. Mon cher philosophe, ne cesserez-vous jamais d'être enfant?

Où avez-vous donc pris que je songeasse à vous imposer des lois, à rompre avec vous, et, pour me servir de vos termes, à vous renvoyer au bout du monde? De bonne foi, trouvez-vous là l'esprit de ma lettre? Tout au contraire : en jouissant d'avance du plaisir de vivre avec vous, j'ai craint les inconvénients qui pouvoient le troubler; je me suis occupée des moyens de prévenir ces inconvénients d'une manière agréable et douce, en vous faisant un sort digne de votre mérite et de mon attachement pour vous. Voilà tout mon crime. Il n'y avoit pas là, ce me semble, de quoi vous alarmer si fort.

Vous avez tort, mon ami; car vous n'ignorez pas combien vous m'êtes cher : mais vous aimez à vous le faire redire; et comme je n'aime guère moins à le répéter, il vous est aisé d'obtenir ce que vous voulez, sans que la plainte et l'humeur s'en mêlent.

Soyez donc bien sûr que si votre séjour ici vous

est agréable, il me l'est tout autant qu'à vous, et que, de tout ce que M. de Wolmar a fait pour moi, rien ne m'est plus sensible que le soin qu'il a pris de vous appeler dans sa maison, et de vous mettre en état d'y rester. J'en conviens avec plaisir, nous sommes utiles l'un à l'autre. Plus propres à recevoir de bons avis qu'à les prendre de nous-mêmes, nous avons tous deux besoin de guides. Eh! qui saura mieux ce qui convient à l'un, que l'autre qui le connoît si bien? Qui sentira le danger de s'égarer par tout ce que coûte un retour pénible? quel objet peut mieux nous rappeler ce danger? devant qui rougirions-nous autant d'avilir un si grand sacrifice? Après avoir rompu de tels liens, ne devons-nous pas à leur mémoire de ne rien faire d'indigne du motif qui nous les fit rompre? Oui, c'est une fidélité que je veux vous garder toujours de vous prendre à témoin de toutes les actions de ma vie, et de vous dire, à chaque sentiment qui m'anime, Voilà ce que je vous ai préféré. Ah! mon ami, je sais rendre honneur à ce que mon cœur a si bien senti. Je puis être foible devant toute la terre, mais je réponds de moi devant vous.

C'est dans cette délicatesse qui survit toujours au véritable amour, plutôt que dans les subtiles distinctions de M. de Wolmar, qu'il faut chercher la raison de cette élévation d'ame et de cette force intérieure que nous éprouvons l'un près de l'autre, et que je crois sentir comme vous. Cette explication du moins est plus naturelle, plus honorable à nos cœurs que la sienne, et vaut mieux pour s'encourager à bien faire; ce qui suffit pour la préférer. Ainsi, croyez que, loin d'être dans la disposition bizarre où vous me supposez, celle où je suis est directement contraire; que s'il falloit renoncer au projet de nous réunir, je regarderois ce changement comme un grand malheur pour vous, pour moi, pour mes enfants, et pour mon mari même, qui, vous le savez, entre pour beaucoup dans les raisons que j'ai de vous désirer ici. Mais, pour ne parler que de mon inclination particulière, souvenez-vous du moment de votre arrivée : marquai-je moins de joie à vous voir que vous n'en eûtes en m'abordant ? vous a-t-il paru que votre séjour à Clarens me fût ennuyeux ou pénible ? Avez-vous jugé que je vous en visse partir avec plaisir ? Faut-il aller jusqu'au bout et vous parler avec ma franchise ordinaire ? Je vous avouerai sans détour que les six derniers mois que nous avons passés ensemble ont été le temps le plus doux de ma vie, et que j'ai goûté dans ce court espace tous les biens dont ma sensibilité m'ait fourni l'idée.

Je n'oublierai jamais un jour de cet hiver, où, après avoir fait en commun la lecture de vos voyages et celle des aventures de votre ami, nous soupâmes dans la salle d'Apollon, et où, songeant à la félicité que Dieu m'envoyoit en ce monde, je vis tout autour de moi mon père, mon mari, mes enfants, ma cousine, milord Édouard, vous, sans compter la Fanchon, qui ne gâtoit rien au tableau, et tout cela rassemblé pour l'heureuse Julie. Je me disois : Cette petite chambre contient tout ce qui est cher à mon cœur, et peut-être tout ce qu'il y a de meilleur sur la terre; je suis environnée de tout ce qui m'intéresse, tout l'univers est ici pour moi; je jouis à la fois de l'attachement que j'ai pour mes amis, de celui qu'ils me rendent, de celui qu'ils ont l'un pour l'autre; leur bienveillance mutuelle ou vient de moi ou s'y rapporte; je ne vois rien qui n'étende mon être, et rien qui le divise; il est dans tout ce qui m'environne, il n'en reste aucune portion loin de moi; mon imagination n'a plus rien à faire, je n'ai rien à désirer; sentir et jouir sont pour moi la même chose; je vis à la fois dans tout ce que j'aime, je me rassasie de bonheur et de vie. O mort! viens quand tu voudras, je ne te crains plus, j'ai vécu, je t'ai prévenue; je n'ai plus de nouveaux sentiments à connoître, tu n'as plus rien à me dérober.

Plus j'ai senti le plaisir de vivre avec vous, plus il m'étoit doux d'y compter, et plus aussi tout ce qui pouvoit troubler ce plaisir m'a donné d'inquiétude. Laissons un moment à part cette morale craintive et cette prétendue dévotion que vous me reprochez; convenez du moins que tout le charme de la société qui régnoit entre nous est dans cette ouverture de cœur qui met en commun tous les sentiments, toutes les pensées, et qui fait que chacun se sentant tel qu'il doit être, se montre à tous tel qu'il est. Supposez un moment quelque intrigue secrète, quelque liaison qu'il faille cacher, quelque raison de réserve et de mystère ; à l'instant tout le plaisir de se voir s'évanouit, on est contraint l'un devant l'autre, on cherche à se dérober ; quand on se rassemble on voudroit se fuir : la circonspection, la bienséance, amènent la défiance et le dégoût. Le moyen d'aimer long-temps ceux qu'on craint ! On se devient importun l'un à l'autre..... Julie importune !..... importune à son ami !..... non, non ; cela ne sauroit être ; on n'a jamais de maux à craindre que ceux qu'on peut supporter.

En vous exposant naïvement mes scrupules, je n'ai point prétendu changer vos résolutions, mais les éclairer, de peur que, prenant un parti dont vous n'auriez pas prévu toutes les suites, vous n'eussiez peut-être à vous en repentir quand vous n'oseriez plus vous en dédire. A l'égard des craintes que M. de Wolmar n'a pas eues, ce n'est pas à lui de les avoir, c'est à vous : nul n'est juge du danger qui vient de vous que vous-même. Réfléchissez-y bien, puis dites-moi qu'il n'existe pas, et je n'y pense plus : car je connois votre droiture, et ce n'est pas de vos intentions que je me défie. Si votre cœur est capable d'une faute imprévue, très-sûrement le mal prémédité n'en approcha jamais. C'est ce qui distingue l'homme fragile du méchant homme.

D'ailleurs, quand mes objections auroient plus de solidité que je n'aime à le croire, pourquoi mettre d'abord la chose au pis comme vous faites? Je n'envisage point les précautions à prendre aussi sévèrement que vous. S'agit-il pour cela de rompre aussitôt tous vos projets, et de nous fuir pour toujours? Non, mon aimable ami, de si tristes ressources ne sont point nécessaires. Encore enfant par la tête, vous êtes déjà vieux par le cœur. Les grandes passions usées dégoûtent des autres; la paix de l'ame qui leur succède est le seul sentiment qui s'accroît par la jouissance. Un cœur sensible craint le repos qu'il ne connoît pas: qu'il le sente une fois, il ne voudra plus le perdre. En comparant deux états si contraires, on apprend à préférer le meilleur; mais pour les comparer il les faut connoître. Pour moi, je vois le moment de votre sûreté plus près peut-être que vous ne le voyez vous-même. Vous avez trop senti pour sentir longtemps; vous avez trop aimé pour ne pas devenir indifférent: on ne rallume plus la cendre qui sort de la fournaise, mais il faut attendre que tout soit consumé. Encore quelques années d'attention sur vous-même, et vous n'avez plus de risque à courir.

Le sort que je voulois vous faire eût anéanti ce

risque ; mais, indépendamment de cette considération, ce sort étoit assez doux pour devoir être envié pour lui-même ; et si votre délicatesse vous empêche d'oser y prétendre, je n'ai pas besoin que vous me disiez ce qu'une telle retenue a pu vous coûter : mais j'ai peur qu'il ne se mêle à vos raisons des prétextes plus spécieux que solides ; j'ai peur qu'en vous piquant de tenir des engagements dont tout vous dispense, et qui n'intéressent plus personne, vous ne vous fassiez une fausse vertu de je ne sais quelle vaine constance plus à blâmer qu'à louer, et désormais tout-à-fait déplacée. Je vous l'ai déjà dit autrefois, c'est un second crime de tenir un serment criminel : si le vôtre ne l'étoit pas, il l'est devenu ; c'en est assez pour l'annuler. La promesse qu'il faut tenir sans cesse est celle d'être honnête homme et toujours ferme dans son devoir ; changer quand il change, ce n'est pas légèreté, c'est constance. Vous fîtes bien peut-être alors de promettre ce que vous feriez mal aujourd'hui de tenir. Faites dans tous les temps ce que la vertu demande, vous ne vous démentirez jamais.

Que s'il y a parmi vos scrupules quelque objection solide, c'est ce que nous pourrons examiner à loisir : en attendant, je ne suis pas trop fâchée que vous n'ayez pas saisi mon idée avec la même avidité que moi, afin que mon étourderie vous soit moins cruelle, si j'en ai fait une. J'avois médité ce projet durant l'absence de ma cousine. Depuis son retour et le départ de ma lettre, ayant eu avec elle quelques conversations générales sur un second mariage, elle m'en a paru si éloignée, que malgré tout le penchant que je lui connois pour vous, je craindrois qu'il ne fallût user de plus d'autorité qu'il ne me convient pour vaincre sa répugnance, même en votre faveur ; car il est un point où l'empire de l'amitié doit respecter celui des inclinations et les principes que chacun se fait sur des devoirs arbitraires en eux-mêmes, mais relatifs à l'état du cœur qui se les impose.

Je vous avoue pourtant que je tiens encore à mon projet : il nous convient si bien à tous, il vous tireroit si honorablement de l'état précaire où vous vivez dans le monde, il confondroit tellement nos intérêts, il nous feroit un devoir si naturel de cette amitié qui nous est si douce, que je n'y puis renoncer tout-à-fait. Non, mon ami, vous ne m'appartiendrez jamais de trop près : ce n'est pas même assez que vous soyez mon cousin ; ah ! je voudrois que vous fussiez mon frère.

Quoi qu'il en soit de toutes ces idées, rendez plus de justice à mes sentiments pour vous ; jouissez sans réserve de mon amitié, de ma confiance, de mon estime ; souvenez-vous que je n'ai plus rien à vous prescrire, et que je ne crois point en avoir besoin. Ne m'ôtez pas le droit de vous donner des conseils, mais n'imaginez jamais que j'en fasse des ordres. Si vous sentez pouvoir habiter Clarens sans danger, venez-y, demeurez-y, j'en serai charmée. Si vous croyez devoir donner encore quelques années d'absence aux restes toujours suspects d'une jeunesse impétueuse, écrivez-moi souvent, venez nous voir quand vous voudrez, entretenons la correspondance la plus intime. Quelle peine n'est pas adoucie par cette consolation ? quel éloignement ne supporte-t-on pas par l'espoir de finir ses jours ensemble ? Je ferai plus ; je suis prête à vous confier un de mes enfants ; je le croirai mieux dans vos mains que dans les miennes : quand vous me le ramènerez, je ne sais duquel des deux le retour me touchera le plus. Si tout-à-fait devenu raisonnable vous bannissez enfin vos chimères et voulez mériter ma cousine, venez, aimez-la, servez-la, achevez de lui plaire ; en vérité, je crois que vous avez commencé : triomphez de son cœur et des obstacles qu'il vous oppose, je vous aiderai de tout mon pouvoir : faites enfin le bonheur l'un de l'autre, et rien ne manquera plus au mien. Mais, quelque parti que vous puissiez prendre, après y avoir sérieusement pensé, prenez-le en toute assurance, et n'outragez plus votre amie en l'accusant de se défier de vous.

A force de songer à vous je m'oublie. Il faut pourtant que mon tour vienne ; car vous faites avec vos amis dans la dispute comme avec votre adversaire aux échecs, vous attaquez en vous défendant. Vous vous excusez d'être philosophe en m'accusant d'être dévote ; c'est comme si j'avois renoncé au vin lorsqu'il vous eut enivré. Je suis donc dévote à votre compte, ou prête à le devenir! soit; les dénominations méprisantes changent-elles la nature des choses? Si la dévotion est bonne, où est le tort d'en avoir? Mais peut-être ce mot est-il trop bas pour vous. La dignité philosophique dédaigne un culte vulgaire; elle veut servir Dieu plus noblement; elle porte jusqu'au ciel même ses prétentions et sa fierté. O mes pauvres philosophes!..... Revenons à moi.

J'aimai la vertu dès mon enfance, et cultivai ma raison dans tous les temps. Avec du sentiment et des lumières, j'ai voulu me gouverner, et je me suis mal conduite. Avant de m'ôter le guide que j'ai choisi, donnez-m'en quelque autre sur lequel je puisse compter. Mon bon ami, toujours de l'orgueil, quoi qu'on fasse! c'est lui qui vous élève, et c'est lui qui m'humilie. Je crois valoir autant qu'une autre, et mille autres ont vécu plus sagement que moi : elles avoient donc des ressources que je n'avois pas. Pourquoi, me sentant bien née, ai-je eu besoin de cacher ma vie? Pourquoi haïssois-je le mal que j'ai fait malgré moi? Je ne connoissois que ma force, elle n'a pu me suffire. Toute la résistance qu'on peut tirer de soi, je crois l'avoir faite, et toutefois j'ai succombé. Comment font celles qui résistent? Elles ont un meilleur appui.

Après l'avoir pris à leur exemple, j'ai trouvé dans ce choix un autre avantage auquel je n'avois pas pensé. Dans le règne des passions elles aident à supporter les tourments qu'elles donnent ; elles tiennent l'espérance à côté du désir. Tant qu'on désire on peut se passer d'être heureux ; on s'attend à le devenir : si le bonheur ne vient point, l'espoir se prolonge, et le charme de l'illusion dure autant que la passion qui le cause. Ainsi cet état se suffit à lui-même, et l'inquiétude qu'il donne est une sorte de jouissance qui supplée à la réalité, qui vaut mieux peut-être. Malheur à qui n'a plus rien à désirer ! il perd, pour ainsi dire, tout ce qu'il possède. On jouit moins de ce qu'on obtient que de ce qu'on espère, et l'on n'est heureux qu'avant d'être heureux. En effet, l'homme avide et borné, fait pour tout vouloir et peu obtenir, a reçu du ciel une force consolante qui rapproche de lui tout ce qu'il désire, qui le soumet à son imagination, qui le lui rend présent et sensible, qui le lui livre en quelque sorte, et, pour lui rendre cette imaginaire propriété plus douce, le modifie au gré de sa passion. Mais tout ce prestige disparoît devant l'objet même ; rien n'embellit plus cet objet aux yeux du possesseur ; on ne se figure point ce qu'on voit ; l'imagination ne pare plus rien de ce qu'on possède ; l'illusion cesse où commence la jouissance. Le pays des chimères est en ce monde le seul digne d'être habité ; et tel est le néant des choses humaines, qu'hors[1] l'Être

---

[1] Il falloit *que hors*, et sûrement madame de Wolmar ne l'igno-

existant par lui-même, il n'y a rien de beau que ce qui n'est pas.

Si cet effet n'a pas toujours lieu sur les objets particuliers de nos passions, il est infaillible dans le sentiment commun qui les comprend toutes. Vivre sans peine n'est pas un état d'homme ; vivre ainsi c'est être mort. Celui qui pourroit tout sans être Dieu seroit une misérable créature ; il seroit privé du plaisir de désirer ; toute autre privation seroit plus supportable [1].

Voilà ce que j'éprouve en partie depuis mon mariage et depuis votre retour. Je ne vois partout que sujets de contentement, et je ne suis pas contente ; une langueur secrète s'insinue au fond de mon cœur ; je le sens vide et gonflé, comme vous disiez autrefois du vôtre ; l'attachement que j'ai pour tout ce qui m'est cher ne suffit pas pour l'occuper ; il lui reste une force inutile dont il ne sait que faire. Cette peine est bizarre, j'en conviens ; mais elle n'est pas moins réelle. Mon ami,

---

roit pas. Mais, outre les fautes qui lui échappoient par ignorance ou par inadvertance, il paroît qu'elle avoit l'oreille trop délicate pour s'asservir toujours aux règles mêmes qu'elle savoit. On peut employer un style plus pur, mais non pas plus doux ni plus harmonieux que le sien.

[1] D'où il suit que tout prince qui aspire au despotisme aspire à l'honneur de mourir d'ennui. Dans tous les royaumes du monde, cherchez-vous l'homme le plus ennuyé du pays ? allez toujours directement au souverain, surtout s'il est très-absolu. C'est bien la peine de faire tant de misérables ! ne sauroit-il s'ennuyer à moindres frais ?

je suis trop heureuse, le bonheur m'ennuie[1].

Concevez-vous quelque remède à ce dégoût du bien-être? Pour moi, je vous avoue qu'un sentiment si peu raisonnable et si peu volontaire a beaucoup ôté du prix que je donnois à la vie; et je n'imagine pas quelle sorte de charme on y peut trouver qui me manque ou qui me suffise. Une autre sera-t-elle plus sensible que moi? aimera-t-elle mieux son père, son mari, ses enfants, ses amis, ses proches? en sera-t-elle mieux aimée? mènera-t-elle une vie plus de son goût? sera-t-elle plus libre d'en choisir une autre? jouira-t-elle d'une meilleure santé? aura-t-elle plus de ressources contre l'ennui, plus de liens qui l'attachent au monde? Et toutefois j'y vis inquiète; mon cœur ignore ce qui lui manque; il désire sans savoir quoi.

Ne trouvant donc rien ici bas qui lui suffise, mon ame avide cherche ailleurs de quoi la remplir : en s'élevant à la source du sentiment et de l'être, elle y perd sa sécheresse et sa langueur; elle y renaît, elle s'y ranime, elle y trouve un nouveau ressort, elle y puise une nouvelle vie, elle y prend une autre existence qui ne tient point aux passions du corps; ou plutôt elle n'est plus

---

[1] Quoi, Julie! aussi des contradictions! Ah! je crains bien, charmante dévote, que vous ne soyez pas non plus trop d'accord avec vous-même. Au reste, j'avoue que cette lettre me paroît le chant du cygne.

en moi-même, elle est toute dans l'être immense qu'elle contemple, et, dégagée un moment de ses entraves, elle se console d'y rentrer par cet essai d'un état plus sublime qu'elle espère être un jour le sien.

Vous souriez : je vous entends, mon bon ami; j'ai prononcé mon propre jugement en blâmant autrefois cet état d'oraison que je confesse aimer aujourd'hui. A cela je n'ai qu'un mot à vous dire, c'est que je ne l'avois pas éprouvé. Je ne prétends pas même le justifier de toutes manières : je ne dis pas que ce goût soit sage, je dis seulement qu'il est doux, qu'il supplée au sentiment du bonheur qui s'épuise, qu'il remplit le vide de l'ame et qu'il jette un nouvel intérêt sur la vie passée à le mériter. S'il produit quelque mal, il faut le rejeter sans doute ; s'il abuse le cœur par une fausse jouissance, il faut encore le rejeter. Mais enfin lequel tient le mieux à la vertu, du philosophe avec ses grands principes, ou du chrétien dans sa simplicité? Lequel est le plus heureux dès ce monde, du sage avec sa raison, ou du dévot dans son délire? Qu'ai-je besoin de penser, d'imaginer, dans un moment où toutes mes facultés sont aliénées? L'ivresse a ses plaisirs, disiez-vous : eh bien ! ce délire en est une. Ou laissez-moi dans un état qui m'est agréable, ou montrez-moi comment je puis être mieux.

J'ai blâmé les extases des mystiques; je les blâme

encore quand elles nous détachent de nos devoirs, et que, nous dégoûtant de la vie active par les charmes de la contemplation, elles nous mènent à ce quiétisme dont vous me croyez si proche et dont je crois être aussi loin que vous.

Servir Dieu, ce n'est point passer sa vie à genoux dans un oratoire, je le sais bien; c'est remplir sur la terre les devoirs qu'il nous impose; c'est faire en vue de lui plaire tout ce qui convient à l'état où il nous a mis :

. . . . Il cor gradisce;
E serve a lui chi 'l suo dover compisce [1].

Il faut premièrement faire ce qu'on doit, et puis prier quand on le peut; voilà la règle que je tâche de suivre. Je ne prends point le recueillement que vous me reprochez comme une occupation, mais comme une récréation; et je ne vois pas pourquoi, parmi les plaisirs qui sont à ma portée, je m'interdirois le plus sensible et le plus innocent de tous.

Je me suis examinée avec plus de soin depuis votre lettre : j'ai étudié les effets que produit sur mon ame ce penchant qui semble si fort vous déplaire; et je n'y sais rien voir jusqu'ici qui me fasse craindre, au moins si tôt, l'abus d'une dévotion mal entendue.

Premièrement, je n'ai point pour cet exercice un goût trop vif qui me fasse souffrir quand j'en

[1] Le cœur lui suffit, et qui fait son devoir le prie. Métast.

suis privée, ni qui me donne de l'humeur quand on m'en distrait. Il ne me donne point non plus de distractions dans la journée, et ne jette ni dégoût ni impatience sur la pratique de mes devoirs. Si quelquefois mon cabinet m'est nécessaire, c'est quand quelque émotion m'agite, et que je serois moins bien partout ailleurs : c'est là que, rentrant en moi-même, j'y retrouve le calme de la raison. Si quelque souci me trouble, si quelque peine m'afflige, c'est là que je vais les déposer. Toutes ces misères s'évanouissent devant un plus grand objet. En songeant à tous les bienfaits de la Providence, j'ai honte d'être sensible à de si foibles chagrins et d'oublier de si grandes grâces. Il ne me faut des séances ni fréquentes ni longues. Quand la tristesse m'y suit malgré moi, quelques pleurs versés devant celui qui console soulagent mon cœur à l'instant. Mes réflexions ne sont jamais amères ni douloureuses; mon repentir même est exempt d'alarmes. Mes fautes me donnent moins d'effroi que de honte : j'ai des regrets et non des remords. Le Dieu que je sers est un Dieu clément, un père : ce qui me touche est sa bonté; elle efface à mes yeux tous ses autres attributs; elle est le seul que je conçois. Sa puissance m'étonne, son immensité me confond, sa justice... Il a fait l'homme foible; puisqu'il est juste, il est clément. Le Dieu vengeur est le Dieu des méchants; je ne puis ni le craindre pour moi ni l'implorer contre un autre.

O Dieu de paix, Dieu de bonté, c'est toi que j'adore! c'est de toi, je le sens, que je suis l'ouvrage; et j'espère te retrouver au dernier jugement tel que tu parles à mon cœur durant ma vie.

Je ne saurois vous dire combien ces idées jettent de douceur sur mes jours et de joie au fond de mon cœur. En sortant de mon cabinet ainsi disposée, je me sens plus légère et plus gaie; toute la peine s'évanouit, tous les embarras disparoissent; rien de rude, rien d'anguleux; tout devient facile et coulant, tout prend à mes yeux une face plus riante; la complaisance ne me coûte plus rien; j'en aime encore mieux ceux que j'aime et leur en suis plus agréable : mon mari même en est plus content de mon humeur. La dévotion, prétend-il, est un opium pour l'ame; elle égaie, anime et soutient quand on en prend peu; une trop forte dose endort, ou rend furieux, ou tue. J'espère ne pas aller jusque-là.

Vous voyez que je ne m'offense pas de ce titre de dévote autant peut-être que vous l'auriez voulu; mais je ne lui donne pas non plus tout le prix que vous pourriez croire. Je n'aime point, par exemple, qu'on affiche cet état par un extérieur affecté et comme une espèce d'emploi qui dispense de tout autre. Ainsi cette madame Guyon dont vous me parlez eût mieux fait, ce me semble, de remplir avec soin ses devoirs de mère de famille, d'élever chrétiennement ses enfants, de gouverner sagement sa maison, que d'aller composer des livres de dévotion, disputer avec des évêques, et se faire mettre à la Bastille pour des rêveries où l'on ne comprend rien. Je n'aime pas non plus ce langage mystique et figuré qui nourrit le cœur des chimères de l'imagination, et substitue au véritable amour de Dieu des sentiments imités de l'amour terrestre, et trop propres à le réveiller. Plus on a le cœur tendre et l'imagination vive, plus on doit éviter ce qui tend à les émouvoir; car enfin, comment voir les rapports de l'objet mystique si l'on ne voit aussi l'objet sensuel? et comment une honnête femme ose-t-elle imaginer avec assurance des objets qu'elle n'oseroit regarder [1]?

Mais ce qui m'a donné le plus d'éloignement pour les dévots de profession, c'est cette âpreté de mœurs qui les rend insensibles à l'humanité, c'est cet orgueil excessif qui leur fait regarder en pitié le reste du monde. Dans leur élévation sublime, s'ils daignent s'abaisser à quelque acte de bonté, c'est d'une manière si humiliante ; ils plaignent les autres d'un ton si cruel, leur justice est si rigoureuse, leur charité est si dure, leur zèle est si amer, leur mépris ressemble si fort à la haine, que l'insensibilité même des gens du monde est

---

[1] Cette objection me paroît tellement solide et sans réplique, que si j'avois le moindre pouvoir dans l'Eglise, je l'emploierois à faire retrancher de nos livres sacrés le Cantique des cantiques, et j'aurois bien du regret d'avoir attendu si tard.

moins barbare que leur commisération. L'amour de Dieu leur sert d'excuse pour n'aimer personne; ils ne s'aiment pas même l'un l'autre. Vit-on jamais d'amitié véritable entre les dévots? Mais plus ils se détachent des hommes, plus ils en exigent; et l'on diroit qu'ils ne s'élèvent à Dieu que pour exercer son autorité sur la terre.

Je me sens pour tous ces abus une aversion qui doit naturellement m'en garantir; si j'y tombe, ce sera sûrement sans le vouloir, et j'espère de l'amitié de tous ceux qui m'environnent que ce ne sera pas sans être avertie. Je vous avoue que j'ai été long-temps sur le sort de mon mari d'une inquiétude qui m'eût peut-être altéré l'humeur à la longue. Heureusement la sage lettre de milord Édouard, à laquelle vous me renvoyez avec grande raison, ses entretiens consolants et sensés, les vôtres, ont tout-à-fait dissipé ma crainte et changé mes principes. Je vois qu'il est impossible que l'intolérance n'endurcisse l'ame. Comment chérir tendrement les gens qu'on réprouve? quelle charité peut-on conserver parmi des damnés? Les aimer, ce seroit haïr Dieu, qui les punit. Voulons-nous donc être humains, jugeons les actions et non pas les hommes; n'empiétons point sur l'horrible fonction des démons; n'ouvrons point si légèrement l'enfer à nos frères. Eh! s'il étoit destiné pour ceux qui se trompent, quel mortel pourroit l'éviter?

O mes amis, de quel poids vous avez soulagé

mon cœur! En m'apprenant que l'erreur n'est point un crime, vous m'avez délivrée de mille inquiétants scrupules. Je laisse la subtile interprétation des dogmes que je n'entends pas; je m'en tiens aux vérités lumineuses qui frappent mes yeux et convainquent ma raison, aux vérités de pratique qui m'instruisent de mes devoirs. Sur tout le reste j'ai pris pour règle votre ancienne réponse à M. de Wolmar[1]. Est-on maître de croire ou de ne pas croire? est-ce un crime de n'avoir pas su bien argumenter? Non, la conscience ne nous dit point la vérité des choses, mais la règle de nos devoirs; elle ne nous dicte point ce qu'il faut penser, mais ce qu'il faut faire; elle ne nous apprend point à bien raisonner, mais à bien agir. En quoi mon mari peut-il être coupable devant Dieu? détourne-t-il les yeux de lui? Dieu lui-même a voilé sa face. Il ne fuit point la vérité, c'est la vérité qui le fuit. L'orgueil ne le guide point; il ne veut égarer personne, il est bien aise qu'on ne pense pas comme lui. Il aime nos sentiments, il voudroit les avoir, il ne peut : notre espoir, nos consolations, tout lui échappe. Il fait le bien sans attendre de récompense; il est plus vertueux, plus désintéressé que nous. Hélas! il est à plaindre; mais de quoi sera-t-il puni? Non, non; la bonté, la droiture, les mœurs, l'honnêteté, la vertu, voilà ce que le ciel exige et qu'il récompense; voilà le vé-

---

[1] Voyez partie V, lettre III.

ritable culte que Dieu veut de nous et qu'il reçoit de lui tous les jours de sa vie. Si Dieu juge la foi par les œuvres, c'est croire en lui que d'être homme de bien. Le vrai chrétien c'est l'homme juste, les vrais incrédules sont les méchants.

Ne soyez donc pas étonné, mon aimable ami, si je ne dispute pas avec vous sur plusieurs points de votre lettre où nous ne sommes pas de même avis : je sais trop bien ce que vous êtes pour être en peine de ce que vous croyez. Que m'importent toutes ces questions oiseuses sur la liberté? Que je sois libre de vouloir le bien par moi-même, ou que j'obtienne en priant cette volonté, si je trouve enfin le moyen de bien faire, tout cela ne revient-il pas au même? Que je me donne ce qui me manque en le demandant, ou que Dieu l'accorde à ma prière, s'il faut toujours pour l'avoir que je le demande, ai-je besoin d'autre éclaircissement? Trop heureux de convenir sur les points principaux de notre croyance, que cherchons-nous au-delà? Voulons-nous pénétrer dans ces abîmes de métaphysique qui n'ont ni fond ni rive, et perdre à disputer sur l'essence divine ce temps si court qui nous est donné pour l'honorer! Nous ignorons ce qu'elle est, mais nous savons qu'elle est; que cela nous suffise : elle se fait voir dans ses œuvres, elle se fait sentir au dedans de nous. Nous pouvons bien disputer contre elle, mais non pas la méconnaître de bonne foi. Elle nous a donné ce degré de sensibilité qui l'aperçoit et la touche : plaignons ceux à qui elle ne l'a pas départi, sans nous flatter de les éclairer à son défaut. Qui de nous fera ce qu'elle n'a pas voulu faire? Respectons ses décrets en silence et faisons notre devoir; c'est le meilleur moyen d'apprendre le leur aux autres.

Connoissez-vous quelqu'un plus plein de sens et de raison que M. de Wolmar? quelqu'un plus sincère, plus droit, plus juste, plus vrai, moins livré à ses passions, qui ait plus à gagner à la justice divine et à l'immortalité de l'ame? Connoissez-vous un homme plus fort, plus élevé, plus grand, plus foudroyant dans la dispute, que milord Édouard, plus digne par sa vertu de défendre la cause de Dieu, plus certain de son existence, plus pénétré de sa majesté suprême, plus zélé pour sa gloire et plus fait pour la soutenir? Vous avez vu ce qui s'est passé durant trois mois à Clarens; vous avez vu deux hommes pleins d'estime et de respect l'un pour l'autre, éloignés par leur état et par leur goût des pointilleries de collége, passer un hiver entier à chercher dans des disputes sages et paisibles, mais vives et profondes, à s'éclairer mutuellement, s'attaquer, se défendre, se saisir par toutes les prises que peut avoir l'entendement humain, et sur une matière où tous deux, n'ayant que le même intérêt, ne demandoient pas mieux que d'être d'accord.

Qu'est-il arrivé? Ils ont redoublé d'estime l'un pour l'autre, mais chacun est resté dans son sentiment. Si cet exemple ne guérit pas à jamais un homme sage de la dispute, l'amour de la vérité ne le touche guère ; il cherche à briller.

Pour moi, j'abandonne à jamais cette arme inutile, et j'ai résolu de ne plus dire à mon mari un seul mot de religion que quand il s'agira de rendre raison de la mienne. Non que l'idée de la tolérance divine m'ait rendue indifférente sur le besoin qu'il en a. Je vous avoue même que, tranquillisée sur son sort à venir, je ne sens point pour cela diminuer mon zèle pour sa conversion. Je voudrois au prix de mon sang le voir une fois convaincu ; si ce n'est pour son bonheur dans l'autre monde, c'est pour son bonheur dans celui-ci : car de combien de douceurs n'est-il point privé ! Quel sentiment peut le consoler dans ses peines ? quel spectateur anime les bonnes actions qu'il fait en secret ? quelle voix peut parler au fond de son ame ? quel prix peut-il attendre de sa vertu ? comment doit-il envisager la mort ? Non, je l'espère, il ne l'attendra pas dans cet état horrible. Il me reste une ressource pour l'en tirer, et j'y consacre le reste de ma vie ; ce n'est plus de le convaincre, mais de le toucher ; c'est de lui montrer un exemple qui l'entraîne, et de lui rendre la religion si aimable, qu'il ne puisse lui résister. Ah ! mon ami, quel argument contre l'incrédule que la vie du vrai chrétien ! croyez-vous qu'il y ait quelque ame à l'épreuve de celui-là ? Voilà désormais la tâche que je m'impose ; aidez-moi tous à la remplir. Wolmar est froid, mais il n'est pas insensible. Quel tableau nous pouvons offrir à son cœur, quand ses amis, ses enfants, sa femme, concourront tous à l'instruire en l'édifiant ! quand, sans lui prêcher Dieu dans leurs discours, ils le lui montreront dans les actions qu'il inspire, dans les vertus dont il est l'auteur, dans le charme qu'on trouve à lui plaire ! quand il verra briller l'image du ciel dans sa maison ! quand cent fois le jour il sera forcé de se dire : Non, l'homme n'est pas ainsi par lui-même, quelque chose de plus qu'humain règne ici !

Si cette entreprise est de votre goût, si vous vous sentez digne d'y concourir, venez, passons nos jours ensemble, et ne nous quittons plus qu'à la mort. Si le projet vous déplaît ou vous épouvante, écoutez votre conscience, elle vous dicte votre devoir. Je n'ai rien de plus à vous dire.

Selon ce que milord Édouard nous marque, je vous attends tous deux vers la fin du mois prochain. Vous ne reconnoîtrez pas votre appartement ; mais dans les changements qu'on y a faits, vous reconnoîtrez les soins et le cœur d'une bonne amie qui s'est fait un plaisir de l'orner. Vous y trouverez aussi un petit assortiment de livres qu'elle a choisis à Genève, meilleurs et de meilleur goût que l'*Adone*, quoiqu'il y soit aussi par plaisanterie. Au reste, soyez discret, car, comme elle ne veut pas que vous sachiez que tout cela vient d'elle, je me dépêche de vous l'écrire avant qu'elle me défende de vous en parler.

Adieu, mon ami, cette partie du château de Chillon [1], que nous devions tous faire ensemble, se fera demain sans vous. Elle n'en vaudra pas mieux, quoiqu'on la fasse avec plaisir. M. le bailli nous a invités avec nos enfants, ce qui ne m'a point laissé d'excuse. Mais je ne sais pourquoi je voudrois être déjà de retour.

LETTRE IX.

DE FANCHON ANET A SAINT-PREUX.

Ah! monsieur, ah! mon bienfaiteur, que me charge-t-on de vous apprendre!... Madame... ma pauvre maîtresse... O Dieu! je vois déjà votre frayeur... mais vous ne voyez pas notre désolation... Je n'ai pas un moment à perdre; il faut

---

[1] Le château de Chillon, ancien séjour des baillis de Vevai, est situé dans le lac, sur un rocher qui forme une presqu'île, et autour duquel j'ai vu sonder à plus de cent cinquante brasses, qui font près de huit cents pieds, sans trouver le fond. On a creusé dans ce rocher des caves et des cuisines au-dessous du niveau de l'eau, qu'on y introduit quand on veut par des robinets. C'est là que fut détenu six ans prisonnier François Bonnivard, prieur de

vous dire... Il faut courir... Je vondrois déjà vous avoir tout dit... Ah! que deviendrez-vous quand vous saurez notre malheur?

Toute la famille alla hier dîner à Chillon. M. le baron, qui alloit en Savoie passer quelquels jours au château de Blonay, partit après le dîner. On l'accompagna quelques pas; puis on se promena le long de la digue. Madame d'Orbe et madame la baillive marchoient devant avec monsieur. Madame suivoit, tenant d'une main Henriette et de l'autre Marcellin. J'étois derrière avec l'aîné. Monseigneur le bailli, qui s'étoit arrêté pour parler à quelqu'un, vint rejoindre la compagnie, et offrit le bras à madame. Pour le prendre elle me renvoie Marcellin : il court à moi, j'accours à lui; en courant, l'enfant fait un faux pas, le pied lui manque, il tombe dans l'eau. Je pousse un cri perçant : madame se retourne, voit tomber son fils, part comme un trait, et s'élance après lui...

Ah! misérable, que n'en fis-je autant! que n'y suis-je restée... Hélas! je retenois l'aîné, qui vouloit sauter après sa mère... elle se débattoit en serrant l'autre entre ses bras... On n'avoit là ni gens

---

Saint-Victor, homme d'un mérite rare, d'une droiture et d'une fermeté à toute épreuve, ami de la liberté, quoique Savoyard, et tolérant, quoique prêtre. Au reste, l'année où ces dernières lettres paroissent avoir été écrites, il y avoit très-long-temps que les baillis de Vevai n'habitoient plus le château de Chillon. On supposera, si l'on veut, que celui de ce temps-là y étoit allé passer quelques jours.

ni bateau, il fallut du temps pour les retirer......
L'enfant est remis; mais la mère... le saisissement,
la chute, l'état où elle étoit... Qui sait mieux que
moi combien cette chute est dangereuse?... Elle
resta trop long-temps sans connoissance. A peine
l'eut-elle reprise qu'elle demanda son fils... Avec
quels transports de joie elle l'embrassa ! je la crus
sauvée; mais sa vivacité ne dura qu'un moment.
Elle voulut être ramenée ici; durant la route elle
s'est trouvée mal plusieurs fois. Sur quelques ordres qu'elle m'a donnés, je vois qu'elle ne croit pas
en revenir. Je suis trop malheureuse, elle n'en
reviendra pas. Madame d'Orbe est plus changée
qu'elle. Tout le monde est dans une agitation...
Je suis la plus tranquille de toute la maison... De
quoi m'inquiéterois-je?... Ma bonne maîtresse! ah!
si je vous perds, je n'aurai plus besoin de personne... O mon cher monsieur, que le bon Dieu
vous soutienne dans cette épreuve!... Adieu... Le
médecin sort de la chambre. Je cours au-devant
de lui... S'il nous donne quelque bonne espérance,
je vous le marquerai. Si je ne dis rien...

LETTRE X.

A SAINT-PREUX.

Commencée par madame d'Orbe, et achevée par M. de Wolmar.

Mort de Julie.

C'en est fait, homme imprudent, homme infortuné ! malheureux visionnaire ! Jamais vous ne la reverrez... le voile... Julie n'est....

Elle vous a écrit. Attendez sa lettre : honorez ses dernières volontés. Il vous reste de grands devoirs à remplir sur la terre.

LETTRE XI.

DE M. DE WOLMAR A SAINT-PREUX.

J'ai laissé passer vos premières douleurs en silence ; ma lettre n'eût fait que les aigrir : vous n'étiez pas plus en état de supporter ces détails que moi de les faire. Aujourd'hui peut-être nous seront-ils doux à tous deux. Il ne me reste d'elle que des souvenirs ; mon cœur se plaît à les recueillir. Vous n'avez plus que des pleurs à lui donner : vous aurez la consolation d'en verser pour elle. Ce plaisir des infortunés m'est refusé dans ma misère ; je suis plus malheureux que vous.

Ce n'est point de sa maladie, c'est d'elle que je veux vous parler. D'autres mères peuvent se jeter après leur enfant ; l'accident, la fièvre, la mort, sont de la nature, c'est le sort commun des mortels : mais l'emploi de ses derniers moments, ses discours, ses sentiments, son ame ; tout cela n'appartient qu'à Julie. Elle n'a point vécu comme une autre ; personne, que je sache, n'est mort comme elle. Voilà ce que j'ai pu seul observer, et que vous n'apprendrez que de moi.

Vous savez que l'effroi, l'émotion, la chute, l'évacuation de l'eau, lui laissèrent une longue foiblesse, dont elle ne revint tout-à-fait qu'ici. En arrivant, elle redemanda son fils ; il vint : à peine le vit-elle marcher et répondre à ses caresses, qu'elle devint tout-à-fait tranquille et consentit à prendre un peu de repos. Son sommeil fut court : et comme le médecin n'arrivoit point encore, en l'attendant elle nous fit asseoir autour de son lit, la Fanchon, sa cousine et moi. Elle nous parla de ses enfants, des soins assidus qu'exigeoit auprès d'eux la forme d'éducation qu'elle avoit prise, et du danger de les négliger un moment. Sans donner une grande importance à sa maladie, elle prévoyoit qu'elle l'empêcheroit quelque temps de remplir sa part des mêmes soins, et nous chargeoit tous de répartir cette part sur les nôtres.

Elle s'étendit sur tous ses projets, sur les vôtres, sur les moyens les plus propres à les faire réussir, sur les observations qu'elle avoit faites et qui pouvoient les favoriser ou leur nuire, enfin sur tout ce qui devoit nous mettre en état de suppléer à ses fonctions de mère aussi long-temps qu'elle seroit forcée à les suspendre. C'étoit, pensois-je, bien des précautions pour quelqu'un qui ne se croyoit privé que durant quelques jours d'une occupation si chère : mais ce qui m'effraya tout-à-fait, ce fut de voir qu'elle entroit pour Henriette dans un bien plus grand détail encore. Elle s'étoit bornée à ce qui regardoit la première enfance de ses fils, comme se déchargeant sur un autre du soin de leur jeunesse : pour sa fille, elle embrassa tous les temps ; et sentant bien que personne ne suppléeroit sur ce point aux réflexions que sa propre expérience lui avoit fait faire, elle nous exposa en abrégé, mais avec force et clarté, le plan d'éducation qu'elle avoit fait pour elle, employant près de la mère les raisons les plus vives et les plus touchantes exhortations pour l'engager à le suivre.

Toutes ces idées sur l'éducation des jeunes personnes et sur les devoirs des mères, mêlées de fréquents retours sur elle-même, ne pouvoient manquer de jeter de la chaleur dans l'entretien. Je vis qu'il s'animoit trop. Claire tenoit une des mains de sa cousine, et la pressoit à chaque instant contre sa bouche, en sanglotant pour toute réponse; la Fanchon n'étoit pas plus tranquille; et pour Julie, je remarquai que les larmes lui rouloient aussi dans les yeux, mais qu'elle n'osoit pleurer de peur de nous alarmer davantage. Aussitôt je me dis : Elle se voit morte. Le seul espoir qui me resta fut que la frayeur pouvoit l'abuser sur son état, et lui montrer le danger plus grand qu'il n'étoit peut-être. Malheureusement je la connoissois trop pour compter beaucoup sur cette erreur. J'avois essayé plusieurs fois de la calmer; je la priai derechef de ne pas s'agiter hors de propos par des discours qu'on pouvoit reprendre à loisir. Ah! dit-elle, rien ne fait tant de mal aux femmes que le silence : et puis, je me sens un peu de fièvre; autant vaut employer le babil qu'elle donne à des sujets utiles, qu'à battre sans raison la campagne.

L'arrivée du médecin causa dans la maison un trouble impossible à peindre. Tous les domestiques, l'un sur l'autre à la porte de la chambre, attendoient, l'œil inquiet et les mains jointes, son jugement sur l'état de leur maîtresse comme l'arrêt de leur sort. Ce spectacle jeta la pauvre Claire dans une agitation qui me fit craindre pour sa tête. Il fallut les éloigner sous différents prétextes, pour écarter de ses yeux cet objet d'effroi. Le médecin donna vaguement un peu d'espérance, mais d'un ton propre à me l'ôter. Julie ne dit pas non plus ce qu'elle pensoit; la présence de sa cousine la tenoit en respect. Quand il sortit, je le suivis : Claire en voulut faire autant; mais Julie la retint, et me fit de l'œil un signe que j'entendis. Je me hâtai d'avertir le médecin que s'il y avoit du danger, il falloit le cacher à madame d'Orbe avec autant et plus de soin qu'à la malade, de peur que le désespoir n'achevât de la troubler, et ne la mît hors d'état de servir son amie. Il déclara qu'il y avoit en effet du danger; mais que vingt-quatre heures étant à peine écoulées depuis l'accident, il falloit plus de temps pour établir un pronostic assuré; que la nuit prochaine décideroit du sort de la maladie, et qu'il ne pouvoit prononcer que le troisième jour. La Fanchon seule fut témoin de ce discours; et après l'avoir engagée, non sans peine, à se contenir, on convint de ce qui seroit dit à madame d'Orbe et au reste de la maison.

Vers le soir, Julie obligea sa cousine, qui avoit passé la nuit précédente auprès d'elle, et qui vouloit encore y passer la suivante, à s'aller reposer quelques heures. Durant ce temps la malade ayant su qu'on alloit la saigner du pied, et que le médecin préparoit des ordonnances, elle le fit appeler et lui tint ce discours : « M. du Bosson, quand on « croit devoir tromper un malade craintif sur son « état, c'est une précaution d'humanité que j'ap- « prouve ; mais c'est une cruauté de prodiguer « également à tous des soins superflus et désagréa- « bles dont plusieurs n'ont aucun besoin. Pres-

« crivez-moi tout ce que vous jugerez m'être
« véritablement utile, j'obéirai ponctuellement.
« Quant aux remèdes qui ne sont que pour l'ima-
« gination, faites-m'en grâce : c'est mon corps et
« non mon esprit qui souffre, et je n'ai pas peur
« de finir mes jours, mais d'en mal employer le
« reste. Les derniers moments de la vie sont trop
« précieux pour qu'il soit permis d'en abuser. Si
« vous ne pouvez prolonger la mienne, au moins
« ne l'abrégez pas en m'ôtant l'emploi du peu d'ins-
« tants qui me sont laissés par la nature. Moins il
« m'en reste, plus vous devez les respecter. Faites-
« moi vivre, ou laissez-moi : je saurai bien mourir
« seule. » Voilà comment cette femme, si timide
et si douce dans le commerce ordinaire, savoit
trouver un ton ferme et sérieux dans les occasions
importantes.

La nuit fut cruelle et décisive. Étouffement,
oppression, syncope, la peau sèche et brûlante;
une ardente fièvre, durant laquelle on l'entendoit
souvent appeler vivement Marcellin, comme pour
le retenir, et prononcer aussi quelquefois un autre
nom, jadis si répété dans une occasion pareille.
Le lendemain, le médecin me déclara sans détour
qu'il n'estimoit pas qu'elle eût trois jours à vivre.
Je fus seul dépositaire de cet affreux secret; et la
plus terrible heure de ma vie fut celle où je le
portai dans le fond de mon cœur sans savoir quel
usage j'en devois faire. J'allai seul errer dans les

bosquets, rêvant au parti que j'avois à prendre, non sans quelques tristes réflexions sur le sort qui me ramenoit dans ma vieillesse à cet état solitaire dont je m'ennuyois même avant d'en connoître un plus doux.

La veille, j'avois promis à Julie de lui rapporter fidèlement le jugement du médecin; elle m'avoit intéressé par tout ce qui pouvoit toucher mon cœur à lui tenir parole. Je sentois cet engagement sur ma conscience. Mais quoi! pour un devoir chimérique et sans utilité, falloit-il contrister son ame, et lui faire à longs traits savourer la mort? Quel pouvoit être à mes yeux l'objet d'une précaution si cruelle? Lui annoncer sa dernière heure, n'étoit-ce pas l'avancer? Dans un intervalle si court, que deviennent les désirs, l'espérance, éléments de la vie? Est-ce en jouir encore que de se voir si près du moment de la perdre? Étoit-ce à moi de lui donner la mort?

Je marchois à pas précipités avec une agitation que je n'avois jamais éprouvée. Cette longue et pénible anxiété me suivoit partout; j'en traînois après moi l'insupportable poids. Une idée vint enfin me déterminer. Ne vous efforcez pas de la prévoir; il faut vous la dire.

Pour qui est-ce que je délibère? est-ce pour elle ou pour moi? Sur quel principe est-ce que je raisonne? est-ce sur son système ou sur le mien? Qu'est-ce qui m'est démontré sur l'un ou sur l'autre ? Je n'ai, pour croire ce que je crois, que mon opinion armée de quelques probabilités. Nulle démonstration ne la renverse, il est vrai ; mais quelle démonstration l'établit ? Elle a, pour croire ce qu'elle croit, son opinion de même, mais elle y voit l'évidence ; cette opinion à ses yeux est une démonstration : quel droit ai-je de préférer, quand il s'agit d'elle, ma simple opinion, que je reconnois douteuse, à son opinion, qu'elle tient pour démontrée ? Comparons les conséquences des deux sentiments. Dans le sien, la disposition de sa dernière heure doit décider de son sort durant l'éternité. Dans le mien, les ménagements que je veux avoir pour elle lui seront indifférents dans trois jours. Dans trois jours, selon moi, elle ne sentira plus rien. Mais si peut-être elle avoit raison, quelle différence ! Des biens ou des maux éternels !... Peut-être !... ce mot est terrible !... Malheureux ! risque ton ame et non la sienne.

Voilà le premier doute qui m'ait rendu suspecte l'incertitude que vous avez si souvent attaquée. Ce n'est pas la dernière fois qu'il est revenu depuis ce temps-là. Quoi qu'il en soit, ce doute me délivra de celui qui me tourmentoit. Je pris sur-le-champ mon parti ; et, de peur d'en changer, je courus en hâte au lit de Julie. Je fis sortir tout le monde, et je m'assis ; vous pouvez juger avec quelle contenance. Je n'employai point auprès d'elle les précautions nécessaires pour les petites ames. Je ne dis rien ; mais elle me vit, et me comprit à l'instant. Croyez-vous me l'apprendre ? dit-elle en me tendant la main. Non, mon ami, je me sens bien : la mort me presse, il faut nous quitter.

Alors elle me tint un long discours dont j'aurai à vous parler quelque jour, et durant lequel elle écrivit son testament dans mon cœur. Si j'avois moins connu le sien, ses dernières dispositions auroient suffi pour me le faire connoître.

Elle me demanda si son état étoit connu dans la maison. Je lui dis que l'alarme y régnoit, mais qu'on ne savoit rien de positif, et que du Bosson s'étoit ouvert à moi seul. Elle me conjura que le secret fût soigneusement gardé le reste de la journée. Claire, ajouta-t-elle, ne supportera jamais ce coup que de ma main; elle en mourra s'il lui vient d'une autre. Je destine la nuit prochaine à ce triste devoir. C'est pour cela surtout que j'ai voulu avoir l'avis du médecin, afin de ne pas exposer sur mon seul sentiment cette infortunée à recevoir à faux une si cruelle atteinte. Faites qu'elle ne soupçonne rien avant le temps, ou vous risquez de rester sans amie et de laisser vos enfants sans mère.

Elle me parla de son père. J'avouai lui avoir envoyé un exprès; mais je me gardai d'ajouter que cet homme, au lieu de se contenter de donner ma lettre, comme je lui avois ordonné, s'étoit hâté de parler, et si lourdement, que mon vieux ami, croyant sa fille noyée, étoit tombé d'effroi sur l'escalier, et s'étoit fait une blessure qui le retenoit à Blonay dans son lit. L'espoir de revoir son père la toucha sensiblement; et la certitude que cette espérance étoit vaine ne fut pas le moindre des maux qu'il me fallut dévorer.

Le redoublement de la nuit précédente l'avoit extrêmement affoiblie. Ce long entretien n'avoit pas contribué à la fortifier. Dans l'accablement où elle étoit, elle essaya de prendre un peu de repos durant la journée : je n'appris que le surlendemain qu'elle ne l'avoit pas passée tout entière à dormir.

Cependant la consternation régnoit dans la maison. Chacun dans un morne silence attendoit qu'on le tirât de peine, et n'osoit interroger personne, crainte d'apprendre plus qu'il ne vouloit savoir. On se disoit : S'il y a quelque bonne nouvelle, on s'empressera de la dire; s'il y en a de mauvaises, on ne les saura toujours que trop tôt. Dans la frayeur dont ils étoient saisis, c'étoit assez pour eux qu'il n'arrivât rien qui fît nouvelle. Au milieu de ce morne repos, madame d'Orbe étoit la seule active et parlante. Sitôt qu'elle étoit hors de la chambre de Julie, au lieu de s'aller reposer dans la sienne, elle parcouroit toute la maison; elle arrêtoit tout le monde, demandant ce qu'avoit dit le médecin, ce qu'on disoit. Elle avoit été témoin de la nuit précédente, elle ne pouvoit ignorer ce qu'elle avoit vu ; mais elle cherchoit à se tromper elle-même et à récuser le témoignage de ses yeux. Ceux qu'elle questionnoit ne lui répondant rien que de favorable, cela l'encourageoit à questionner les autres, et toujours avec une inquiétude si vive, avec un air si effrayant, qu'on eût su la vérité mille fois sans être tenté de la lui dire.

Auprès de Julie elle se contraignoit, et l'objet touchant qu'elle avoit sous les yeux la disposoit plus à l'affliction qu'à l'emportement. Elle craignoit surtout de lui laisser voir ses alarmes ; mais elle réussissoit mal à les cacher : on apercevoit son trouble dans son affectation même à paroître tranquille. Julie, de son côté, n'épargnoit rien pour l'abuser. Sans exténuer son mal, elle en parloit presque comme d'une chose passée, et ne sembloit en peine que du temps qu'il lui faudroit pour se remettre. C'étoit encore un de mes supplices de les voir chercher à se rassurer mutuellement, moi qui savois si bien qu'aucune des deux n'avoit dans l'ame l'espoir qu'elle s'efforçoit de donner à l'autre.

Madame d'Orbe avoit veillé les deux nuits précédentes ; il y avoit trois jours qu'elle ne s'étoit déshabillée. Julie lui proposa de s'aller coucher ; elle n'en voulut rien faire. Hé bien donc, dit Julie, qu'on lui tende un petit lit dans ma chambre, à moins, ajouta-t-elle comme par réflexion, qu'elle ne veuille partager le mien. Qu'en dis-tu, cousine ? mon mal ne se gagne pas, tu ne te dégoûtes pas de moi, couche dans mon lit. Le parti fut accepté. Pour moi, l'on me renvoya, et véritablement j'avois besoin de repos.

Je fus levé de bonne heure. Inquiet de ce qui s'étoit passé durant la nuit, au premier bruit que j'entendis j'entrai dans la chambre. Sur l'état où madame d'Orbe étoit la veille, je jugeai du désespoir où j'allois la trouver, et des fureurs dont je serois le témoin. En entrant, je la vis assise dans un fauteuil, défaite et pâle, ou plutôt livide, les yeux plombés et presque éteints, mais douce, tranquille, parlant peu, faisant tout ce qu'on lui disoit sans répondre. Pour Julie, elle paroissoit moins foible que la veille, sa voix étoit plus ferme, son geste plus animé; elle sembloit avoir pris la vivacité de sa cousine. Je connus aisément à son teint que ce mieux apparent étoit l'effet de la fièvre; mais je vis aussi briller dans ses regards je ne sais quelle secrète joie qui pouvoit y contribuer, et dont je ne démêlois pas la cause. Le médecin n'en confirma pas moins son jugement de la veille; la malade n'en continua pas moins de penser comme lui, et il ne me resta plus aucune espérance.

Ayant été forcé de m'absenter pour quelque temps, je remarquai en entrant que l'appartement étoit arrangé avec soin; il y régnoit de l'ordre et de l'élégance; elle avoit fait mettre des pots de fleurs sur la cheminée, ses rideaux étoient entr'ouverts et rattachés; l'air avoit été changé; on y sentoit une odeur agréable; on n'eût jamais cru être dans la chambre d'un malade. Elle avoit fait sa toilette avec le même soin : la grâce et le goût se montroient encore dans sa parure négligée. Tout cela lui donnoit plutôt l'air d'une femme du monde qui attend compagnie que d'une campagnarde qui attend sa dernière heure. Elle vit ma surprise, elle en sourit; et lisant dans ma pensée, elle alloit me répondre, quand on amena les enfants. Alors il ne fut plus question que d'eux; et vous pouvez juger si, se sentant prête à les quitter, ses caresses furent tièdes et modérées. J'observai même qu'elle revenoit plus souvent et avec des étreintes encore plus ardentes à celui qui lui coûtoit la vie, comme s'il lui fût devenu plus cher à ce prix.

Tous ces embrassements, ces soupirs, ces transports, étoient des mystères pour ces pauvres enfants. Ils l'aimoient tendrement, mais c'étoit la tendresse de leur âge; ils ne comprenoient rien à son état, au redoublement de ses caresses, à ses regrets de ne les voir plus; ils nous voyoient tristes, et ils pleuroient : ils n'en savoient pas davantage. Quoiqu'on apprenne aux enfants le nom de la mort, ils n'en ont aucune idée, ils ne la craignent ni pour eux, ni pour les autres; ils craignent de souffrir et non de mourir. Quand la douleur arrachoit quelque plainte à leur mère, ils perçoient l'air de leurs cris; quand on leur parloit de la perdre, on les auroit crus stupides. La seule Henriette, un peu plus âgée, et d'un sexe où le sentiment et les lumières se développent plus tôt, paroissoit troublée et alarmée de voir sa petite maman dans un lit, elle qu'on voyoit toujours levée avant ses enfants. Je me souviens qu'à ce propos Julie fit une réflexion tout-à-fait dans son caractère, sur l'imbécile vanité de Vespasien, qui resta couché tandis qu'il pouvoit agir, et se leva lorsqu'il ne put plus rien faire [1]. Je ne sais pas, dit-elle, s'il faut qu'un empereur meure debout, mais je sais bien qu'une mère de famille ne doit s'aliter que pour mourir.

Après avoir épanché son cœur sur ses enfants, après les avoir pris chacun à part, surtout Henriette, qu'elle tint fort long-temps, et qu'on entendoit plaindre et sangloter en recevant ses baisers, elle les appela tous trois, leur donna sa bénédiction, et leur dit, en leur montrant madame d'Orbe : Allez, mes enfants, allez vous jeter aux pieds de votre mère : voilà celle que Dieu vous donne; il ne vous a rien ôté. A l'instant ils courent à elle, se mettent à ses genoux, lui prennent les mains,

---

[1] Ceci n'est pas bien exact. Suétone dit que Vespasien travailloit comme à l'ordinaire dans son lit de mort, et donnoit même ses audiences; mais peut-être en effet eût-il mieux valu se lever pour donner ses audiences, et se recoucher pour mourir. Je sais que Vespasien, sans être un grand homme, étoit au moins un grand prince. N'importe; quelque rôle qu'on ait pu faire durant sa vie, on ne doit point jouer la comédie à sa mort.

l'appellent leur bonne maman, leur seconde mère. Claire se pencha sur eux; mais en les serrant dans ses bras elle s'efforça vainement de parler, elle ne trouva que des gémissements, elle ne put jamais prononcer un seul mot; elle étouffoit. Jugez si Julie étoit émue ! Cette scène commençoit à devenir trop vive; je la fis cesser.

Ce moment d'attendrissement passé, l'on se remit à causer autour du lit; et quoique la vivacité de Julie se fût un peu éteinte avec le redoublement, on voyoit le même air de contentement sur son visage : elle parloit de tout avec une attention et un intérêt qui montroient un esprit très-libre de soins; rien ne lui échappoit; elle étoit à la conversation comme si elle n'avoit eu autre chose à faire. Elle nous proposa de dîner dans sa chambre, pour nous quitter le moins qu'il se pourroit : vous pouvez croire que cela ne fut pas refusé. On servit sans bruit, sans confusion, sans désordre, d'un air aussi rangé que si l'on eût été dans le salon d'Apollon. La Fanchon, les enfants dînèrent à table. Julie, voyant qu'on manquoit d'appétit, trouva le secret de faire manger de tout; tantôt prétextant l'instruction de sa cuisinière, tantôt voulant savoir si elle oseroit en goûter, tantôt nous intéressant par notre santé même, dont nous avions besoin pour la servir, toujours montrant le plaisir qu'on pouvoit lui faire, de manière à ôter tout moyen de s'y refuser, et mêlant à tout cela un enjouement propre à nous distraire du triste objet qui nous occupoit. Enfin une maîtresse de maison, attentive à faire ses honneurs, n'auroit pas, en pleine santé, pour des étrangers, des soins plus marqués, plus obligeants, plus aimables, que ceux que Julie mourante avoit pour sa famille. Rien de tout ce que j'avois cru prévoir n'arrivoit, rien de ce que je voyois ne s'arrangeoit dans ma tête. Je ne savois plus qu'imaginer, je n'y étois plus.

Après le dîner on annonça monsieur le ministre. Il venoit comme ami de la maison; ce qui lui arrivoit fort souvent. Quoique je ne l'eusse point fait appeler, parce que Julie ne l'avoit pas demandé, je vous avoue que je fus charmé de son arrivée; et je ne crois pas qu'en pareille circonstance le plus zélé croyant l'eût pu voir avec plus de plaisir. Sa présence alloit éclaircir bien des doutes, et me tirer d'une étrange perplexité.

Rappelez-vous le motif qui m'avoit porté à lui annoncer sa fin prochaine. Sur l'effet qu'auroit dû, selon moi, produire cette affreuse nouvelle, comment concevoir celui qu'elle avoit produit réellement? Quoi! cette femme dévote qui dans l'état de santé ne passe pas un jour sans se recueillir, qui fait un de ses plaisirs de la prière, n'a plus que deux jours à vivre; elle se voit prête à paroître devant le juge redoutable; et au lieu de se préparer à ce moment terrible, au lieu de mettre ordre à sa conscience, elle s'amuse à parer sa chambre, à faire sa toilette, à causer avec ses amis, à égayer leur repas; et dans tous ses entretiens pas un seul mot de Dieu ni du salut! Que devois-je penser d'elle et de ses vrais sentiments? Comment arranger sa conduite avec les idées que j'avois de sa piété? Comment accorder l'usage qu'elle faisoit des derniers moments de sa vie avec ce qu'elle avoit dit au médecin de leur prix? Tout cela formoit à mon sens une énigme inexplicable. Car enfin, quoique je ne m'attendisse pas à lui trouver toute la petite cagoterie des dévotes, il me sembloit pourtant que c'étoit le temps de songer à ce qu'elle estimoit d'une si grande importance, et qui ne souffroit aucun retard. Si l'on est dévot durant le tracas de cette vie, comment ne le sera-t-on pas au moment qu'il la faut quitter, et qu'il ne reste plus qu'à penser à l'autre?

Ces réflexions m'amenèrent à un point où je ne me serois guère attendu d'arriver. Je commençai presque d'être inquiet que mes opinions indiscrètement soutenues n'eussent enfin trop gagné sur elle. Je n'avois pas adopté les siennes, et pourtant je n'aurois pas voulu qu'elle y eût renoncé. Si j'eusse été malade, je serois certainement mort dans mon sentiment; mais je désirois qu'elle mourût dans le sien, et je trouvois pour ainsi dire qu'en elle je risquois plus qu'en moi. Ces contradictions vous paroîtront extravagantes; je ne les trouve pas raisonnables, et cependant elles ont existé. Je ne me charge pas de les justifier, je vous les rapporte.

Enfin le moment vint où mes doutes alloient être éclaircis. Car il étoit aisé de prévoir que tôt ou tard le pasteur amèneroit la conversation sur ce qui fait l'objet de son ministère; et quand Julie eût été capable de déguisement dans ses réponses, il lui eût été bien difficile de se déguiser assez pour qu'attentif et prévenu je n'eusse pas démêlé ses vrais sentiments.

Tout arriva comme je l'avois prévu. Je laisse à part les lieux communs mêlés d'éloges qui servirent de transition au ministre pour venir à son sujet; je laisse encore ce qu'il lui dit de touchant sur le bonheur de couronner une bonne vie par une fin chrétienne. Il ajouta qu'à la vérité il lui avoit quelquefois trouvé sur certains points des sentiments qui ne s'accordoient pas entièrement avec la doctrine de l'Église, c'est-à-dire avec celle que la plus saine raison pouvoit déduire de l'Écriture; mais comme elle ne s'étoit jamais aheurtée à les défendre, il espéroit qu'elle vouloit mourir ainsi qu'elle avoit vécu, dans la communion des fidèles, et acquiescer en tout à la commune profession de foi.

Comme la réponse de Julie étoit décisive sur mes doutes, et n'étoit pas, à l'égard des lieux communs, dans le cas de l'exhortation, je vais vous la rapporter presque mot à mot; car je l'avois bien écoutée, et j'allai l'écrire dans le moment.

« Permettez-moi, monsieur, de commencer par
« vous remercier de tous les soins que vous avez
« pris de me conduire dans la droite route de la
« morale et de la foi chrétienne, et de la douceur
« avec laquelle vous avez corrigé ou supporté mes
« erreurs quand je me suis égarée. Pénétrée de
« respect pour votre zèle et de reconnoissance
« pour vos bontés; je déclare avec plaisir que je
« vous dois toutes mes bonnes résolutions, et que
« vous m'avez toujours portée à faire ce qui étoit
« bien, et à croire ce qui étoit vrai.

« J'ai vécu et je meurs dans la communion pro-
« testante, qui tire son unique règle de l'Écriture
« sainte et de la raison; mon cœur a toujours con-
« firmé ce que prononçoit ma bouche; et quand
« je n'ai pas eu pour vos lumières toute la docilité
« qu'il eût fallu peut-être, c'étoit un effet de mon
« aversion pour toute espèce de déguisement : ce
« qu'il m'étoit impossible de croire, je n'ai pu dire
« que je le croyois; j'ai toujours cherché sincère-
« ment ce qui étoit conforme à la gloire de Dieu
« et à la vérité. J'ai pu me tromper dans ma re-
« cherche; je n'ai pas l'orgueil de penser avoir eu
« toujours raison : j'ai peut-être eu toujours tort;
« mais mon intention a toujours été pure, et j'ai
« toujours cru ce que je disois croire. C'étoit sur
« ce point tout ce qui dépendoit de moi. Si Dieu
« n'a pas éclairé ma raison au-delà, il est clément

« et juste : pourroit-il me demander compte d'un
« don qu'il ne m'a pas fait ?

« Voilà, monsieur, ce que j'avois d'essentiel à
« vous dire sur les sentiments que j'ai professés.
« Sur tout le reste mon état présent vous répond
« pour moi. Distraite par le mal, livrée au délire
« de la fièvre, est-il temps d'essayer de raisonner
« mieux que je n'ai fait jouissant d'un entendement
« aussi sain que je l'ai reçu ? Si je me suis trompée
« alors, me tromperois-je moins aujourd'hui ? et
« dans l'abattement où je suis dépend-il de moi de
« croire autre chose que ce que j'ai cru étant en
« santé ? C'est la raison qui décide du sentiment
« qu'on préfère ; et la mienne ayant perdu ses meil-
« leures fonctions, quelle autorité peut donner ce
« qui m'en reste aux opinions que j'adopterois sans
« elle ? Que me reste-t-il donc désormais à faire ?
« c'est de m'en rapporter à ce que j'ai cru ci-
« devant : car la droiture d'intention est la même,
« et j'ai le jugement de moins. Si je suis dans l'er-
« reur, c'est sans l'aimer, cela suffit pour me tran-
« quilliser sur ma croyance.

« Quant à la préparation à la mort, monsieur,
« elle est faite, mal il est vrai, mais de mon mieux,
« et mieux du moins que je ne la pourrois faire
« à présent. J'ai tâché de ne pas attendre pour
« remplir cet important devoir que j'en fusse in-
« capable. Je priois en santé, maintenant je me ré-
« signe. La prière du malade est la patience : la

« préparation à la mort est une bonne vie ; je n'en
« connois point d'autre. Quand je conversois avec
« vous, quand je me recueillois seule, quand je
« m'efforçois de remplir les devoirs que Dieu
« m'impose, c'est alors que je me disposois à pa-
« roître devant lui, c'est alors que je l'adorois de
« toutes les forces qu'il m'a données : que ferois-je
« aujourd'hui que je les ai perdues ? mon ame alié-
« née est-elle en état de s'élever à lui ? Ces restes
« d'une vie à demi éteinte, absorbés par la souf-
« france, sont-ils dignes de lui être offerts ? Non,
« monsieur, il me les laisse pour être donnés à
« ceux qu'il m'a fait aimer et qu'il veut que je
« quitte : je leur fais mes adieux pour aller à lui ;
« c'est d'eux qu'il faut que je m'occupe : bientôt
« je m'occuperai de lui seul. Mes derniers plaisirs
« sur la terre sont aussi mes derniers devoirs :
« n'est-ce pas le servir encore, et faire sa volonté,
« que de remplir les soins que l'humanité m'im-
« pose avant d'abandonner sa dépouille ? Que faire
« pour apaiser des troubles que je n'ai pas ? Ma
« conscience n'est point agitée : si quelquefois elle
« m'a donné des craintes, j'en avois plus en santé
« qu'aujourd'hui. Ma confiance les efface ; elle me
« dit que Dieu est plus clément que je ne suis cou-
« pable, et ma sécurité redouble en me sentant
« approcher de lui. Je ne lui porte point un re-
« pentir imparfait, tardif et forcé, qui, dicté par
« la peur, ne sauroit être sincère, et n'est qu'un

« piége pour le tromper. Je ne lui porte pas le reste
« et le rebut de mes jours, pleins de peines et d'en-
« nuis, en proie à la maladie, aux douleurs, aux
« angoisses de la mort, et que je ne lui donnerois
« que quand je n'en pourrois plus rien faire. Je lui
« porte ma vie entière, pleine de péchés et de
« fautes, mais exempte des remords de l'impie et
« des crimes du méchant.

« A quels tourments Dieu pourroit-il condamner
« mon ame ? Les réprouvés, dit-on, le haïssent :
« il faudrait donc qu'il m'empêchât de l'aimer. Je
« ne crains pas d'augmenter leur nombre. O grand
« Être ! Être éternel, suprême intelligence, source
« de vie et de félicité, créateur, conservateur,
« père de l'homme et roi de la nature, Dieu très-
« puissant, très-bon, dont je ne doutai jamais un
« moment, et sous les yeux duquel j'aimai toujours
« à vivre ! je le sais, je m'en réjouis, je vais pa-
« roître devant ton trône. Dans peu de jours mon
« ame, libre de sa dépouille, commencera de t'of-
« frir plus dignement cet immortel hommage qui
« doit faire mon bonheur durant l'éternité. Je
« compte pour rien tout ce que je serai jusqu'à ce
« moment. Mon corps vit encore, mais ma vie mo-
« rale est finie. Je suis au bout de ma carrière, et
« déjà jugée sur le passé. Souffrir et mourir est
« est tout ce qui me reste à faire ; c'est l'affaire de
« la nature : mais moi, j'ai tâché de vivre de ma-
« nière à n'avoir pas besoin de songer à la mort ;

« et maintenant qu'elle approche, je la vois venir
« sans effroi. Qui s'endort dans le sein d'un père
« n'est pas en souci du réveil. »

Ce discours, prononcé d'abord d'un ton grave et posé, puis avec plus d'accent et d'une voix plus élevée, fit sur tous les assistants, sans m'en excepter, une impression d'autant plus vive, que les yeux de celle qui le prononça brilloient d'un feu surnaturel; un nouvel éclat animoit son teint, elle paroissoit rayonnante; et s'il y a quelque chose au monde qui mérite le nom de céleste, c'étoit son visage pendant qu'elle parloit.

Le pasteur lui-même, saisi, transporté de ce qu'il venoit d'entendre, s'écria en levant les yeux et les mains au ciel : Grand Dieu! voilà le culte qui t'honore; daigne t'y rendre propice, les humains t'en offrent peu de pareils.

Madame, dit-il en s'approchant du lit, je croyois vous instruire, et c'est vous qui m'instruisez. Je n'ai plus rien à vous dire. Vous avez la véritable foi, celle qui fait aimer Dieu. Emportez ce précieux repos d'une bonne conscience, il ne vous trompera pas; j'ai vu bien des chrétiens dans l'état où vous êtes, et je ne l'ai trouvé qu'en vous seule. Quelle différence d'une fin si paisible à celle de ces pécheurs bourrelés qui n'accumulent tant de vaines et sèches prières que parce qu'ils sont indignes d'être exaucés! Madame, votre mort est aussi belle que votre vie; vous avez vécu pour la charité; vous mourrez martyre de l'amour maternel. Soit que Dieu vous rende à nous pour nous servir d'exemple, soit qu'il vous appelle à lui pour couronner vos vertus, puissions-nous tous tant que nous sommes vivre et mourir comme vous! nous serons bien sûrs du bonheur de l'autre vie.

Il voulut s'en aller; elle le retint. Vous êtes de mes amis, lui dit-elle, et l'un de ceux que je vois avec le plus de plaisir; c'est pour eux que mes derniers moments me sont précieux. Nous allons nous quitter pour si long-temps qu'il ne faut pas nous quitter si vite. Il fut charmé de rester, et je sortis là-dessus.

En rentrant, je vis que la conversation avoit continué sur le même sujet, mais d'un autre ton et comme sur une matière indifférente. Le pasteur parloit de l'esprit faux qu'on donnoit au christianisme en n'en faisant que la religion des mourants, et de ses ministres des hommes de mauvais augure. On nous regarde, disoit-il, comme des messagers de mort, parce que, dans l'opinion commode qu'un quart d'heure de repentir suffit pour effacer cinquante ans de crimes, on n'aime à nous voir que dans ce temps-là. Il faut nous vêtir d'une couleur lugubre; il faut affecter un air sévère; on n'épargne rien pour nous rendre effrayants. Dans les autres cultes c'est pis encore. Un catholique mourant n'est environné que d'objets qui l'épouvantent, et de cérémonies qui l'enterrent tout vivant. Au soin qu'on prend d'écarter de lui les démons, il croit en voir sa chambre pleine; il meurt cent fois de terreur avant qu'on l'achève; et c'est dans cet état d'effroi que l'Église aime à le plonger pour avoir meilleur marché de sa bourse. Rendons grâces au ciel, dit Julie, de n'être point nés dans ce religions vénales qui tuent les gens pour en hériter, et qui, vendant le paradis aux riches, portent jusqu'en l'autre monde l'injuste inégalité qui règne dans celui-ci. Je ne doute point que toutes ces sombres idées ne fomentent l'incrédulité, et ne donnent une aversion naturelle pour le culte qui les nourrit. J'espère, dit-elle en me regardant, que celui qui doit élever nos enfants prendra des maximes tout opposées, et qu'il ne leur rendra point la religion lugubre et triste en y mêlant incessamment des pensées de mort. S'il leur apprend à bien vivre, ils sauront assez bien mourir.

Dans la suite de cet entretien, qui fut moins serré et plus interrompu que je ne vous le rapporte, j'achevai de concevoir les maximes de Julie et la conduite qui m'avoit scandalisé. Tout cela tenoit à ce que, sentant son état parfaitement désespéré, elle ne songeoit plus qu'à en écarter l'inutile et funèbre appareil dont l'effroi des mourants les environne, soit pour donner le change à notre affliction, soit pour s'ôter à elle-même un spectacle attristant à pure perte. La mort, disoit-elle, est déjà si pénible! pourquoi la rendre encore hideuse ? Les soins que les autres perdent à vouloir prolonger leur vie, je les emploie à jouir de la mienne jusqu'au bout : il ne s'agit que de savoir prendre son parti ; tout le reste va de lui-même. Ferai-je de ma chambre un hôpital, un objet de dégoût et d'ennui, tandis que mon dernier soin est d'y rassembler tout ce qui m'est cher ? Si j'y laisse croupir le mauvais air, il en faudra écarter mes enfants, ou exposer leur santé. Si je reste dans un équipage à faire peur, personne ne me reconnoîtra plus ; je ne serai plus la même ; vous vous souviendrez tous de m'avoir aimée, et ne pourrez plus me souffrir ; j'aurai, moi vivante, l'affreux spectacle de l'horreur que je ferai, même à mes amis, comme si j'étois déjà morte. Au lieu de cela, j'ai trouvé l'art d'étendre ma vie sans la prolonger. J'existe, j'aime, je suis aimée, je vis jusqu'à mon dernier soupir. L'instant de la mort n'est rien, le mal de la nature est peu de chose ; j'ai banni tous ceux de l'opinion.

Tous ces entretiens et d'autres semblables se passoient entre la malade, le pasteur, quelquefois le médecin, la Fanchon et moi. Madame d'Orbe y étoit toujours présente, et ne s'y mêloit jamais. Attentive aux besoins de son amie, elle étoit prompte à la servir. Le reste du temps, immobile et presque inanimée, elle la regardoit sans rien dire, et sans rien entendre de ce qu'on disoit.

Pour moi, craignant que Julie ne parlât jusqu'à s'épuiser, je pris le moment que le ministre et le médecin s'étoient mis à causer ensemble; et m'approchant d'elle, je lui dis à l'oreille : Voilà bien des discours pour une malade! voilà bien de la raison pour quelqu'un qui se croit hors d'état de raisonner!

Oui, me dit-elle tout bas, je parle trop pour une malade, mais non pas pour une mourante; bientôt je ne dirai plus rien. A l'égard des raisonnements, je n'en fais plus, mais j'en ai fait. Je savois en santé qu'il falloit mourir. J'ai souvent réfléchi sur ma dernière maladie; je profite aujourd'hui de ma prévoyance. Je ne suis plus en état de penser ni de résoudre; je ne fais que dire ce que j'avois pensé, et pratiquer ce que j'avois résolu.

Le reste de la journée, à quelques accidents près, se passa avec la même tranquillité, et presque de la même manière que quand tout le monde se portoit bien. Julie étoit, comme en pleine santé, douce et caressante; elle parloit avec le même sens, avec la même liberté d'esprit, même d'un air serein qui alloit quelquefois jusqu'à la gaieté : enfin je continuois de démêler dans ses yeux un certain mouvement de joie qui m'inquiétoit de plus en plus, et sur lequel je résolus de m'éclaircir avec elle.

Je n'attendis pas plus tard que le même soir. Comme elle vit que je m'étois ménagé un tête-à-tête, elle me dit : Vous m'avez prévenue, j'avois à vous parler. Fort bien, lui dis-je; mais puisque j'ai pris les devants, laissez-moi m'expliquer le premier.

Alors, m'étant assis auprès d'elle, et la regardant fixement, je lui dis : Julie, ma chère Julie! vous avez navré mon cœur : hélas! vous avez attendu bien tard! Oui, continuai-je, voyant qu'elle me regardoit avec surprise, je vous ai pénétrée, vous vous réjouissez de mourir; vous êtes bien aise de me quitter. Rappelez-vous la conduite de votre époux depuis que nous vivons ensemble : ai-je mérité de votre part un sentiment si cruel? A l'instant elle me prit les mains, et de ce ton qui savoit aller jusqu'à l'ame : Qui? moi? je veux vous quitter? Est-ce ainsi que vous lisez dans mon cœur? Avez-vous si tôt oublié notre entretien d'hier? Cependant, repris-je, vous mourez contente... je l'ai vu... je le vois... Arrêtez, dit-elle : il est vrai, je meurs contente; mais c'est de mourir comme j'ai vécu, digne d'être votre épouse. Ne m'en demandez pas davantage, je ne vous dirai rien de plus; mais voici, continua-t-elle en tirant un papier de dessous son chevet, où vous acheverez d'éclaircir ce mystère. Ce papier étoit une lettre; et je vis qu'elle vous étoit adressée. Je vous la remets ouverte, ajouta-t-elle en me la donnant, afin qu'après l'avoir lue vous vous déterminiez à l'envoyer ou à la supprimer, selon ce que vous trouverez le plus convenable à votre sagesse et à mon bonheur. Je vous prie de ne la lire que quand je ne serai plus; et je suis si sûre de ce que vous ferez à ma prière, que je ne veux pas même que vous me le promettiez. Cette lettre, cher Saint-Preux, est celle que vous trouverez ci-jointe. J'ai beau savoir que celle qui l'a écrite est morte, j'ai peine à croire qu'elle n'est plus rien.

Elle me parla ensuite de son père avec inquiétude. Quoi! dit-elle, il sait sa fille en danger, et je n'entends point parler de lui! Lui seroit-il arrivé quelque malheur? Auroit-il cessé de m'aimer? Quoi! mon père!... ce père si tendre... m'abandonner ainsi! me laisser mourir sans le voir... sans recevoir sa bénédiction... ses derniers embrassements! O Dieu! quels reproches amers il se fera quand il ne me trouvera plus! Cette réflexion lui étoit douloureuse. Je jugeai qu'elle supporteroit plus aisément l'idée de son père malade que celle de son père indifférent. Je pris le parti de lui avouer la vérité. En effet, l'alarme qu'elle en conçut se trouva moins cruelle que ses premiers soupçons. Cependant la pensée de ne plus le revoir l'affecta vivement. Hélas! dit-elle, que deviendra-t-il après moi? à quoi tiendra-t-il? Survivre à toute sa famille! quelle vie sera la sienne? Il sera seul, il ne vivra plus. Ce moment fut un de ceux où l'horreur de la mort se faisoit sentir, et où la nature reprenoit son empire. Elle soupira, joignit les mains, leva les yeux ; et je vis qu'en effet elle employoit cette difficile prière qu'elle avoit dit être celle du malade.

Elle revint à moi. Je me sens foible, dit-elle ; je prévois que cet entretien pourroit être le dernier que nous aurons ensemble. Au nom de notre union, au nom de nos chers enfants qui en sont le gage, ne soyez plus injuste envers votre épouse. Moi, me réjouir de vous quitter ! vous qui n'avez vécu que pour me rendre heureuse et sage, vous de tous les hommes celui qui me convenoit le plus, le seul peut-être avec qui je pouvois faire un bon ménage et devenir une femme de bien ! Ah ! croyez que si je mettois un prix à la vie, c'étoit pour la passer avec vous. Ces mots prononcés avec tendresse m'émurent au point qu'en portant fréquemment à ma bouche ses mains que je tenois dans les miennes, je les sentis se mouiller de mes pleurs. Je ne croyois pas mes yeux faits pour en répandre. Ce furent les premiers depuis ma naissance ; ce seront les derniers jusqu'à ma mort. Après en avoir versé pour Julie, il n'en faut plus verser pour rien.

Ce jour fut pour elle un jour de fatigue. La préparation de madame d'Orbe durant la nuit, la scène des enfants le matin, celle du ministre l'après-midi, l'entretien du soir avec moi, l'avoient jetée dans l'épuisement. Elle eut un peu plus de repos cette nuit-là que les précédentes, soit à cause de sa foiblesse, soit qu'en effet la fièvre et le redoublement fussent moindres.

Le lendemain, dans la matinée, on vint me dire qu'un homme très-mal mis demandoit avec beaucoup d'empressement à voir madame en particulier. On lui avoit dit l'état où elle étoit : il avoit insisté, disant qu'il s'agissoit d'une bonne action, qu'il connoissoit bien madame de Wolmar, et qu'il savoit que tant qu'elle respireroit elle aimeroit à en faire de telles. Comme elle avoit établi pour règle inviolable de ne jamais rebuter personne, et surtout les malheureux, on me parla de cet homme avant de le renvoyer. Je le fis venir. Il étoit presque en guenilles, il avoit l'air et le ton de la misère ; au reste, je n'aperçus rien dans sa physionomie et dans ses propos qui me fît mal augurer de lui. Il s'obstinoit à ne vouloir parler qu'à Julie. Je lui dis que s'il ne s'agissoit que de quelques secours pour lui aider à vivre, sans importuner pour cela une femme à l'extrémité, je ferois ce qu'elle auroit pu faire. Non, dit-il, je ne demande point d'argent, quoique j'en aie grand besoin ; je demande un bien qui m'appartient, un bien que j'estime plus que tous les trésors de la terre, un bien que j'ai perdu par ma faute, et que madame seule, de qui je le tiens, peut me rendre une seconde fois.

Ce discours, auquel je ne compris rien, me détermina pourtant. Un malhonnête homme eût pu dire la même chose, mais il ne l'eût jamais dite du même ton. Il exigeoit du mystère, ni laquais ni femme de chambre. Ces précautions me sembloient bizarres; toutefois je les pris. Enfin je le lui menai. Il m'avoit dit être connu de madame d'Orbe : il passa devant elle; elle ne le reconnut point, et j'en fus peu surpris. Pour Julie, elle le reconnut à l'instant, et, le voyant dans ce triste équipage, elle me reprocha de l'y avoir laissé. Cette reconnoissance fut touchante. Claire, éveillée par le bruit, s'approche, et le reconnoît à la fin, non sans donner aussi quelques signes de joie; mais les témoignages de son bon cœur s'éteignoient dans sa profonde affliction : un seul sentiment absorboit tout, elle n'étoit plus sensible à rien.

Je n'ai pas besoin, je crois, de vous dire qui étoit cet homme. Sa présence rappela bien des souvenirs. Mais, tandis que Julie le consoloit et lui donnoit de bonnes espérances, elle fut saisie d'un violent étouffement, et se trouva si mal qu'on crut qu'elle alloit expirer. Pour ne pas faire scène, et prévenir les distractions dans un moment où il ne falloit songer qu'à la secourir, je fis passer l'homme dans le cabinet, l'avertissant de le fermer sur lui. La Fanchon fut appelée, et à force de temps et de soins la malade revint enfin de sa pâmoison. En nous voyant tous consternés autour d'elle, elle nous dit : Mes enfants, ce n'est qu'un essai; cela n'est pas si cruel qu'on pense.

Le calme se rétablit; mais l'alarme avoit été si chaude qu'elle me fit oublier l'homme dans le cabinet; et quand Julie me demanda tout bas ce qu'il étoit devenu, le couvert étoit mis, tout le monde étoit là. Je voulus entrer pour lui parler; mais il avoit fermé la porte en dedans, comme je lui avois dit; il fallut attendre après le dîner pour le faire sortir.

Durant le repas, du Bosson qui s'y trouvoit, parlant d'une jeune veuve qu'on disoit se remarier, ajouta quelque chose sur le triste sort des veuves. Il y en a, dis-je, de bien plus à plaindre encore; ce sont les veuves dont les maris sont vivants. Cela est vrai, reprit Fanchon, qui vit que ce discours s'adressoit à elle, surtout quand ils leur sont chers. Alors l'entretien tomba sur le sien; et, comme elle en avoit parlé avec affection dans tous les temps, il étoit naturel qu'elle en parlât de même au moment où la perte de sa bienfaitrice alloit lui rendre la sienne encore plus rude. C'est aussi ce qu'elle fit en termes très-touchants, louant son bon naturel, déplorant les mauvais exemples qui l'avoient séduit, et le regrettant si sincèrement, que, déjà disposée à la tristesse, elle s'émeut jusqu'à pleurer. Tout à coup le cabinet s'ouvre, l'homme en guenilles en sort impétueusement, se précipite à ses genoux, les embrasse et fond en larmes. Elle tenoit un verre; il lui échappe : Ah! malheureux! d'où viens-tu? elle se laisse aller sur lui, et seroit tombée en foiblesse si l'on n'eût été prompt à la secourir.

Le reste est facile à imaginer. En un moment on sut par toute la maison que Claude Anet étoit arrivé. Le mari de la bonne Fanchon! quelle fête! A peine étoit-il hors de la chambre qu'il fut équipé. Si chacun n'avoit eu que deux chemises, Anet en auroit autant eu lui tout seul qu'il en seroit resté à tous les autres. Quand je sortis pour le faire habiller, je trouvai qu'on m'avoit si bien prévenu, qu'il fallut user d'autorité pour faire tout reprendre à ceux qui l'avoient fourni.

Cependant Fanchon ne vouloit point quitter sa maîtresse. Pour lui faire donner quelques heures à son mari, on prétexta que les enfants avoient besoin de prendre l'air, et tous deux furent chargés de les conduire.

Cette scène n'incommoda point la malade comme les précédentes; elle n'avoit rien eu que d'agréable, et ne lui fit que du bien. Nous passâmes l'après-midi, Claire et moi, seuls auprès d'elle, et nous eûmes deux heures d'un entretien paisible, qu'elle rendit le plus intéressant, le plus charmant que nous eussions jamais eu.

Elle commença par quelques observations sur le touchant spectacle qui venoit de nous frapper, et qui lui rappeloit si vivement les premiers temps de sa jeunesse; puis, suivant le fil des évènements, elle fit une courte récapitulation de sa vie entière pour montrer qu'à tout prendre elle avoit été douce et fortunée, que de degrés en degrés elle étoit montée au comble du bonheur permis sur la terre, et que l'accident qui terminoit ses jours au milieu de leur course marquoit, selon toute apparence, dans sa carrière naturelle, le point de séparation des biens et des maux.

Elle remercia le ciel de lui avoir donné un cœur sensible et porté au bien, un entendement sain, une figure prévenante; de l'avoir fait naître dans un pays de liberté et non parmi des esclaves, d'une famille honorable et non d'une race de malfaiteurs, dans une honnête fortune et non dans les grandeurs du monde qui corrompent l'ame, ou dans l'indigence qui l'avilit. Elle se félicita d'être née d'un père et d'une mère tous deux vertueux et bons, pleins de droiture et d'honneur, et qui, tempérant les défauts l'un de l'autre, avoient formé sa raison sur la leur sans lui donner leur foiblesse ou leurs préjugés. Elle vanta l'avantage d'avoir été élevée dans une religion raisonnable et sainte, qui, loin d'abrutir l'homme, l'ennoblit et l'élève; qui, ne favorisant ni l'impiété ni le fanatisme, permet d'être sage et de croire, d'être humain et pieux tout à la fois.

Après cela, serrant la main de sa cousine qu'elle tenoit dans la sienne, et la regardant de cet œil que vous devez connoître et que la langueur rendoit encore plus touchant : Tous ces biens, dit-elle, ont été donnés à mille autres; mais celui-ci!... le ciel ne l'a donné qu'à moi. J'étois femme, et j'eus une amie : il nous fit naître en même temps; il mit dans nos inclinations un accord qui ne s'est jamais démenti; il fit nos cœurs l'un pour l'autre; il nous unit dès le berceau : je l'ai conservée tout le temps de ma vie, et sa main me ferme les yeux. Trouvez un autre exemple pareil au monde, et je ne me vante plus de rien. Quels sages conseils ne m'a-t-elle pas donnés? de quels périls ne m'a-t-elle pas sauvée? de quels maux ne me consoloit-elle pas? Qu'eussé-je été sans elle? que n'eût-elle pas fait de moi si je l'avois mieux écoutée? Je la vaudrois peut-être aujourd'hui! Claire, pour toute réponse, baissa la tête sur le sein de son amie, et voulut soulager ses sanglots par des pleurs : il ne fut pas possible. Julie la pressa long-temps contre sa poitrine en silence. Ces moments n'ont ni mots ni larmes.

Elles se remirent, et Julie continua : Ces biens étoient mêlés d'inconvénients; c'est le sort des choses humaines. Mon cœur étoit fait pour l'amour, difficile en mérite personnel, indifférent sur tous les biens de l'opinion. Il étoit presque impossible que les préjugés de mon père s'accordassent avec mon penchant. Il me falloit un amant que j'eusse choisi moi-même. Il s'offrit; je crus le choisir : sans doute le ciel le choisit pour moi, afin que, livrée aux erreurs de ma passion, je ne le fusse pas aux horreurs du crime, et que l'amour de la vertu restât au moins dans mon ame après elles. Il prit le langage honnête et insinuant avec lequel mille fourbes séduisent tous les jours autant de filles bien nées : mais seul parmi tant d'autres, il étoit honnête homme et pensoit ce qu'il disoit. Est-ce ma prudence qui l'avoit discerné? Non; je ne connus d'abord de lui que son langage, et je fus séduite. Je fis par désespoir ce que d'autres font par effronterie : je me jetai, comme disoit mon père, à sa tête : il me respecta. Ce fut alors seulement que je pus le connoître. Tout homme capable d'un pareil trait a l'ame belle; alors on y peut compter. Mais j'y comptois auparavant, ensuite j'osai compter sur moi-même; et voilà comment on se perd.

Elle s'étendit avec complaisance sur le mérite de cet amant; elle lui rendoit justice, mais on voyoit combien son cœur se plaisoit à la lui rendre. Elle le louoit même à ses propres dépens. A force d'être équitable envers lui, elle étoit inique envers elle, et se faisoit tort pour lui faire honneur. Elle alla jusqu'à soutenir qu'il eut plus d'horreur qu'elle de l'adultère sans se souvenir qu'il avoit lui-même réfuté cela.

Tous les détails du reste de sa vie furent suivis dans le même esprit. Milord Édouard, son mari, ses enfants, votre retour, notre amitié, tout fut mis sous un jour avantageux. Ses malheurs mêmes lui en avoient épargné de plus grands. Elle avoit perdu sa mère au moment que cette perte lui pouvoit être la plus cruelle; mais si le ciel la lui eût conservée, bientôt il fût survenu du désordre dans sa famille. L'appui de sa mère, quelque foible qu'il fût, eût suffi pour la rendre plus courageuse à résister à son père; et de là seroient sortis la discorde et les scandales, peut-être les désastres et le déshonneur, peut-être pis encore si son frère avoit vécu. Elle avoit épousé malgré elle un homme qu'elle n'aimoit point; mais elle soutint qu'elle n'auroit pu jamais être aussi heureuse avec un autre, pas même avec celui qu'elle avoit aimé. La mort de M. d'Orbe lui avoit ôté un ami, mais en lui rendant son amie. Il n'y avoit pas jusqu'à ses chagrins et ses peines qu'elle ne comptât pour des avantages, en ce qu'ils avoient empêché son cœur de s'endurcir aux malheurs d'autrui. On ne sait pas, disoit-elle, quelle douceur c'est de s'attendrir sur ses propres maux et sur ceux des autres. La sensibilité porte toujours dans l'ame un certain contentement de soi-même indépendant de la fortune et des événements. Que j'ai gémi! que j'ai versé de larmes! Hé bien! s'il falloit renaître aux mêmes conditions, le mal que j'ai commis seroit le seul que je voudrois retrancher; celui que j'ai souffert me seroit agréable encore. Saint-Preux, je vous rends ses propres mots; quand vous aurez lu sa lettre, vous les comprendrez peut-être mieux.

Voyez donc, continuoit-elle, à quelle félicité je suis parvenue. J'en avois beaucoup; j'en attendois davantage. La prospérité de ma famille, une bonne éducation pour mes enfants, tout ce qui m'étoit cher rassemblé autour de moi ou prêt à l'être. Le présent, l'avenir, me flattoient également : la jouissance et l'espoir se réunissoient pour me rendre heureuse : mon bonheur monté par degrés était au comble; il ne pouvoit plus que déchoir; il étoit venu sans être attendu, il se fût enfui quand je l'aurois cru durable. Qu'eût fait le sort pour me soutenir à ce point? Un état permanent est-il fait pour l'homme? Non, quand on a tout acquis il faut perdre, ne fût-ce que le plaisir de la possession qui s'use par elle. Mon père est déjà vieux; mes enfants sont dans l'âge tendre où la vie est encore mal assurée : que de pertes pouvoient m'affliger, sans qu'il me restât plus rien à pouvoir acquérir! L'affection maternelle augmente sans cesse, la tendresse filiale diminue à mesure que les enfants vivent plus loin de leur mère. En avançant en âge les miens se seroient plus séparés de moi. Ils auroient vécu dans le monde; ils m'auroient pu négliger. Vous en voulez envoyer un en Russie; que de pleurs son départ m'auroit coûtés! Tout se seroit détaché de moi peu à peu, et rien n'eût suppléé aux pertes que j'aurois faites. Combien de fois j'aurois pu me trouver dans l'état où je vous laisse! Enfin n'eût-il pas fallu mourir? peut-être mourir la dernière de tous! peut-être seule et abandonnée! Plus on vit, plus on aime à vivre, même sans jouir de rien : j'aurois eu l'ennui de la vie et la terreur de la mort, suite ordinaire de la vieillesse. Au lieu de cela, mes derniers instants sont encore agréables, et j'ai de la vigueur pour mourir; si même on peut appeler mourir que laisser vivant ce qu'on aime. Non, mes amis, non, mes enfants; je ne vous quitte pas pour ainsi dire; je reste avec vous; en vous laissant tous unis, mon esprit, mon cœur, vous demeurent. Vous me verrez sans cesse entre vous; vous vous sentirez sans cesse environnés de moi... Et puis nous nous rejoindrons, j'en suis sûre; le bon Wolmar lui-même ne m'échappera pas. Mon retour à Dieu tranquillise mon ame et m'adoucit un moment pénible; il me promet pour vous le même destin qu'à moi. Mon sort me suit et s'assure. Je fus heureuse, je le suis, je vais l'être : mon bonheur est fixé, je l'arrache à la fortune; il n'a plus de bornes que l'éternité.

Elle en étoit là quand le ministre entra. Il l'honoroit et l'estimoit véritablement. Il savoit mieux que personne combien sa foi étoit vive et sincère. Il n'en avoit été que plus frappé de l'entretien de la veille, et en tout, de la contenance qu'il lui avoit trouvée. Il avoit vu souvent mourir avec ostentation, jamais avec sérénité. Peut-être à l'intérêt qu'il prenoit à elle se joignit-il un désir secret de voir si ce calme se soutiendroit jusqu'au bout.

Elle n'eut pas besoin de changer beaucoup le sujet de l'entretien pour en amener un convenable au caractère du survenant. Comme ses conversations en pleine santé n'étoient jamais frivoles, elle ne faisoit alors que continuer à traiter dans son lit avec la même tranquillité des sujets intéressants pour elle et pour ses amis ; elle agitoit indifféremment des questions qui n'étoient pas indifférentes.

En suivant le fil de ses idées sur ce qui pouvoit rester d'elle avec nous, elle nous parloit de ses anciennes réflexions sur l'état des ames séparées des corps ; elle admiroit la simplicité des gens qui promettoient à leurs amis de venir leur donner des nouvelles de l'autre monde. Cela, disoit-elle, est aussi raisonnable que les contes de revenants qui font mille désordres et tourmentent les bonnes femmes ; comme si les esprits avoient des voix pour parler, et des mains pour battre ¹ ! Comment

---

¹ Platon dit qu'à la mort les ames des justes qui n'ont point contracté de souillure sur la terre se dégagent seules de la matière dans toute leur pureté. Quant à ceux qui se sont ici-bas asservis à leurs passions, il ajoute que leurs ames ne reprennent point si tôt leur pureté primitive, mais qu'elles entraînent avec elles des parties terrestres qui les tiennent comme enchaînées autour des débris de leurs corps. Voilà, dit-il, ce qui produit ces simulacres sensibles qu'on voit quelquefois errants sur les cimetières, en attendant de nouvelles transmigrations. C'est une manie commune aux philosophes de tous les âges de nier ce qui est, et d'expliquer ce qui n'est pas.

un pur esprit agiroit-il sur une ame enfermée dans un corps, et qui, en vertu de cette union, ne peut rien apercevoir que par l'entremise de ses organes? Il n'y a pas de sens à cela. Mais j'avoue que je ne vois point ce qu'il y a d'absurde à supposer qu'une ame libre d'un corps qui jadis habita la terre puisse revenir encore, errer, demeurer peut-être autour de ce qui lui fut cher; non pas pour nous avertir de sa présence, elle n'a nul moyen pour cela; non pas pour agir sur nous et nous communiquer ses pensées, elle n'a point de prise pour ébranler les organes de notre cerveau; non pas pour apercevoir non plus ce que nous faisons, car il faudroit qu'elle eût des sens; mais pour connoître elle-même ce que nous pensons et ce que nous sentons, par une communication immédiate, semblable à celle par laquelle Dieu lit nos pensées dès cette vie, et par laquelle nous lirons réciproquement les siennes dans l'autre, puisque nous le verrons face à face[1]. Car enfin, ajouta-t-elle en regardant le ministre, à quoi serviroient des sens lorsqu'ils n'auront plus rien à faire? L'Être éternel ne se voit ni ne s'entend; il se fait sentir; il ne parle ni aux yeux ni aux oreilles, mais au cœur.

Je compris, à la réponse du pasteur et à quelques signes d'intelligence, qu'un des points ci-

---

[1] Cela me paroît très-bien dit : car qu'est-ce que voir Dieu face à face, si ce n'est lire dans la suprême intelligence?

devant contestés entre eux étoit la résurrection des corps. Je m'aperçus aussi que je commençois à donner un peu plus d'attention aux articles de la religion de Julie où la foi se rapprochoit de la raison.

Elle se complaisoit tellement à ces idées, que quand elle n'eût pas pris son parti sur ses anciennes opinions, c'eût été une cruauté d'en détruire une qui lui sembloit si douce dans l'état où elle se trouvoit. Cent fois, disoit-elle, j'ai pris plus de plaisir à faire quelque bonne œuvre en imaginant ma mère présente qui lisoit dans le cœur de sa fille et l'applaudissoit. Il y a quelque chose de si consolant à vivre encore sous les yeux de ce qui nous fut cher! Cela fait qu'il ne meurt qu'à moitié pour nous. Vous pouvez juger si, durant ces discours, la main de Claire étoit souvent serrée.

Quoique le pasteur répondît à tout avec beaucoup de douceur et de modération, et qu'il affectât même de ne la contrarier en rien, de peur qu'on ne prît son silence sur d'autres points pour un aveu, il ne laissa pas d'être ecclésiastique un moment, et d'exposer sur l'autre vie une doctrine opposée. Il dit que l'immensité, la gloire et les attributs de Dieu seroient le seul objet dont l'ame des bienheureux seroit occupée; que cette contemplation sublime efface roit tout autre souvenir; qu'on ne se verroit point, qu'on ne se reconnoîtroit point, même dans le ciel, et qu'à cet aspect ravissant on ne songeroit plus à rien de terrestre.

Cela peut être, reprit Julie, il y a si loin de la bassesse de nos pensées à l'essence divine, que nous ne pouvons juger des effets qu'elle produira sur nous que quand nous serons en état de la contempler. Toutefois, ne pouvant maintenant raisonner que sur mes idées, j'avoue que je me sens des affections si chères, qu'il m'en coûteroit de penser que je ne les aurai plus. Je me suis même fait une espèce d'argument qui flatte mon espoir. Je me dis qu'une partie de mon bonheur consistera dans le témoignage d'une bonne conscience. Je me souviendrai donc de ce que j'aurai fait sur la terre; je me souviendrai donc aussi des gens qui m'y ont été chers; ils me le seront donc encore : ne les voir [1] plus seroit une peine, et le séjour des bienheureux n'en admet point. Au reste, ajouta-t-elle en regardant le ministre d'un air assez gai, si je me trompe, un jour ou deux d'erreur seront bientôt passés : dans peu j'en saurai là-dessus plus que vous-même. En attendant, ce qu'il y a pour moi de très-sûr, c'est que tant que

---

[1] Il est aisé de comprendre que par ce mot *voir* elle entend un pur acte de l'entendement, semblable à celui par lequel Dieu nous voit, et par lequel nous verrons Dieu. Les sens ne peuvent imaginer l'immédiate communication des esprits; mais la raison la conçoit très-bien, et mieux, ce me semble, que la communication du mouvement dans les corps.

je me souviendrai d'avoir habité la terre, j'aimerai ceux que j'y ai aimés, et mon pasteur n'aura pas la dernière place.

Ainsi se passèrent les entretiens de cette journée, où la sécurité, l'espérance, le repos de l'ame, brillèrent plus que jamais dans celle de Julie, et lui donnoient d'avance, au jugement du ministre, la paix des bienheureux dont elle alloit augmenter le nombre. Jamais elle ne fut plus tendre, plus vraie, plus caressante, plus aimable, en un mot plus elle-même. Toujours du sens, toujours du sentiment, toujours la fermeté du sage, et toujours la douceur du chrétien. Point de prétention, point d'apprêt, point de sentence ; partout la naïve expression de ce qu'elle sentoit; partout la simplicité de son cœur. Si quelquefois elle contraignoit les plaintes que la souffrance auroit dû lui arracher, ce n'étoit point pour jouer l'intrépidité stoïque, c'étoit de peur de navrer ceux qui étoient autour d'elle ; et quand les horreurs de la mort faisoient quelque instant pâtir la nature, elle ne cachoit point ses frayeurs, elle se laissoit consoler : sitôt qu'elle étoit remise elle consoloit les autres : on voyoit, on sentoit son retour ; son air caressant le disoit à tout le monde. Sa gaieté n'étoit point contrainte, sa plaisanterie même étoit touchante; on avoit le sourire à la bouche et les yeux en pleurs. Otez cet effroi qui ne permet pas de jouir de ce qu'on va perdre, elle plaisoit plus, elle étoit plus aimable qu'en santé même, et le dernier jour de sa vie en fut aussi le plus charmant.

Vers le soir elle eut encore un accident qui, bien que moindre que celui du matin, ne lui permit pas de voir long-temps ses enfants. Cependant elle remarqua qu'Henriette étoit changée. On lui dit qu'elle pleuroit beaucoup et ne mangeoit point. On ne la guérira pas de cela, dit-elle en regardant Claire; la maladie est dans le sang.

Se sentant bien revenue, elle voulut qu'on soupât dans sa chambre. Le médecin s'y trouva comme le matin. La Fanchon, qu'il falloit toujours avertir quand elle devoit venir manger à notre table, vint ce soir-là sans se faire appeler. Julie s'en aperçut et sourit. Oui, mon enfant, lui dit-elle, soupe encore avec moi ce soir; tu auras plus long-temps ton mari que ta maîtresse. Puis elle me dit : Je n'ai pas besoin de vous recommander Claude Anet. Non, repris-je; tout ce que vous avez honoré de votre bienveillance n'a pas besoin de m'être recommandé.

Le souper fut encore plus agréable que je ne m'y étois attendu. Julie, voyant qu'elle pouvoit soutenir la lumière, fit approcher la table, et, ce qui sembloit inconcevable dans l'état où elle étoit, elle eut appétit. Le médecin, qui ne voyoit plus d'inconvénient à la satisfaire, lui offrit un blanc de poulet. Non, dit-elle; mais je mangerois bien de cette ferra[1]. On lui en donna un petit morceau ; elle le mangea avec un peu de pain, et le trouva bon. Pendant qu'elle mangeoit il falloit voir madame d'Orbe la regarder ; il falloit le voir, car cela ne peut se dire. Loin que ce qu'elle avoit mangé lui fît mal, elle en parut mieux le reste du souper : elle se trouva même de si bonne humeur, qu'elle s'avisa de remarquer, par forme de reproche, qu'il y avoit long-temps que je n'avois bu de vin étranger. Donnez, dit-elle, une bouteille de vin d'Espagne à ces messieurs. A la contenance du médecin, elle vit qu'il s'attendoit à boire du vrai vin d'Espagne, et sourit encore en regardant sa cousine : j'aperçus aussi que, sans faire attention à tout cela, Claire, de son côté, commençoit de temps à autre à lever les yeux, avec un peu d'agitation, tantôt sur Julie, et tantôt sur Fanchon, à qui ces yeux sembloient dire ou demander quelque chose.

Le vin tardoit à venir : on eut beau chercher la clef de la cave, on ne la trouva point ; et l'on jugea, comme il étoit vrai, que le valet de chambre du baron, qui en étoit chargé, l'avoit emportée par mégarde. Après quelques autres informations, il fut clair que la provision d'un seul jour en avoit duré cinq, et que le vin manquoit sans que personne s'en fût aperçu, malgré plusieurs nuits de

[1] Excellent poisson particulier au lac de Genève, et qu'on n'y trouve qu'en certains temps.

veille[1]. Le médecin tomboit des nues. Pour moi, soit qu'il fallût attribuer cet oubli à la tristesse ou à la sobriété des domestiques, j'eus honte d'user avec de telles gens des précautions ordinaires ; je fis enfoncer la porte de la cave, et j'ordonnai que désormais tout le monde eût du vin à discrétion.

La bouteille arrivée, on en but. Le vin fut trouvé excellent. La malade en eut envie ; elle en demanda une cuillerée avec de l'eau : le médecin le lui donna dans un verre, et voulut qu'elle le bût pur. Ici les coups d'œil devinrent plus fréquents entre Claire et la Fanchon, mais comme à la dérobée et craignant toujours d'en trop dire.

Le jeûne, la foiblesse, le régime ordinaire à Julie, donnèrent au vin une grande activité. Ah ! dit-elle, vous m'avez enivrée ! après avoir attendu si tard, ce n'étoit pas la peine de commencer ; car c'est un objet bien odieux qu'une femme ivre. En effet, elle se mit à babiller, très-sensément pourtant à son ordinaire, mais avec plus de vivacité qu'auparavant. Ce qu'il y avoit d'étonnant, c'est que son teint n'étoit point allumé ; ses yeux ne brilloient que d'un feu modéré par la langueur de la maladie ; à la pâleur près, on l'auroit crue en

---

[1] Lecteurs à beaux laquais, ne demandez point avec un ris moqueur où l'on avoit pris ces gens-là. On vous a répondu d'avance : On ne les avoit point pris, on les avoit faits. Le problème entier dépend d'un point unique : trouvez seulement Julie, et tout le reste est trouvé. Les hommes en général ne sont point ceci ou cela, ils sont ce qu'on les fait être.

santé. Pour alors l'émotion de Claire devint tout-à-fait visible. Elle élevoit un œil craintif alternativement sur Julie, sur moi, sur la Fanchon, mais principalement sur le médecin : tous ces regards étoient autant d'interrogations qu'elle vouloit et n'osoit faire : on eût dit toujours qu'elle alloit parler, mais que la peur d'une mauvaise réponse la retenoit ; son inquiétude étoit si vive qu'elle en paroissoit oppressée.

Fanchon, enhardie par tous ces signes, hasarda de dire, mais en tremblant et à demi-voix, qu'il sembloit que madame avoit un peu moins souffert aujourd'hui... que la dernière convulsion avoit été moins forte... que la soirée... Elle resta interdite. Et Claire, qui pendant qu'elle avoit parlé trembloit comme la feuille, leva des yeux craintifs sur le médecin, les regards attachés aux siens, l'oreille attentive, et n'osant respirer de peur de ne pas bien entendre ce qu'il alloit dire.

Il eût fallu être stupide pour ne pas concevoir tout cela. Du Bosson se lève, va tâter le pouls de la malade, et dit : Il n'y a point là d'ivresse ni de fièvre ; le pouls est fort bon. A l'instant Claire s'écrie en tendant à demi les deux bras : Hé bien ! monsieur !... le pouls ?... la fièvre ?... La voix lui manquoit, mais ses mains écartées restoient toujours en avant ; ses yeux pétilloient d'impatience ; il n'y avoit pas un muscle à son visage qui ne fût en action. Le médecin ne répond rien, reprend le poignet, examine les yeux, la langue, reste un moment pensif, et dit : Madame, je vous entends bien : il m'est impossible de dire à présent rien de positif; mais si demain matin, à pareille heure, elle est encore dans le même état, je réponds de sa vie. A ce mot Claire part comme un éclair, renverse deux chaises et presque la table, saute au cou du médecin, l'embrasse, le baise mille fois en sanglotant et pleurant à chaudes larmes, et toujours avec la même impétuosité, s'ôte du doigt une bague de prix, la met au sien malgré lui, et lui dit hors d'haleine : Ah! monsieur, si vous nous la rendez, vous ne la sauverez pas seule.

Julie vit tout cela. Ce spectacle la déchira. Elle regarde son amie, et lui dit d'un ton tendre et douloureux : Ah! cruelle, que tu me fais regretter la vie! veux-tu me faire mourir désespérée? Faudra-t-il te préparer deux fois? Ce peu de mots fut un coup de foudre; il amortit aussitôt les transports de joie; mais il ne put étouffer tout-à-fait l'espoir renaissant.

En un instant la réponse du médecin fut sue par toute la maison. Ces bonnes gens crurent déjà leur maîtresse guérie. Ils résolurent tout d'une voix de faire au médecin, si elle en revenoit, un présent en commun pour lequel chacun donna trois mois de ses gages; et l'argent fut sur-le-champ consigné dans les mains de la Fanchon, les uns prêtant aux autres ce qui leur manquoit pour cela. Cet accord se fit avec tant d'empressement, que Julie entendoit de son lit le bruit de leurs acclamations. Jugez de l'effet dans le cœur d'une femme qui se sent mourir ! Elle me fit signe, et me dit à l'oreille : On m'a fait boire jusqu'à la lie la coupe amère et douce de la sensibilité.

Quand il fut question de se retirer, madame d'Orbe, qui partagea le lit de sa cousine comme les deux nuits précédentes, fit appeler sa femme de chambre pour relayer cette nuit la Fanchon; mais celle-ci s'indigna de cette proposition, plus même, ce me sembla, qu'elle n'eût fait si son mari ne fût pas arrivé. Madame d'Orbe s'opiniâtra de son côté, et les deux femmes de chambre passèrent la nuit ensemble dans le cabinet : je la passai dans la chambre voisine; et l'espoir avoit tellement ranimé le zèle, que ni par ordre ni par menace je ne pus envoyer coucher un seul domestique : ainsi toute la maison resta sur pied cette nuit avec une telle impatience, qu'il y avoit peu de ses habitants qui n'eussent donné beaucoup de leur vie pour être à neuf heures du matin.

J'entendis durant la nuit quelques allées et venues qui ne m'alarmèrent pas; mais sur le matin que tout étoit tranquille, un bruit sourd frappa mon oreille. J'écoute, je crois distinguer des gémissements. J'accours, j'entre, j'ouvre le rideau... Saint-Preux ! cher Saint-Preux !... je vois les deux amies sans mouvement et se tenant embrassées, l'une évanouie et l'autre expirante. Je m'écrie, je veux retarder ou recueillir son dernier soupir, je me précipite. Elle n'étoit plus.

Adorateur de Dieu, Julie n'étoit plus... Je ne vous dirai pas ce qui se fit durant quelques heures ; j'ignore ce que je devins moi-même. Revenu du premier saisissement, je m'informai de madame d'Orbe. J'appris qu'il avoit fallu la porter dans sa chambre, et même l'y renfermer ; car elle rentroit à chaque instant dans celle de Julie, se jetoit sur son corps, le réchauffoit du sien, s'efforçoit de le ranimer, le pressoit, s'y colloit avec une espèce de rage, l'appeloit à grands cris de mille noms passionnés, et nourrissoit son désespoir de tous ces efforts inutiles.

En entrant je la trouvai tout-à-fait hors de sens, ne voyant rien, n'entendant rien, ne connoissant personne, se roulant par la chambre en se tordant les mains et mordant les pieds des chaises, murmurant d'une voix sourde quelques paroles extravagantes, puis poussant par longs intervalles des cris aigus qui faisoient tressaillir. Sa femme de chambre au pied de son lit, consternée, épouvantée, immobile, n'osant souffler, cherchoit à se cacher d'elle, et trembloit de tout son corps. En effet, les convulsions dont elle étoit agitée avoient quelque chose d'effrayant. Je fis signe à la femme de chambre de se retirer ; car je craignois qu'un seul mot de consolation lâché mal à propos ne la mît en fureur.

Je n'essayai pas de lui parler, elle ne m'eût point écouté ni même entendu ; mais au bout de quelque temps, la voyant épuisée de fatigue, je la pris et la portai dans un fauteuil : je m'assis auprès d'elle en lui tenant les mains, j'ordonnai qu'on amenât les enfants, et les fis venir autour d'elle. Malheureusement le premier qu'elle aperçut fut précisément la cause innocente de la mort de son amie. Cet aspect la fit frémir. Je vis ses traits s'altérer, ses regards s'en détourner avec une espèce d'horreur, et ses bras en contraction se roidir pour le repousser. Je tirai l'enfant à moi. Infortuné ! lui dis-je, pour avoir été trop cher à l'une tu deviens odieux à l'autre : elles n'eurent pas en tout le même cœur. Ces mots l'irritèrent violemment, et m'en attirèrent de très piquants. Ils ne laissèrent pourtant pas de faire impression. Elle prit l'enfant dans ses bras, et s'efforça de le caresser : ce fut en vain ; elle le rendit presque au même instant ; elle continue même à le voir avec moins de plaisir que l'autre, et je suis bien aise que ce ne soit pas celui-là qu'on a destiné à sa fille.

Gens sensibles, qu'eussiez-vous fait à ma place ? ce que faisoit madame d'Orbe. Après avoir mis ordre aux enfants, à madame d'Orbe, aux funérailles de la seule personne que j'aie aimée, il fallut monter à cheval, et partir, la mort dans le cœur, pour la porter au plus déplorable père. Je le trouvai souffrant de sa chute, agité, troublé de l'accident de sa fille : je le laissai accablé de douleur, de ces douleurs de vieillard qu'on n'aperçoit pas au dehors, qui n'excitent ni gestes, ni cris, mais qui tuent. Il n'y résistera jamais, j'en suis sûr, et je prévois de loin le dernier coup qui manque au malheur de son ami. Le lendemain je fis toute la diligence possible pour être de retour de bonne heure et rendre les derniers honneurs à la plus digne des femmes. Mais tout n'étoit pas dit encore. Il falloit qu'elle ressuscitât pour me donner l'horreur de la perdre une seconde fois.

En approchant du logis, je vois un de mes gens accourir à perte d'haleine, et s'écrier d'aussi loin que je pus l'entendre : Monsieur, monsieur, hâtez-vous, madame n'est pas morte. Je ne compris rien à ce propos insensé ; j'accours toutefois. Je vois la cour pleine de gens qui versoient des larmes de joie, en donnant à grands cris des bénédictions à madame de Wolmar. Je demande ce que c'est ; tout le monde est dans le transport, personne ne peut me répondre : la tête avoit tourné à mes propres gens. Je monte à pas précipités dans l'appartement de Julie ; je trouve plus de vingt personnes à genoux autour de son lit et les yeux fixés sur elle. Je m'approche ; je la vois sur ce lit habillée et parée ; le cœur me bat : je l'examine... Hélas! elle étoit morte! Ce moment de fausse joie si tôt et si cruellement éteinte fut le plus amer de ma vie. Je ne suis pas colère : je me sentis vivement irrité. Je voulus savoir le fond de cette extravagante scène. Tout étoit déguisé, altéré, changé; j'eus toute la peine du monde à démêler la vérité. Enfin j'en vins à bout; et voici l'histoire du prodige.

Mon beau-père, alarmé de l'accident qu'il avoit appris, et croyant pouvoir se passer de son valet de chambre, l'avoit envoyé, un peu avant mon arrivée auprès de lui, savoir des nouvelles de sa fille. Le vieux domestique, fatigué du cheval, avoit pris un bateau, et traversant le lac pendant la nuit, étoit arrivé à Clarens le matin même de mon retour. En arrivant, il voit la consternation, il en apprend le sujet, il monte en gémissant à la chambre de Julie, il se met à genoux au pied de son lit, il la regarde, il pleure, il la contemple. Ah! ma bonne maîtresse! ah! que Dieu ne m'a-t-il pris au lieu de vous! Moi qui suis vieux, qui ne tiens à rien, qui ne suis bon à rien, que fais-je sur la terre? Et vous qui étiez jeune, qui faisiez la gloire de votre famille, le bonheur de votre maison, l'espoir des malheureux... hélas! quand je vous vis naître, étoit-ce pour vous voir mourir?...

Au milieu des exclamations que lui arrachoient son zèle et son bon cœur, les yeux toujours collés sur ce visage, il crut apercevoir un mouvement : son imagination se frappe; il voit Julie tourner les yeux, le regarder, lui faire un signe de tête. Il se lève avec transport, et court par toute la maison en criant que madame n'est pas morte, qu'elle l'a reconnu, qu'il en est sûr, qu'elle en reviendra. Il n'en fallut pas davantage : tout le monde accourt, les voisins, les pauvres, qui faisoient retentir l'air de leurs lamentations, tous s'écrient : Elle n'est pas morte. Le bruit s'en répand et s'augmente : le peuple, ami du merveilleux, se prête avidement à la nouvelle; on la croit comme on la désire; chacun cherche à se faire fête en appuyant la crédulité commune. Bientôt la défunte n'avoit pas seulement fait signe, elle avoit agi, elle avoit parlé, et il y avoit vingt témoins oculaires de faits circonstanciés qui n'arrivèrent jamais.

Sitôt qu'on crut qu'elle vivoit encore, on fit mille efforts pour la ranimer; on s'empressoit autour d'elle, on lui parloit, on l'inondoit d'eaux spiritueuses, on touchoit si le pouls ne revenoit point. Ses femmes, indignées que le corps de leur maîtresse restât environné d'hommes dans un état si négligé, firent sortir tout le monde, et ne tardèrent pas à connoître combien on s'abusoit. Toutefois, ne pouvant se résoudre à détruire une erreur si chère, peut-être espérant encore elles-mêmes quelque événement miraculeux, elles vêtirent le corps avec soin, et, quoique sa garde-robe leur eût été laissée, elles lui prodiguèrent la parure; ensuite l'exposant sur un lit, et laissant les rideaux

ouverts, elles se remirent à la pleurer au milieu de la joie publique.

C'étoit au plus fort de cette fermentation que j'étois arrivé. Je reconnus bientôt qu'il étoit impossible de faire entendre raison à la multitude; que si je faisois fermer la porte et porter le corps à la sépulture, il pourroit arriver du tumulte; que je passerois au moins pour un mari parricide qui faisoit enterrer sa femme en vie; et que je serois en horreur dans tout le pays. Je résolus d'attendre. Cependant, après plus de trente-six heures, par l'extrême chaleur qu'il faisoit, les chairs commençoient à se corrompre; et quoique le visage eût gardé ses traits et sa douceur, on y voyoit déjà quelques signes d'altération. Je le dis à madame d'Orbe, qui restoit demi-morte au chevet du lit. Elle n'avoit pas le bonheur d'être la dupe d'une illusion si grossière; mais elle feignoit de s'y prêter pour avoir un prétexte d'être incessamment dans la chambre, d'y navrer son cœur à plaisir, de l'y repaître de ce mortel spectacle, de s'y rassasier de douleur.

Elle m'entendit, et prenant son parti sans rien dire, elle sortit de la chambre. Je la vis rentrer un moment après tenant un voile d'or brodé de perles que vous lui aviez apporté des Indes[1]; puis

[1] On voit assez que c'est le songe de Saint-Preux, dont madame d'Orbe avoit l'imagination toujours pleine, qui lui suggère l'expédient de ce voile. Je crois que, si l'on y regardoit bien de près, on

s'approchant du lit, elle baisa le voile, en couvrit en pleurant la face de son amie, et s'écria d'une voix éclatante : « Maudite soit l'indigne main qui « jamais lèvera ce voile ! maudit soit l'œil impie qui « verra ce visage défiguré ! » Cette action, ces mots, frappèrent tellement les spectateurs, qu'aussitôt, comme par une inspiration soudaine, la même imprécation fut répétée par mille cris. Elle a fait tant d'impression sur tous nos gens et sur tout le peuple, que la défunte ayant été mise au cercueil dans ses habits et avec les plus grandes précautions, elle a été portée et inhumée dans cet état, sans qu'il se soit trouvé personne assez hardi pour toucher au voile[1].

Le sort du plus à plaindre est d'avoir encore à consoler les autres. C'est ce qui me reste à faire auprès de mon beau-père, de madame d'Orbe, des amis, des parents, des voisins, et de mes propres gens. Le reste n'est rien ; mais mon vieux ami ! mais madame d'Orbe ! il faut voir l'affliction de celle-ci pour juger de ce qu'elle ajoute à la mienne. Loin de me savoir gré de mes soins, elle me les reproche ; mes attentions l'irritent, ma froide tristesse l'aigrit ; il lui faut des regrets amers sem-

---

trouveroit ce même rapport dans l'accomplissement de beaucoup de prédictions. L'évènement n'est pas prédit parce qu'il arrivera ; mais il arrive parce qu'il a été prédit.

[1] Le peuple du pays de Vaud, quoique protestant, ne laisse pas d'être extrêmement superstitieux.

blables aux siens, et sa douleur barbare voudroit voir tout le monde au désespoir. Ce qu'il y a de plus désolant est qu'on ne peut compter sur rien avec elle, et ce qui la soulage un moment la dépite un moment après. Tout ce qu'elle fait, tout ce qu'elle dit approche de la folie, et seroit risible pour des gens de sang-froid. J'ai beaucoup à souffrir; je ne me rebuterai jamais. En servant ce qu'aima Julie, je crois l'honorer mieux que par des pleurs.

Un seul trait vous fera juger des autres. Je croyois avoir tout fait en engageant Claire à se conserver pour remplir les soins dont la chargea son amie. Exténuée d'agitations, d'abstinences, de veilles, elle sembloit enfin résolue à revenir sur elle-même, à recommencer sa vie ordinaire, à reprendre ses repas dans la salle à manger. La première fois qu'elle y vint, je fis dîner les enfants dans leur chambre, ne voulant pas courir le hasard de cet essai devant eux; car le spectacle des passions violentes de toute espèce est un des plus dangereux qu'on puisse offrir aux enfants. Ces passions ont toujours dans leurs excès quelque chose de puéril qui les amuse, qui les séduit, et leur fait aimer ce qu'ils devroient craindre[1]. Ils n'en avoient déjà que trop vu.

En entrant elle jeta un coup d'œil sur la table,

---

[1] Voilà pourquoi nous aimons tous le théâtre, et plusieurs d'entre nous les romans.

et vit deux couverts ; à l'instant elle s'assit sur la première chaise qu'elle trouva derrière elle, sans vouloir se mettre à table ni dire la raison de ce caprice. Je crus la deviner, et je fis mettre un troisième couvert à la place qu'occupoit ordinairement sa cousine. Alors elle se laissa prendre par la main et mener à table, sans résistance, rangeant sa robe avec soin, comme si elle eût craint d'embarrasser cette place vide. A peine avoit-elle porté la première cuillerée de potage à sa bouche, qu'elle la repose, et demande d'un ton brusque ce que faisoit là ce couvert, puisqu'il n'étoit point occupé. Je lui dis qu'elle avoit raison, et fis ôter le couvert. Elle essaya de manger, sans pouvoir en venir à bout. Peu à peu son cœur se gonfloit, sa respiration devenoit haute et ressembloit à des soupirs. Enfin elle se leva tout à coup de table, s'en retourna dans sa chambre sans dire un seul mot, ni rien écouter de tout ce que je voulus lui dire, et de toute la journée elle ne prit que du thé.

Le lendemain ce fut à recommencer. J'imaginai un moyen de la ramener à la raison par ses propres caprices, et d'amollir la dureté du désespoir par un sentiment plus doux. Vous savez que sa fille ressemble beaucoup à madame de Wolmar. Elle se plaisoit à marquer cette ressemblance par des robes de même étoffe, et elle leur avoit apporté de Genève plusieurs ajustements semblables, dont elles se paroient les mêmes jours. Je fis donc habiller Henriette le plus à l'imitation de Julie qu'il fut possible, et, après l'avoir bien instruite, je lui fis occuper à table le troisième couvert qu'on avoit mis comme la veille.

Claire, au premier coup d'œil, comprit mon intention : elle en fut touchée ; elle me jeta un regard tendre et obligeant. Ce fut là le premier de mes soins auquel elle parut sensible, et j'augurai bien d'un expédient qui la disposoit à l'attendrissement.

Henriette, fière de représenter sa petite maman, joua parfaitement son rôle, et si parfaitement que je vis pleurer les domestiques. Cependant elle donnoit toujours à sa mère le nom de maman, et lui parloit avec le respect convenable ; mais, enhardie par le succès, et par mon approbation, qu'elle remarquoit fort bien, elle s'avisa de porter la main sur une cuiller, et de dire, dans une saillie : Claire, veux-tu de cela ? Le gèste et le ton de voix furent imités au point que sa mère en tressaillit. Un moment après elle part d'un grand éclat de rire, tend son assiette en disant : Oui, mon enfant, donne ; tu es charmante. Et puis elle se mit à manger avec une avidité qui me surprit. En la considérant avec attention, je vis de l'égarement dans ses yeux, et dans son geste un mouvement plus brusque et plus décidé qu'à l'ordinaire. Je l'empêchai de manger davantage, et je fis bien ; car une heure après elle eut une violente indigestion, qui l'eût infailliblement étouffée si elle eût continué de manger. Dès ce moment je résolus de supprimer tous ces jeux, qui pouvoient allumer son imagination au point qu'on n'en seroit plus maître. Comme on guérit plus aisément de l'affliction que de la folie, il vaut mieux la laisser souffrir davantage, et ne pas exposer sa raison.

Voilà, mon cher, à peu près où nous en sommes. Depuis le retour du baron, Claire monte chez lui tous les matins, soit tandis que j'y suis, soit quand j'en sors : ils passent une heure ou deux ensemble, et les soins qu'elle lui rend facilitent un peu ceux qu'on prend d'elle. D'ailleurs elle commence à se rendre plus assidue auprès des enfants. Un des trois a été malade, précisément celui qu'elle aime le moins. Cet accident lui a fait sentir qu'il lui reste des pertes à faire, et lui a rendu le zèle de ses devoirs. Avec tout cela elle n'est pas encore au point de la tristesse ; les larmes ne coulent pas encore ; on vous attend pour en répandre, c'est à vous de les essuyer. Vous devez m'entendre. Pensez au dernier conseil de Julie : il est venu de moi le premier, et je le crois plus que jamais utile et sage. Venez vous réunir à tout ce qui reste d'elle. Son père, son amie, son mari, ses enfants, tout vous attend, tout vous désire, vous êtes nécessaire à tous. Enfin, sans m'expliquer davantage, venez partager et guérir mes ennuis : je vous devrai peut-être plus que personne.

LETTRE XII.

DE JULIE A SAINT-PREUX.

CETTE LETTRE ÉTOIT INCLUSE DANS LA PRÉCÉDENTE.

Il faut renoncer à nos projets. Tout est changé, mon bon ami : souffrons ce changement sans murmure; il vient d'une main plus sage que nous. Nous songions à nous réunir : cette réunion n'étoit pas bonne. C'est un bienfait du ciel de l'avoir prévenue; sans doute il prévient des malheurs.

Je me suis long-temps fait illusion. Cette illusion me fut salutaire; elle se détruit au moment que je n'en ai plus besoin. Vous m'avez crue guérie; et j'ai cru l'être. Rendons grâce à celui qui fit durer cette erreur autant qu'elle étoit utile : qui sait si, me voyant si près de l'abîme, la tête ne m'eût point tourné? Oui, j'eus beau vouloir étouffer le premier sentiment qui m'a fait vivre, il s'est concentré dans mon cœur. Il s'y réveille au moment qu'il n'est plus à craindre; il me soutient quand mes forces m'abandonnent, il me ranime quand je me meurs. Mon ami, je fais cet aveu sans honte : ce sentiment resté malgré moi fut involontaire : il n'a rien coûté à mon innocence; tout ce qui dépend de ma volonté fut pour mon devoir. Si le cœur qui n'en dépend pas fut pour vous, ce fut mon tourment et non pas mon crime. J'ai fait ce que j'ai dû faire; la vertu me reste sans tache, et l'amour m'est resté sans remords.

J'ose m'honorer du passé; mais qui m'eût pu répondre de l'avenir? Un jour de plus peut-être, et j'étois coupable! Qu'étoit-ce de la vie entière passée avec vous? Quels dangers j'ai courus sans le savoir! à quels dangers plus grands j'allois être exposée! Sans doute je sentois pour moi les craintes que je croyois sentir pour vous. Toutes les épreuves ont été faites, mais elles pouvoient trop revenir. N'ai-je pas assez vécu pour le bonheur et pour la vertu? que me reste-il d'utile à tirer de la vie? En me l'ôtant le ciel ne m'ôte plus rien de regrettable, et met mon honneur à couvert. Mon ami, je pars au moment favorable, contente de vous et de moi; je pars avec joie, et ce départ n'a rien de cruel. Après tant de sacrifices je compte pour peu celui qui me reste à faire; ce n'est que mourir une fois de plus.

Je prévois vos douleurs; je les sens : vous restez à plaindre, je le sais trop; et le sentiment de votre affliction est la plus grande peine que j'emporte avec moi. Mais voyez aussi que de consolations je vous laisse! Que de soins à remplir envers celle qui vous fut chère vous font un devoir de vous conserver pour elle! Il vous reste à la servir dans la meilleure partie d'elle-même. Vous ne perdez de Julie que ce que vous en avez perdu depuis long-temps. Tout ce qu'elle eut de meilleur vous reste. Venez vous réunir à sa famille. Que son cœur demeure au milieu de vous. Que tout ce qu'elle aima se rassemble pour lui donner un nouvel être. Vos soins, vos plaisirs, votre amitié, tout sera votre ouvrage. Le nœud de votre union formé par elle la fera revivre ; elle ne mourra qu'avec le dernier de tous.

Songez qu'il vous reste une autre Julie, et n'oubliez pas ce que vous lui devez. Chacun de vous va perdre la moitié de sa vie, unissez-vous pour conserver l'autre ; c'est le seul moyen qui vous reste à tous deux de me survivre, en servant ma famille et mes enfants. Que ne puis-je inventer des nœuds plus étroits encore pour unir tout ce qui m'est cher ! Combien vous devez l'être l'un à l'autre ! Combien cette idée doit renforcer votre attachement mutuel ! Vos objections contre cet engagement vont être de nouvelles raisons pour le former. Comment pourrez-vous jamais vous parler de moi sans vous attendrir ensemble ? Non, Claire et Julie seront si bien confondues, qu'il ne sera plus possible à votre cœur de les séparer. Le sien vous rendra tout ce que vous aurez senti pour son amie ; elle en sera la confidente et l'objet : vous serez heureux par celle qui vous restera, sans cesser d'être fidèle à celle que vous aurez perdue ; et après tant de regrets et de peines, avant que l'âge de vivre et d'aimer se passe, vous aurez brûlé d'un feu légitime et joui d'un bonheur innocent.

C'est dans ce chaste lien que vous pourrez, sans distractions et sans crainte, vous occuper des soins que je vous laisse, et après lesquels vous ne serez plus en peine de dire quel bien vous aurez fait ici-bas. Vous le savez, il existe un homme digne du bonheur auquel il ne sait pas aspirer. Cet homme est votre libérateur, le mari de l'amie qu'il vous a rendue. Seul, sans intérêt à la vie, sans attente de celle qui la suit, sans plaisir, sans consolation, sans espoir, il sera bientôt le plus infortuné des mortels. Vous lui devez les soins qu'il a pris de vous, et vous savez ce qui peut les rendre utiles. Souvenez-vous de ma lettre précédente. Passez vos jours avec lui. Que rien de ce qui m'aima ne le quitte. Il vous a rendu le goût de la vertu, montrez-lui-en l'objet et le prix. Soyez chrétien pour l'engager à l'être. Le succès est plus près que vous ne pensez : il a fait son devoir et je ferai le mien, faites le vôtre. Dieu est juste ; ma confiance ne me trompera pas.

Je n'ai qu'un mot à vous dire sur mes enfants. Je sais quels soins va vous coûter leur éducation ; mais je sais bien aussi que ces soins ne vous seront pas pénibles. Dans les moments de dégoût inséparables de cet emploi, dites-vous : Ils sont les enfants de Julie ; il ne vous coûtera plus rien. M. de Wolmar vous remettra les observations que j'ai faites sur votre mémoire et sur le caractère de mes deux fils. Cet écrit n'est que commencé : je ne vous le donne pas pour règle, je le soumets à vos lumières. N'en faites point des savants, faites-en des hommes bienfaisants et justes. Parlez-leur quelquefois de leur mère... vous savez s'ils lui étoient chers... Dites à Marcellin qu'il ne m'en coûta pas de mourir pour lui. Dites à son frère que c'étoit pour lui que j'aimois la vie. Dites-leur... Je me sens fatiguée. Il faut finir cette lettre. En vous laissant mes enfants je m'en sépare avec moins de peine ; je crois rester avec eux.

Adieu, adieu, mon doux ami... Hélas ! j'achève de vivre comme j'ai commencé. J'en dis trop peut-être en ce moment où le cœur ne déguise plus rien... Eh ! pourquoi craindrois-je d'exprimer tout ce que je sens ? Ce n'est plus moi qui te parle ; je suis déjà dans les bras de la mort. Quand tu verras cette lettre, les vers rongeront le visage de ton amante, et son cœur, où tu ne seras plus. Mais mon ame existeroit-elle sans toi ? sans toi, quelle félicité goûterois-je ? Non, je ne te quitte pas, je vais t'attendre. La vertu qui nous sépara sur la terre nous unira dans le séjour éternel. Je meurs dans cette douce attente : trop heureuse d'acheter au prix de ma vie le droit de t'aimer toujours sans crime, et de te le dire encore une fois.

LETTRE XIII.

DE MADAME D'ORBE A SAINT-PREUX.

J'apprends que vous commencez à vous remettre assez pour qu'on puisse espérer de vous voir bientôt ici. Il faut, mon ami, faire effort sur votre foiblesse; il faut tâcher de passer les monts avant que l'hiver achève de vous les fermer. Vous trouverez en ce pays l'air qui vous convient; vous n'y verrez que douleur et tristesse, et peut-être l'affliction commune sera-t-elle un soulagement pour la vôtre. La mienne, pour s'exhaler, a besoin de vous : moi seule je ne puis ni pleurer, ni parler, ni me faire entendre. Wolmar m'entend, et ne me répond pas. La douleur d'un père infortuné se concentre en lui-même; il n'en imagine pas une plus cruelle; il ne la sait ni voir ni sentir : il n'y a plus d'épanchement pour les vieillards. Mes enfants m'attendrissent, et ne savent pas s'attendrir. Je suis seule au milieu de tout le monde; un morne silence règne autour de moi. Dans mon stupide abattement je n'ai plus de commerce avec personne, je n'ai qu'assez de force et de vie pour sentir les horreurs de la mort. O venez, vous qui partagez ma perte, venez partager mes douleurs! venez nourrir mon cœur de vos regrets, venez l'abreuver de vos larmes; c'est la seule consolation que je puisse attendre, c'est le seul plaisir qui me reste à goûter.

Mais avant que vous arriviez et que j'apprenne votre avis sur un projet dont je sais qu'on vous a parlé, il est bon que vous sachiez le mien d'avance. Je suis ingénue et franche ; je ne veux rien vous dissimuler. J'ai eu de l'amour pour vous, je l'avoue ; peut-être en ai-je encore, peut-être en aurai-je toujours ; je ne le sais ni ne le veux savoir. On s'en doute, je ne l'ignore pas ; je ne m'en fâche ni ne m'en soucie. Mais voici ce que j'ai à vous dire et que vous devez bien retenir : c'est qu'un homme qui fut aimé de Julie d'Étange, et pourroit se résoudre à en épouser une autre, n'est à mes yeux qu'un indigne et un lâche que je tiendrois à déshonneur d'avoir pour ami : et, quant à moi, je vous déclare que tout homme, quel qu'il puisse être, qui désormais m'osera parler d'amour, ne m'en reparlera de sa vie.

Songez aux soins qui vous attendent, aux devoirs qui vous sont imposés, à celle à qui vous les avez promis. Ses enfants se forment et grandissent ; son père se consume insensiblement ; son mari s'inquiète et s'agite. Il a beau faire, il ne peut la croire anéantie ; son cœur, malgré qu'il en ait, se révolte contre sa vaine raison. Il parle d'elle, il lui parle, il soupire. Je crois déjà voir s'accomplir les vœux qu'elle a faits tant de fois ; et c'est à vous d'achever ce grand ouvrage. Quels motifs pour vous attirer ici l'un et l'autre! Il est bien digne du généreux Édouard que nos malheurs ne lui aient pas fait changer de résolution.

Venez donc, chers et respectables amis, venez vous réunir à tout ce qui reste d'elle. Rassemblons tout ce qui lui est cher. Que son esprit nous anime, que son cœur joigne tous les nôtres; vivons toujours sous ses yeux. J'aime à croire que du lieu qu'elle habite, du séjour de l'éternelle paix, cette ame encore aimable et sensible se plaît à revenir parmi nous, à retrouver ses amis pleins de sa mémoire, à les voir imiter ses vertus, à s'entendre honorer par eux, à les sentir embrasser sa tombe et gémir en prononçant son nom. Non, elle n'a point quitté ces lieux qu'elle nous rendit si charmants; ils sont encore tout remplis d'elle. Je la vois sur chaque objet, je la sens à chaque pas, à chaque instant du jour j'entends les accents de sa voix. C'est ici qu'elle a vécu; c'est ici que repose sa cendre... la moitié de sa cendre.. Deux fois la semaine, en allant au temple...: j'aperçois... j'aperçois le lieu triste et respectable... Beauté, c'est donc là ton dernier asile!... Confiance, amitié, vertus, plaisirs, folâtres jeux, la terre a tout englouti... Je me sens entraînée... j'approche en frissonnant... je crains de fouler cette terre sacrée... je crois la sentir palpiter et frémir sous mes pieds... j'entends murmurer une voix plaintive!... Claire! ô ma Claire! où es-tu? que fais-tu loin de ton amie?... Son cercueil ne la contient pas tout entière... Il attend le reste de sa proie... il ne l'attendra pas long-temps[1].

[1] En achevant de relire ce recueil, je crois voir pourquoi l'intérêt, tout foible qu'il est, m'en est si agréable, et le sera, je pense, à tout lecteur d'un bon naturel : c'est qu'au moins ce foible intérêt est pur et sans mélange de peine; qu'il n'est point excité par des noirceurs, par des crimes, ni mêlé du tourment de haïr. Je ne saurois concevoir quel plaisir on peut prendre à imaginer et composer le personnage d'un scélérat, à se mettre à sa place tandis qu'on le représente, à lui prêter l'éclat le plus imposant. Je plains beaucoup les auteurs de tant de tragédies pleines d'horreurs, lesquels passent leur vie à faire agir et parler des gens qu'on ne peut écouter ni voir sans souffrir. Il me semble qu'on devroit gémir d'être condamné à un travail si cruel : ceux qui s'en font un amusement doivent être bien dévorés du zèle de l'utilité publique. Pour moi, j'admire de bon cœur leurs talents et leurs beaux génies; mais je remercie Dieu de ne me les avoir pas donnés.

FIN DE LA SIXIÈME ET DERNIÈRE PARTIE.

LES AMOURS

DE

MILORD ÉDOUARD BOMSTON[1].

Les bizarres aventures de milord Édouard à Rome étoient trop romanesques pour pouvoir être mêlées avec celles de Julie sans en gâter la simplicité. Je me contenterai donc d'en extraire et abréger ici ce qui sert à l'intelligence de deux ou trois lettres où il en est question.

Milord Édouard, dans ses tournées d'Italie, avoit fait connoissance à Rome avec une femme de qualité, Napolitaine, dont il ne tarda pas à devenir fortement amoureux : elle, de son côté, conçut pour lui une passion violente qui la dévora le reste de sa vie, et finit par la mettre au tombeau. Cet homme, âpre et peu galant, mais ardent et sensible, extrême et grand en tout,

[1] Jean-Jacques avoit donné à madame la maréchale de Luxembourg le manuscrit de ces *Amours* de milord Édouard, la laissant maîtresse de le détruire si elle trouvoit des rapports entre elle et la marquise : ce qui étoit une maladresse injurieuse; puisqu'il sembloit avouer par-là que ces rapports existoient à ses yeux. La maréchale ayant conservé ce manuscrit, on doit présumer qu'elle ne trouvoit aucune ressemblance entre elle et la marquise. (Note de M. Musset-Pathay.)

ne pouvoit guère inspirer ni sentir d'attachement médiocre.

Les principes stoïques de ce vertueux Anglois inquiétoient la marquise. Elle prit le parti de se faire passer pour veuve durant l'absence de son mari; ce qui lui fut aisé, parce qu'ils étoient tous deux étrangers à Rome, et que le marquis servoit dans les troupes de l'empereur. L'amoureux Édouard ne tarda pas à parler de mariage. La marquise allégua la différence de religion et d'autres prétextes. Enfin, ils lièrent ensemble un commerce intime et libre, jusqu'à ce qu'Édouard, ayant découvert que le mari vivoit, voulut rompre avec elle, après l'avoir accablée des plus vifs reproches, outré de se trouver coupable, sans le savoir, d'un crime qu'il avoit en horreur.

La marquise, femme sans principes, mais adroite et pleine de charmes, n'épargna rien pour le retenir, et en vint à bout. Le commerce adultère fut supprimé, mais les liaisons continuèrent. Tout indigne qu'elle étoit d'aimer, elle aimoit pourtant: il fallut consentir à voir sans fruit un homme adoré qu'elle ne pouvoit conserver autrement; et cette barrière volontaire irritant l'amour des deux côtés, il en devint plus ardent par la contrainte. La marquise ne négligea pas les soins qui pouvoient faire oublier à son amant ses résolutions : elle étoit séduisante et belle. Tout fut inutile : l'Anglois resta ferme; sa grande ame étoit à l'épreuve. La première de ses passions étoit la vertu : il eût sacrifié sa vie à sa maîtresse, et sa maîtresse à son devoir. Une fois la séduction devint trop pressante : le moyen qu'il alloit prendre pour s'en délivrer retint la marquise et rendit vains tous ses piéges. Ce n'est point parce que nous sommes foibles, mais parce que nous sommes lâches, que nos sens nous subjuguent toujours. Quiconque craint moins la mort que le crime n'est jamais forcé d'être criminel.

Il y a peu de ces ames fortes qui entraînent les autres et les élèvent à leur sphère ; mais il y en a. Celle d'Édouard étoit de ce nombre. La marquise espéroit le gagner ; c'étoit lui qui la gagnoit insensiblement. Quand les leçons de la vertu prenoient dans sa bouche les accents de l'amour, il la touchoit, il la faisoit pleurer ; ses feux sacrés animoient cette ame rampante ; un sentiment de justice et d'honneur y portoit son charme étranger ; le vrai beau commençoit à lui plaire : si le méchant pouvoit changer de nature, le cœur de la marquise en auroit changé.

L'amour seul profita de ces émotions légères ; il en acquit plus de délicatesse. Elle commença d'aimer avec générosité : avec un tempérament ardent et dans un climat où les sens ont tant d'empire, elle oublia ses plaisirs pour songer à ceux de son amant, et ne pouvant les partager, elle voulut au moins qu'il les tînt d'elle. Telle fut de sa part l'interprétation favorable d'une démarche où son caractère et celui d'Édouard, qu'elle connoissoit bien, pouvoit faire trouver un raffinement de séduction.

Elle n'épargna ni soins ni dépense pour faire chercher dans tout Rome une jeune personne facile et sûre : on la trouva, non sans peine. Un soir, après un entretien fort tendre, elle la lui présenta. Disposez-en, lui dit-elle avec un sourire ; qu'elle jouisse du prix de mon amour ; mais qu'elle soit la seule : c'est assez pour moi si quelquefois auprès d'elle vous songez à la main dont vous la tenez. Elle voulut sortir, Édouard la retint. Arrêtez, lui dit-il ; si vous me croyez assez lâche pour profiter de votre offre dans votre propre maison, le sacrifice n'est pas d'un grand prix, et je ne vaux pas la peine d'être beaucoup regretté. Puisque vous ne devez pas être à moi, je souhaite, dit la marquise, que vous ne soyez à personne ; mais si l'amour doit perdre ses droits, souffrez au moins qu'il en dispose. Pourquoi mon bienfait vous est-il à charge? avez-vous peur d'être un ingrat? Alors elle l'obligea d'accepter l'adresse de Laure (c'étoit le nom de la jeune personne), et lui fit jurer qu'il s'abstiendroit de tout autre commerce. Il dut être touché, il le fut. Sa reconnoissance lui donna plus de peine à contenir que son amour ; et ce fut le piége le plus dangereux que la marquise lui ait tendu de sa vie.

Extrême en tout ainsi que son amant, elle fit

souper Laure avec elle, et lui prodigua ses caresses, comme pour jouir avec plus de pompe du plus grand sacrifice que l'amour ait jamais fait. Édouard pénétré se livroit à ses transports; son ame émue et sensible s'exhaloit dans ses regards, dans ses gestes; il ne disoit pas un mot qui ne fût l'expression de la passion la plus vive. Laure étoit charmante; à peine la regardoit-il. Elle n'imita pas cette indifférence, elle regardoit et voyoit, dans le vrai tableau de l'amour, un objet tout nouveau pour elle.

Après le souper, la marquise renvoya Laure, et resta seule avec son amant. Elle avoit compté sur les dangers de ce tête-à-tête; elle ne s'étoit pas trompée en cela : mais comptant qu'il y succomberoit, elle se trompa : toute son adresse ne fit que rendre le triomphe de la vertu plus éclatant et plus douloureux à l'un et à l'autre. C'est à cette soirée que se rapporte, à la fin de la quatrième partie de Julie, l'admiration de Saint-Preux pour la force de son ami.

Édouard étoit vertueux, mais homme : il avoit toute la simplicité du véritable honneur, et rien de ces fausses bienséances qu'on lui substitue, et dont les gens du monde font si grand cas. Après plusieurs jours passés dans les mêmes transports près de la marquise, il sentit augmenter le péril; et prêt à se laisser vaincre, il aima mieux manquer de délicatesse que de vertu : il fut voir Laure.

Elle tressaillit à sa vue. Il la trouva triste; il entreprit de l'égayer, et ne crut pas avoir besoin de beaucoup de soins pour y réussir. Cela ne lui fut pas si facile qu'il l'avoit cru. Ses caresses furent mal reçues, ses offres furent rejetées d'un air qu'on ne prend point en disputant ce qu'on veut accorder.

Un accueil aussi ridicule ne le rebuta pas, il l'irrita. Devoit-il des égards d'enfant à une fille de cet ordre? Il usa sans ménagement de ses droits. Laure, malgré ses cris, ses pleurs, sa résistance, se sentant vaincue, fait un effort, s'élance à l'autre extrémité de la chambre, et lui crie d'une voix animée: Tuez-moi si vous voulez; jamais vous ne me toucherez vivante. Le geste, le regard, le ton, n'étoient pas équivoques. Édouard, dans un étonnement qu'on ne peut concevoir, se calme, la prend par la main, la fait rasseoir, s'assied à côté d'elle, et la regardant sans parler, attend froidement le dénouement de cette comédie.

Elle ne disoit rien; elle avoit les yeux baissés; sa respiration étoit inégale, son cœur palpitoit; et tout marquoit en elle une agitation extraordinaire. Édouard rompit enfin le silence pour lui demander ce que signifioit cette étrange scène. Me serois-je trompé? lui dit-il; ne seriez-vous point Lauretta Pisana? Plût à dieu! dit-elle d'une voix tremblante. Quoi donc! reprit-il avec un sourire moqueur, auriez-vous par hasard changé de métier? Non, dit Laure; je suis toujours la même:

on ne revient plus de l'état où je suis. Il trouva dans ce tour de phrase, et dans l'accent dont il fut prononcé, quelque chose de si extraordinaire, qu'il ne savoit plus que penser, et qu'il crut que cette fille étoit devenue folle. Il continua : Pourquoi donc, charmante Laure, ai-je seul l'exclusion? Dites-moi ce qui m'attire votre haine. Ma haine! s'écria-t-elle d'un ton plus vif. Je n'ai point aimé ceux que j'ai reçus : je puis souffrir tout le monde hors vous seul.

Mais pourquoi cela ? Laure, expliquez-vous mieux, je ne vous entends point. Eh! m'entends-je moi-même! Tout ce que je sais, c'est que vous ne me toucherez jamais.... Non, s'écria-t-elle encore avec emportement, jamais vous ne me toucherez. En me sentant dans vos bras, je songerois que vous n'y tenez qu'une fille publique, et j'en mourrois de rage.

Elle s'animoit en parlant. Édouard aperçut dans ses yeux des signes de douleur et de désespoir qui l'attendrirent. Il prit, avec des manières moins méprisantes, un ton plus honnête et plus caressant. Elle se cachoit le visage, elle évitoit ses regards. Il lui prit la main d'un air affectueux. A peine elle sentit cette main qu'elle y porta la bouche, et la pressa de ses lèvres en poussant des sanglots et versant des torrents de larmes.

Ce langage, quoique assez clair, n'étoit pas précis. Édouard ne l'amena qu'avec peine à lui parler plus nettement. La pudeur éteinte étoit revenue avec l'amour, et Laure n'avoit jamais prodigué sa personne avec tant de honte qu'elle en eut d'avouer qu'elle aimoit.

A peine cet amour étoit-il né qu'il étoit déjà dans toute sa force. Laure étoit vive et sensible, assez belle pour faire une passion, assez tendre pour la partager; mais, vendue par d'indignes parents dès sa première jeunesse, ses charmes, souillés par la débauche, avoient perdu leur empire. Au sein des honteux plaisirs, l'amour fuyoit devant elle; de malheureux corrupteurs ne pouvoient ni le sentir ni l'inspirer. Les corps combustibles ne brûlent point d'eux-mêmes : qu'une étincelle approche, et tout part. Ainsi prit feu le cœur de Laure aux transports de ceux d'Édouard et de la marquise. A ce nouveau langage elle sentit un frémissement délicieux : elle prêtoit une oreille attentive; ses avides regards ne laissoient rien échapper. La flamme humide qui sortoit des yeux de l'amant pénétroit par les siens jusqu'au fond du cœur; un sang plus brûlant couloit dans ses veines; la voix d'Édouard avoit un accent qui l'agitoit; le sentiment lui sembloit peint dans tous ses gestes; tous ses traits, animés par la passion, la lui faisoient ressentir. Ainsi la première image de l'amour lui fit aimer l'objet qui la lui avoit offerte. S'il n'eût rien senti pour une autre, peut-être n'eût-elle rien senti pour lui.

Toute cette agitation la suivit chez elle. Le trouble de l'amour naissant est toujours doux. Son premier mouvement fut de se livrer à ce nouveau charme ; le second fut d'ouvrir les yeux sur elle. Pour la première fois de sa vie, elle vit son état ; elle en eut horreur. Tout ce qui nourrit l'espérance et les désirs des amants se tournoit en désespoir dans son ame. La possession de ce qu'elle aimoit n'offroit à ses yeux que l'opprobre d'une abjecte et vile créature, à laquelle on prodigue son mépris avec ses caresses ; dans le prix d'un amour heureux, elle ne vit que l'infâme prostitution. Ses tourments les plus insupportables lui venoient ainsi de ses propres désirs. Plus il lui étoit aisé de les satisfaire, plus son sort lui sembloit affreux : sans honneur, sans espoir, sans ressources, elle ne connut l'amour que pour en regretter les délices. Ainsi commencèrent ses longues peines, et finit son bonheur d'un moment.

La passion naissante qui l'humilioit à ses propres yeux l'élevoit à ceux d'Édouard. La voyant capable d'aimer, il ne la méprisa plus. Mais quelles consolations pouvoit-elle attendre de lui ? quel sentiment pouvoit-il lui marquer, si ce n'est le foible intérêt qu'un cœur honnête, qui n'est pas libre, peut prendre à un objet de pitié qui n'a plus d'honneur qu'assez pour sentir sa honte ?

Il la consola comme il put, et promit de la venir revoir. Il ne lui dit pas un mot de son état, pas même pour l'exhorter d'en sortir. Que servoit d'augmenter l'effroi qu'elle en avoit, puisque cet effroi même la faisoit désespérer d'elle ? Un seul mot sur un tel sujet tiroit à conséquence, et sembloit la rapprocher de lui : c'étoit ce qui ne pouvoit jamais être. Le plus grand malheur des métiers infâmes est qu'on ne gagne rien à les quitter.

Après une seconde visite, Édouard, n'oubliant pas la magnificence angloise, lui envoya un cabinet de laque et plusieurs bijoux d'Angleterre. Elle lui renvoya le tout avec ce billet :

« J'ai perdu le droit de refuser des présents ;
« j'ose pourtant vous renvoyer le vôtre ; car peut-
« être n'aviez-vous pas dessein d'en faire un signe
« de mépris. Si vous le renvoyez encore, il faudra
« que je l'accepte : mais vous avez une bien cruelle
« générosité. »

Édouard fut frappé de ce billet : il le trouvoit à la fois humble et fier. Sans sortir de la bassesse de son état, Laure y montroit une sorte de dignité. C'étoit presque effacer son opprobre à force de s'en avilir. Il avoit cessé d'avoir du mépris pour elle ; il commença de l'estimer. Il continua de la voir sans plus parler de présent ; et, s'il ne s'honora pas d'être aimé d'elle, il ne put s'empêcher de s'en applaudir.

Il ne cacha pas ses visites à la marquise : il n'avoit nulle raison de les lui cacher ; et c'eût été de sa part une ingratitude. Elle en voulut savoir davantage. Il jura qu'il n'avoit point touché Laure.

Sa modération eut un effet tout contraire à celui qu'il en attendoit. Quoi! s'écria la marquise en fureur, vous la voyez et ne la touchez point! Qu'allez-vous donc faire chez elle? Alors s'éveilla cette jalousie infernale qui la fit cent fois attenter à la vie de l'un et de l'autre, et la consuma de rage jusqu'au moment de sa mort.

D'autres circonstances achevèrent d'allumer cette passion furieuse, et rendirent cette femme à son vrai caractère. J'ai déjà remarqué que, dans son intègre probité, Édouard manquoit de délicatesse. Il fit à la marquise le même présent que lui avoit renvoyé Laure. Elle l'accepta, non par avarice, mais parce qu'ils étoient sur le pied de s'en faire l'un à l'autre; échange auquel, à la vérité, la marquise ne perdoit pas. Malheureusement elle vint à savoir la première destination de ce présent, et comment il lui étoit revenu. Je n'ai pas besoin de dire qu'à l'instant tout fut brisé et jeté par les fenêtres. Qu'on juge de ce que dut sentir en pareil cas une maîtresse jalouse et une femme de qualité.

Cependant plus Laure sentoit sa honte, moins elle tentoit de s'en délivrer : elle y restoit par désespoir; et le dédain qu'elle avoit pour elle-même rejaillissoit sur ses corrupteurs. Elle n'étoit pas fière : quel droit eût-elle eu de l'être? mais un profond sentiment d'ignominie qu'on voudroit en vain repousser, l'affreuse tristesse de l'opprobre qui se sent et ne peut se fuir, l'indignation d'un cœur qui s'honore encore et se sent à jamais déshonoré; tout versoit le remords et l'ennui sur des plaisirs abhorrés par l'amour. Un respect étranger à ces ames viles leur faisoit oublier le ton de la débauche; un trouble involontaire empoisonnoit leurs transports; et, touchés du sort de leur victime, ils s'en retournoient pleurant sur elle et rougissant d'eux.

La douleur la consumoit. Édouard, qui peu à peu la prenoit en amitié, vit qu'elle n'étoit que trop affligée, et qu'il falloit plutôt la ranimer que l'abattre. Il la voyoit, c'étoit déjà beaucoup pour la consoler. Ses entretiens firent plus, ils l'encouragèrent; ses discours élevés et grands rendoient à son ame accablée le ressort qu'elle avoit perdu. Quel effet ne faisoient-ils point partant d'une bouche aimée et pénétrant dans un cœur bien né que le sort livroit à la honte, mais que la nature avoit fait pour l'honnêteté! C'est dans ce cœur qu'ils trouvoient de la prise et qu'ils portoient avec fruit les leçons de la vertu.

Par ces soins bienfaisants, il la fit enfin mieux penser d'elle. S'il n'y a de flétrissure éternelle que celle d'un cœur corrompu, je sens en moi de quoi pouvoir effacer ma honte: je serai toujours méprisée, mais je ne mériterai plus de l'être, je ne me mépriserai plus. Échappée à l'horreur du vice, celle du mépris m'en sera moins amère. Eh! que m'importent les dédains de toute la terre quand Édouard m'estimera? Qu'il voie son ouvrage et qu'il s'y complaise : seul il me dédommagera de tout. Quand l'honneur n'y gagneroit rien, du moins l'amour y gagnera. Oui, donnons au cœur qu'il enflamme une habitation plus pure. Sentiment délicieux! je ne profanerai plus tes transports. Je ne puis être heureuse, je ne le serai jamais, je le sais. Hélas! je suis indigne des caresses de l'amour; mais je n'en souffrirai jamais d'autres.

Son état étoit trop violent pour pouvoir durer; mais quand elle tenta d'en sortir, elle y trouva des difficultés qu'elle n'avoit pas prévues. Elle éprouva que celle qui renonce au droit sur sa personne ne le recouvre pas comme il lui plaît, et que l'honneur est une sauvegarde civile qui laisse bien foibles ceux qui l'ont perdu. Elle ne trouva d'autre parti pour se retirer de l'oppression que d'aller brusquement se jeter dans un couvent, et d'abandonner sa maison presque au pillage; car elle vivoit dans une opulence commune à ses pareilles, surtout en Italie, quand l'âge et la figure les font valoir. Elle n'avoit rien dit à Bomston de son projet, trouvant une sorte de bassesse à en parler avant l'exécution. Quand elle fut dans son asile, elle le lui marqua par un billet, le priant de la protéger contre les gens puissants qui s'intéressoient à son désordre et que sa retraite alloit offenser. Il courut chez elle assez tôt pour sauver ses effets. Quoique étranger dans Rome, un grand seigneur considéré, riche, et plaidant avec force la cause de l'honnêteté, y trouva bientôt assez de crédit pour la maintenir dans son couvent, et même l'y faire jouir d'une pension que lui avoit laissée le cardinal auquel ses parents l'avoient vendue.

Il fut la voir. Elle étoit belle; elle aimoit; elle étoit pénitente; elle lui devoit tout ce qu'elle alloit être. Que de titres pour toucher un cœur comme le sien! Il vint plein de tous les sentiments qui peuvent porter au bien les cœurs sensibles; il n'y manquoit que celui qui pouvoit la rendre heureuse et qui ne dépendoit pas de lui. Jamais elle n'en avoit tant espéré; elle étoit transportée; elle se sentoit déjà dans l'état auquel on remonte si rarement. Elle disoit : Je suis honnête; un homme vertueux s'intéresse à moi : amour, je ne regrette plus les pleurs, les soupirs que tu me coûtes; tu m'as déjà payée de tout. Tu fis ma force, et tu fais ma récompense; en me faisant aimer mes devoirs, tu deviens le premier de tous. Ce bonheur n'étoit réservé qu'à moi seule. C'est l'amour qui m'élève et m'honore; c'est lui qui m'arrache au crime, à l'opprobre; il ne peut plus sortir de mon cœur qu'avec la vertu. O Édouard! quand je redeviendrai méprisable j'aurai cessé de t'aimer.

Cette retraite fit du bruit. Les ames basses, qui

jugent des autres par elles-mêmes, ne purent imaginer qu'Édouard n'eût mis à cette affaire que de l'intérêt et de l'honnêteté. Laure étoit trop aimable pour que les soins qu'un homme prenoit d'elle ne fussent pas toujours suspects. La marquise, qui avoit ses espions, fut instruite de tout la première; et ses emportements, qu'elle ne put contenir, achevèrent de divulguer son intrigue. Le bruit en parvint au marquis jusqu'à Vienne; et l'hiver suivant il vint à Rome chercher un coup d'épée pour rétablir son honneur, qui n'y gagna rien.

Ainsi commencèrent ces doubles liaisons qui, dans un pays comme l'Italie, exposèrent Édouard à mille périls de toute espèce; tantôt de la part d'un militaire outragé; tantôt de la part d'une femme jalouse et vindicative; tantôt de la part de ceux qui s'étoient attachés à Laure, et que sa perte mit en fureur. Liaisons bizarres s'il en fut jamais, qui, l'environnant de périls sans utilité, le partageoient entre deux maîtresses passionnées, sans en pouvoir posséder aucune; refusé de la courtisane qu'il n'aimoit pas, refusant l'honnête femme qu'il adoroit; toujours vertueux, il est vrai, mais croyant toujours servir la sagesse en n'écoutant que ses passions.

Il n'est pas aisé de dire quelle espèce de sympathie pouvoit unir des caractères si opposés que ceux d'Édouard et de la marquise; mais, malgré la différence de leurs principes, ils ne purent jamais se détacher parfaitement l'un de l'autre. On peut juger du désespoir de cette femme emportée quand elle crut s'être donné une rivale, et quelle rivale! par son imprudente générosité. Les reproches, les dédains, les outrages, les menaces, les tendres caresses, tout fut employé tour à tour pour détacher Édouard de cet indigne commerce, où jamais elle ne put croire que son cœur n'eût point de part. Il demeura ferme; il l'avoit promis. Laure avoit borné son espérance et son bonheur à le voir quelquefois. Sa vertu naissante avoit besoin d'appui; elle tenoit à celui qui l'avoit fait naître : c'étoit à lui de la soutenir. Voilà ce qu'il disoit à la marquise, à lui-même, et peut-être ne se disoit-il pas tout. Où est l'homme assez sévère pour fuir les regards d'un objet charmant qui ne lui demande que de se laisser aimer? où est celui dont les larmes de deux beaux yeux n'enflent pas un peu le cœur honnête? où est l'homme bienfaisant dont l'utile amour-propre n'aime pas à jouir du fruit de ses soins? Il avoit rendu Laure trop estimable pour ne faire que l'estimer.

La marquise, n'ayant pu obtenir qu'il cessât de voir cette infortunée, devint furieuse. Sans avoir le courage de rompre avec lui, elle le prit dans une espèce d'horreur. Elle frémissoit en voyant entrer son carrosse; le bruit de ses pas en montant l'escalier la faisoit palpiter d'effroi. Elle étoit prête à se trouver mal à sa vue. Elle avoit le cœur serré tant qu'il restoit auprès d'elle ; quand il partoit, elle l'accabloit d'imprécations : sitôt qu'elle ne le voyoit plus, elle pleuroit de rage ; elle ne parloit que de vengeance ; son dépit sanguinaire ne lui dictoit que des projets dignes d'elle. Elle fit plusieurs fois attaquer Édouard sortant du couvent de Laure ; elle lui tendit des piéges à elle-même pour l'en faire sortir et l'enlever. Tout cela ne put le guérir. Il retournoit le lendemain chez celle qui l'avoit voulu faire assassiner la veille ; et, toujours avec son chimérique projet de la rendre à la raison, il exposoit la sienne, et nourrissoit sa foiblesse du zèle de sa vertu.

Au bout de quelques mois, le marquis, mal guéri de sa blessure, mourut en Allemagne, peut-être de douleur de la mauvaise conduite de sa femme. Cet évènement, qui devoit rapprocher Édouard de la marquise, ne servit qu'à l'en éloigner encore plus. Il lui trouva tant d'empressement à mettre à profit sa liberté recouvrée, qu'il frémit de s'en prévaloir. Le seul doute si la blessure du marquis n'avoit point contribué à sa mort effraya son cœur et fit taire ses désirs. Il se disoit : Les droits d'un époux meurent avec lui pour tout autre ; mais pour son meurtrier ils lui survivent et deviennent inviolables. Quand l'humanité, la vertu, les lois, ne prescriroient rien sur ce point, la raison seule ne nous dit-elle pas que les plaisirs attachés à la reproduction des hommes ne doivent point être le prix de leur sang? sans quoi les moyens destinés à nous donner la vie seroient des sources de mort, et le genre humain périroit par les soins qui doivent le conserver.

Il passa plusieurs années ainsi partagé entre deux maîtresses; flottant sans cesse de l'une à l'autre; souvent voulant renoncer à toutes deux et n'en pouvant quitter aucune; repoussé par cent raisons, rappelé par mille sentiments, et chaque jour plus serré dans ses liens par ses vains efforts pour les rompre; cédant tantôt au penchant, tantôt au devoir, allant de Londres à Rome et de Rome à Londres, sans pouvoir se fixer nulle part; toujours ardent, vif, passionné, jamais foible ni coupable, et fort de son ame grande et belle quand il pensoit ne l'être que de sa raison; enfin tous les jours méditant des folies, et tous les jours revenant à lui, prêt à briser ses indignes fers. C'est dans ces premiers moments de dégoût qu'il faillit s'attacher à Julie; et il paroît sûr qu'il l'eût fait s'il n'eût pas trouvé la place prise.

Cependant la marquise perdoit toujours du terrain par ses vices; Laure en gagnoit par ses vertus. Au surplus la constance étoit égale des deux côtés; mais le mérite n'étoit pas le même; et la marquise, avilie, dégradée par tant de crimes, finit par donner à son amour sans espoir les suppléments que n'avoit pu supporter celui de Laure. A chaque voyage, Bomston trouvoit à celle-ci de nouvelles perfections : elle avoit appris l'anglois, elle savoit par cœur tout ce qu'il lui avoit conseillé de lire ; elle s'instruisoit dans toutes les connoissances qu'il paroissoit aimer; elle cherchoit à mouler son ame sur la sienne ; et ce qu'il y restoit de son fonds ne la déparoit pas. Elle étoit encore dans l'âge où la beauté croît avec les années. La marquise étoit dans celui où elle ne fait plus que décliner ; et quoiqu'elle eût ce ton du sentiment qui plaît et qui touche, qu'elle parlât d'humanité, de fidélité, de vertus, avec grâce, tout cela devenoit ridicule par sa conduite, et sa réputation démentoit tous ces beaux discours. Édouard la connoissoit trop pour en espérer plus rien : il s'en détachoit insensiblement sans pouvoir s'en détacher tout-à-fait; il s'approchoit toujours de l'indifférence sans pouvoir jamais y arriver; son cœur le rappeloit sans cesse chez la marquise; ses pieds l'y portoient sans qu'il y songeât. Un homme sensible n'oublie jamais, quoi qu'il fasse, l'intimité dans laquelle il a vécu. A force d'intrigues, de ruses, de noirceurs, elle parvint enfin à s'en faire mépriser; mais il la méprisa sans cesser de la plaindre, sans pouvoir jamais oublier ce qu'elle avoit fait pour lui ni ce qu'il avoit senti pour elle.

Ainsi dominé par ses habitudes encore plus que par ses penchants, Édouard ne pouvoit rompre les attachements qui l'attiroient à Rome. Les douceurs d'un ménage heureux lui firent désirer d'en établir un semblable avant de vieillir. Quelquefois il se taxoit d'injustice, d'ingratitude même envers la marquise, et n'imputoit qu'à sa passion les vices de son caractère; quelquefois il oublioit le premier état de Laure, et son cœur franchissoit sans y songer la barrière qui le séparoit d'elle. Toujours cherchant dans sa raison des excuses à son penchant, il se fit de son dernier voyage un motif pour éprouver son ami, sans songer qu'il s'exposoit lui-même à une épreuve dans laquelle il auroit succombé sans lui.

Le succès de cette entreprise et le dénouement des scènes qui s'y rapportent sont détaillés dans la douzième lettre de la cinquième partie, et dans la troisième de la sixième, de manière à n'avoir plus rien d'obscur à la suite de l'abrégé précédent. Édouard, aimé de deux maîtresses sans en posséder aucune, paroît d'abord dans une situation risible : mais sa vertu lui donnoit en lui-même une jouissance plus douce que celle de la beauté, et qui ne s'épuise pas comme elle. Plus heureux des plaisirs qu'il se refusoit que le voluptueux n'est de ceux qu'il goûte, il aima plus long-temps, resta libre, et jouit mieux de la vie que ceux qui l'usent. Aveugles que nous sommes, nous la passons tous à courir après nos chimères. Eh! ne saurons-nous jamais que de toutes les folies des hommes il n'y a que celles du juste qui le rendent heureux?

FIN DES AMOURS DE MILORD ÉDOUARD.

OBSERVATIONS
DE J. J. ROUSSEAU

SUR LES RETRANCHEMENTS QUE M. DE MALESHERBES VOULOIT QU'ON FÎT A LA NOUVELLE HÉLOÏSE.

Je n'ai pu bien juger de l'effet des retranchements dont M. de Malesherbes a eu la bonté de m'envoyer la note et les raisons, parce que je n'ai pas l'édition de Paris sous les yeux; mais je pense que cette mutilation doit être bien choquante à la lecture, et produit bien des disparates.

Quelques-uns de ces retranchements me paroissent assez à propos et convenables, même dans ma façon de penser; mais le plus grand nombre et les plus importants sont ceux auxquels je ne puis acquiescer, parce qu'ils vont directement contre l'objet du livre, et que les images trop libres, mais nécessaires à l'effet du reste, n'étant plus rachetées par rien d'utile, un bon livre que j'ai cru donner ne devient plus qu'un roman libre et scandaleux que je supprimerois moi-même si j'en avois le pouvoir. Je me soucie peu qu'on me lise en France, s'il faut employer pour cela six volumes de fadeurs uniquement à servir de secrétaire d'amour à la jeunesse.

Une dévote vulgaire humblement soumise à son directeur, une femme qui commence par le libertinage et finit par la dévotion, n'est pas un objet assez rare, assez instructif pour occuper un gros livre ; mais une femme à la fois aimable, dévote, éclairée et raisonnable, est un objet plus nouveau, et selon moi plus utile : c'est pourtant cette nouveauté et cette utilité que les retranchements exigés font disparoître. Il est vrai que c'est précisément sur la supposition de cette piété éclairée que M. de Malherbes ne veut pas qu'elle ait des sentiments différents de la doctrine de l'Église ; mais ce mot d'*Église* a besoin d'explication. L'Église romaine n'exige point une piété éclairée, elle exige une piété aveugle ; et quant à l'Église protestante, c'est précisément parce qu'elle exige une piété éclairée qu'elle laisse à chacun l'usage de sa raison. Voit-on que ce livre, qui effarouche si fort les théologiens catholiques, effarouche aussi les nôtres? C'est une nouvelle sorte d'intolérance dont les prêtres ne s'étoient pas encore avisés, de vouloir qu'un protestant soit protestant à leur mode, plutôt qu'à la sienne.

M. de Malesherbes pense que la doctrine mise dans la bouche de Julie mourante est celle de l'auteur ou de l'éditeur du livre ; cependant il veut qu'on tronque cette profession de foi. Or, il est clair que dans une édition faite par mes soins, les suppressions seront de ma part un désaveu tacite.

Quoi! M. de Malesherbes veut-il que je renie ma foi? Ou le courage que je dois sentir en moi me trompe, ou quand je verrois devant moi l'appareil des supplices, je n'ôterois pas un mot de ce discours.

Je n'entrerai point dans le détail des motifs qui ont déterminé M. de Malesherbes à ordonner ces retranchements. Ces motifs, étant tirés de principes que je n'adopte point, n'ont aucune autorité pour moi. Je n'imaginois pas qu'un roman genevois dût être approuvé en Sorbonne. Et comme je n'ai point désiré qu'il fût imprimé en France, rien ne m'oblige à souscrire aux conditions sous lesquelles il peut être imprimé. Je remarquerai seulement que ces retranchements sont faits avec tant de soin qu'il ne reste rien à mes calvinistes, en fait de doctrine, que le plus superstitieux catholique ne pût avouer : autant vaudroit exiger que tout protestant qui vient à Paris fît abjuration sur la frontière. Il s'en faut bien que les romans de l'abbé Prévost, surtout le Cléveland, soient traités avec tant de sévérité. Or, il me paroît assez étrange qu'un prêtre catholique puisse dans ses romans faire parler des protestants selon leurs idées, plus librement qu'un protestant dans les siens.

M. de Malesherbes m'élève des scrupules sur les sentiments de Julie et de Saint-Preux, qu'il n'a point élevés sur les miens propres dans mon *Discours sur l'inégalité*, ni même dans ma *Lettre à*

M. d'Alembert, dont les dix ou douze premières pages contiennent sans détour, directement et sous mon nom, des sentiments du moins aussi hardis et aussi durement énoncés. Au lieu que dans le roman, ceux contestés entre les interlocuteurs ne peuvent être imputés avec certitude ni à moi ni à personne.

J'ai pensé aux changements proposés, et j'ai vu que je ne pouvois rien substituer aux choses retranchées, sans changer aussi l'objet de ce livre et sans le gâter ; ce que je ne veux pas faire. Que si je ne voulois qu'adoucir ces mêmes choses, je n'y réussirois jamais, n'ayant ni ce talent-là, ni le goût qui le rend utile. A la vérité il y a beaucoup de mauvaises notes que je voudrois qui n'y fussent point ; mais ce ne sont pas celles-là que M. de Malesherbes exige qu'on retranche. Je pourrois consentir qu'on les ôtât absolument toutes, pourvu que le texte entier restât tel qu'il est dans la première édition ; encore ce sacrifice me coûteroit-il beaucoup.

Je remercie très-humblement M. de Malesherbes de sa bonne volonté ; mais je ne sais ni ne veux apprendre comment il faut préparer un livre pour le mettre en état d'être imprimé à Paris.

FIN DES OBSERVATIONS DE J. J. ROUSSEAU.

SUJETS D'ESTAMPES

POUR LA NOUVELLE HÉLOISE [1].

La plupart de ces sujets sont détaillés, pour les faire entendre, beaucoup plus qu'ils ne peuvent l'être dans l'exécution; car, pour rendre heureusement un dessin, l'artiste ne doit pas le voir tel qu'il sera sur son papier, mais tel qu'il est dans la nature. Le crayon ne distingue pas une blonde d'une brune, mais l'imagination qui le guide doit les distinguer. Le burin marque mal les clairs et les ombres, si le graveur n'imagine aussi les couleurs. De même, dans les figures en mouvement, il faut voir ce qui précède et ce qui suit, et donner au temps de l'action une certaine latitude; sans quoi l'on ne saisira jamais bien l'unité du moment qu'il faut exprimer. L'habileté de l'artiste consiste à faire imaginer au spectateur beaucoup de choses qui ne sont pas sur la planche; et cela dépend d'un heureux choix de circonstances, dont celles qu'il rend font supposer celles qu'il ne rend pas. On ne sauroit donc entrer dans un trop grand détail quand on veut exposer des sujets d'estampes, et qu'on est absolument ignorant dans l'art. Au reste, il est aisé de comprendre que ceci n'avoit pas été écrit pour le public; mais, en donnant séparément

[1] * Toutes ces estampes ont été exécutées et ornent les exemplaires des deux éditions premières de Paris et d'Amsterdam. Les dessins originaux, faits par Gravelot, sont dans le manuscrit que Rousseau avoit fait pour madame de Luxembourg, et qui est maintenant déposé à la bibliothèque de la Chambre des députés.

les estampes, on a cru devoir y joindre l'explication.

Quatre ou cinq personnages reviennent dans toutes les planches, et en composent à peu près toutes les figures. Il faudroit tâcher de les distinguer par leur air et par le goût de leur vêtement, en sorte qu'on les reconnût toujours.

1. Julie est la figure principale. Blonde; une physionomie douce, tendre, modeste, enchanteresse; des grâces naturelles sans la moindre affectation; une élégante simplicité, même un peu de négligence dans son vêtement, mais qui lui sied mieux qu'un air plus arrangé; peu d'ornements, toujours du goût; la gorge couverte, en fille modeste, et non pas en dévote.

2. Claire, ou la cousine. Une brune piquante; l'air plus fin, plus éveillé, plus gai, d'une parure un peu plus ornée, et visant presque à la coquetterie, mais toujours pourtant de la modestie et de la bienséance. Jamais de panier ni à l'une ni à l'autre.

3. Saint-Preux, ou l'ami. Un jeune homme d'une figure ordinaire, rien de distingué, seulement une physionomie sensible et intéressante : l'habillement très-simple, une contenance assez timide, même un peu embarrassée de sa personne quand il est de sang-froid, mais bouillant et emporté dans la passion.

4. Le baron d'Étange, ou le père. Il ne paroît qu'une fois, et l'on dira comment il doit être.

5. Milord Édouard, ou l'Anglois. Un air de grandeur qui vient de l'ame plus que du rang; l'empreinte du courage et de la vertu, mais un peu de rudesse et d'âpreté dans les traits. Un maintien grave et stoïque, sous lequel il cache avec peine une extrême sensibilité. La parure à l'angloise et d'un grand seigneur sans faste. S'il étoit possible d'ajouter à tout cela le port un peu spadassin, il n'y auroit pas de mal.

6. M. de Wolmar, le mari de Julie. Un air froid et posé. Rien de faux ni de contraint ; peu de geste, beaucoup d'esprit, l'œil assez fin ; étudiant les gens sans affectation.

Tels doivent être à peu près les caractères des figures. Je passe au sujet des planches.

PREMIÈRE ESTAMPE.

Première Partie, Lettre xiv, page 111.

Le lieu de la scène est un bosquet. Julie vient de donner à son ami un baiser *così saporito*, qu'elle en tombe dans une espèce de défaillance. On la voit dans un état de langueur se pencher, se laisser couler sur les bras de sa cousine, et celle-ci la recevoir avec un empressement qui ne l'empêche pas de sourire en regardant du coin de l'œil son ami. Le jeune homme a les deux bras étendus vers Julie ; de l'un il vient de l'embrasser, et l'autre s'avance pour la soutenir ; son chapeau est à terre. Un ravissement, un transport très-vif de plaisir et d'alarme doit régner dans son geste et sur son visage. Julie doit se pâmer et non s'évanouir. Tout le tableau doit respirer une ivresse de volupté qu'une certaine modestie rende encore plus touchante.

Inscription de la première planche :

LE PREMIER BAISER DE L'AMOUR.

DEUXIÈME ESTAMPE.

Première Partie, Lettre lx, page 274.

Le lieu de la scène est une chambre fort simple. Cinq personnages remplissent l'estampe. Milord Édouard, sans épée et appuyé sur une canne, se met à genoux devant l'ami, qui est assis à côté d'une table sur laquelle sont son épée et son chapeau, avec un livre plus près de lui. La posture humble de l'Anglois ne doit rien avoir de honteux ni de timide; au contraire, il règne sur son visage une fierté sans arrogance, une hauteur de courage, non pour braver celui devant lequel il s'humilie, mais à cause de l'honneur qu'il se rend à lui-même de faire une belle action par un motif de justice et non de crainte. L'ami, surpris, troublé de voir l'Anglois à ses pieds, cherche à le relever avec beaucoup d'inquiétude et un air très-confus. Les trois spectateurs, tous en épée, marquent l'étonnement et l'admiration, chacun par une attitude différente. L'esprit de ce sujet est que le personnage qui est à genoux imprime du respect aux autres, et qu'ils semblent tous à genoux devant lui.

Inscription de la seconde planche :

L'HÉROÏSME DE LA VALEUR [1].

TROISIÈME ESTAMPE.

Partie II, Lettre x, page 362.

Le lieu est une chambre de cabaret, dont la porte ouverte donne dans une autre chambre. Sur une table, auprès du feu, devant laquelle est assis milord Édouard en robe de chambre, sont deux bougies, quelques let-

[1] * C'est ainsi que cette inscription est donnée dans l'édition originale. Comme ces *sujets d'estampes* n'ont point été insérés dans l'édition de Genève, et que d'ailleurs l'estampe même, dans l'édition originale, porte l'inscription telle que nous la donnons ici, on ne voit pas pourquoi, dans l'édition de 1801, elle a été changée en celle-ci : *L'héroïsme de la vertu.*

très ouvertes, et un paquet encore fermé. Édouard tient de la main droite une lettre, qu'il baisse de surprise en voyant entrer le jeune homme. Celui-ci, encore habillé, a le chapeau enfoncé sur les yeux, tient son épée d'une main, et de l'autre montre à l'Anglois, d'un air emporté et menaçant, la sienne qui est sur un fauteuil à côté de lui. L'Anglois fait de la main gauche un geste de dédain froid et marqué. Il regarde en même temps l'étourdi d'un air de compassion propre à le faire rentrer en lui-même ; et l'on doit remarquer en effet dans son attitude que ce regard commence à le décontenancer.

Inscription de la troisième planche :

AH, JEUNE HOMME ! A TON BIENFAITEUR !

QUATRIÈME ESTAMPE.

Partie II, Lettre XXVI, page 491.

La scène est dans la rue, devant une maison de mauvaise apparence. Près de la porte ouverte un laquais éclaire avec deux flambeaux de table. Un fiacre est à quelques pas de là ; le cocher tient la portière ouverte, et un jeune homme s'avance pour y monter. Ce jeune homme est Saint-Preux, sortant d'un lieu de débauche, dans une attitude qui marque le remords, la tristesse et l'abattement. Une des habitantes de cette maison le reconduit jusque dans la rue ; et dans ses adieux on voit la joie, l'impudence et l'air d'une personne qui se félicite d'avoir triomphé de lui. Accablé de douleur et de honte, il ne fait pas même attention à elle. Aux fenêtres sont de jeunes officiers avec deux ou trois compagnes de celle qui est en bas. Ils battent des mains et applaudissent d'un air railleur en voyant passer le jeune homme, qui ne les regarde ni ne les écoute. Il doit régner une immodestie dans le maintien des femmes, et un désordre dans leur ajustement, qui ne fasse pas douter un moment de ce qu'elles sont, et qui fasse mieux sortir la tristesse du principal personnage.

Inscription de la quatrième planche :

LA HONTE ET LES REMORDS VENGENT L'AMOUR OUTRAGÉ.

CINQUIÈME ESTAMPE.

Partie III, Lettre XIV, page 42.

La scène se passe de nuit, et représente la chambre de Julie dans le désordre où est ordinairement celle d'une personne malade. Julie est dans son lit avec la petite-vérole; elle a le transport. Ses rideaux fermés étoient entr'ouverts pour le passage de son bras, qui est en dehors : mais sentant baiser sa main, de l'autre elle ouvre brusquement le rideau; et reconnoissant son ami, elle paroît surprise, agitée, transportée de joie, et prête à s'élancer vers lui. L'amant, à genoux près du lit, tient la main de Julie qu'il vient de saisir, et la baise avec un emportement de douleur et d'amour dans lequel on voit non seulement qu'il ne craint pas la communication du venin, mais qu'il la désire. A l'instant, Claire, un bougeoir à la main, remarquant le mouvement de Julie, prend le jeune homme par le bras, et, l'arrachant du lieu où il est, l'entraîne hors de la chambre. Une femme de chambre un peu âgée s'avance en même temps au chevet de Julie pour la retenir. Il faut qu'on remarque dans tous les personnages une action très-vive et bien prise dans l'unité du moment.

Inscription de la cinquième planche :

L'INOCULATION DE L'AMOUR.

SIXIÈME ESTAMPE.

Partie III, Lettre XVIII, page 57.

La scène se passe dans la chambre du baron d'Étange, père de Julie. Julie est assise, et près de sa chaise est un fauteuil vide : son père qui l'occupoit est à genoux devant elle, lui serrant les mains, versant des larmes, et dans une attitude suppliante et pathétique. Le trouble, l'agitation, la douleur, sont dans les yeux de Julie. On voit, à un certain air de lassitude, qu'elle a fait tous ses efforts pour relever son père ou se dégager ; mais, n'en pouvant venir à bout, elle laisse pencher sa tête sur le dos de sa chaise comme une personne prête à se trouver mal, tandis que ses deux mains en avant portent encore sur les bras de son père. Le baron doit avoir une physionomie vénérable, une chevelure blanche, le port militaire, et, quoique suppliant, quelque chose de noble et de fier dans le maintien.

Inscription de la sixième planche :

LA FORCE PATERNELLE.

SEPTIÈME ESTAMPE.

Partie IV, Lettre VI, page 186.

La scène se passe dans l'avenue d'une maison de campagne, quelques pas au-delà de la grille, devant laquelle on voit au dehors une chaise arrêtée, une malle derrière, et un postillon. Comme l'ordonnance de cette estampe est très-simple, et demande pourtant une grande expression, il la faut expliquer.

L'ami de Julie revient d'un voyage de long cours ; et, quoique le mari sache qu'avant son mariage cet ami a été amant favorisé, il prend une telle confiance dans la vertu de tous deux, qu'il invite lui-même le jeune homme à venir dans sa maison. Le moment de son arrivée est le sujet de l'estampe. Julie vient de l'embrasser, et, le prenant par la main, le présente à son mari, qui s'avance pour l'embrasser à son tour. M. de Wolmar, naturellement froid et posé, doit avoir l'air ouvert, presque riant, un regard serein qui invite à la confiance.

Le jeune homme, en habit de voyage, s'approche avec un air de respect, dans lequel on démêle à la vérité un peu de contrainte et de confusion, mais non pas une gêne pénible ni un embarras suspect. Pour Julie, on voit sur son visage et dans son maintien un caractère d'innocence et de candeur, qui montre en cet instant toute la pureté de son ame. Elle doit regarder son mari avec une assurance modeste, où se peignent l'attendrissement et la reconnaissance que lui donnent un si grand témoignage d'estime et le sentiment qu'elle en est digne.

Inscription de la septième planche :

LA CONFIANCE DES BELLES AMES.

HUITIÈME ESTAMPE.

Partie IV, Lettre XVII, page 347.

Le paysage est ici ce qui demande le plus d'exactitude. Je ne puis mieux le représenter qu'en transcrivant le passage où il est décrit :

« Nous y parvînmes après une heure de marche par
« des sentiers tortueux et frais, qui, montant insensi-
« blement entre les arbres et les rochers, n'avoient rien
« de plus incommode que la longueur du chemin.... Ce
« lieu solitaire formoit un réduit sauvage et désert, mais
« plein de ces sortes de beautés qui ne plaisent qu'aux

« ames sensibles, et paroissent horribles aux autres. Un
« torrent, formé par la fonte des neiges, rouloit à vingt
« pas de nous une eau bourbeuse, et charrioit avec bruit
« du limon, du sable et des pierres. Derrière nous une
« chaîne de roches inaccessibles séparoit l'esplanade où
« nous étions de cette partie des Alpes qu'on nomme *les*
« *Glacières*, parce que d'énormes sommets de glaces
« qui s'accroissent incessamment les couvrent depuis
« le commencement du monde. Des forêts de noirs sa-
« pins nous ombrageoient tristement à droite; un grand
« bois de chênes étoit à gauche au-delà du torrent; et
« au-dessous de nous cette immense plaine d'eau que le
« lac forme au sein des Alpes nous séparoit des riches
« côtes du pays de Vaud, dont la cime du majestueux
« Jura couronnoit le tableau.

« Au milieu de ces grands et superbes objets, le petit
« terrain où nous étions étaloit les charmes d'un séjour
« riant et champêtre. Quelques ruisseaux filtroient à
« travers les rochers, et rouloient sur la verdure en
« filets de cristal. Quelques arbres fruitiers sauvages
« penchoient leurs têtes sur les nôtres. La terre humide
« et fraîche étoit couverte d'herbes et de fleurs. En com-
« parant un si doux séjour aux objets qui l'environ-
« noient, il sembloit que ce lieu désert dût être l'asile
« de deux amants échappés seuls au bouleversement de
« la nature. »

Il faut ajouter à cette description que deux quartiers
de rocher tombés du haut, et pouvant servir de table
et de siége, doivent être presque au bord de l'esplanade; que, dans la perspective des côtes du pays de Vaud,
qu'on voit dans l'éloignement, on distingue sur le rivage
des villes de distance en distance; et qu'il est nécessaire
au moins qu'on en aperçoive une vis-à-vis de l'esplanade
ci-dessus décrite.

C'est sur cette esplanade que sont Julie et son ami, les deux seuls personnages de l'estampe. L'ami, posant une main sur l'un des deux quartiers, lui montre de l'autre main et d'un peu loin des caractères gravés sur les rochers des environs. Il lui parle en même temps avec feu : on lit dans les yeux de Julie l'attendrissement que lui causent ses discours et les objets qu'il lui rappelle ; mais on y lit aussi que la vertu préside et ne craint rien de ces dangereux souvenirs.

Il y a un intervalle de dix ans entre la première estampe et celle-ci ; et dans cet intervalle Julie est devenue femme et mère : mais il est dit qu'étant fille elle laissait dans son ajustement un peu de négligence qui la rendoit plus touchante, et qu'étant femme elle se paroit avec plus de soin. C'est ainsi qu'elle doit être dans la planche septième ; mais dans celle-ci elle est sans parure et en robe du matin.

Inscription de la huitième planche :

LES MONUMENTS DES ANCIENNES AMOURS.

NEUVIÈME ESTAMPE.

Partie v, Lettre III, page 59.

Un salon, sept figures. Au fond, vers la gauche, une table à thé couverte de trois tasses, la théière, le pot à sucre, etc. Autour de la table sont, dans le fond et en face, M. de Wolmar ; à sa droite en tournant, l'ami tenant la gazette ; en sorte que l'un et l'autre voient tout ce qui se passe dans la chambre.

A droite, aussi dans le fond, madame de Wolmar assise tenant de la broderie : sa femme de chambre assise à côté d'elle faisant de la dentelle ; son oreiller est appuyé sur une chaise plus petite. Cette femme de chambre, la même dont il est parlé ci-après planche onzième, est plus jeune que celle de la planche sixième.

Sur le devant, à sept ou huit pas des uns des autres, est une autre petite table couverte d'un livre d'estampes que parcourent deux petits garçons. L'aîné, tout occupé des figures, les montre au cadet; mais celui-ci compte furtivement des onchets qu'il tient sous la table, cachés par un des côtés du livre. Une petite fille de huit ans, leur aînée, s'est levée de la chaise qui est devant la femme de chambre, et s'avance lestement sur la pointe des pieds vers les deux garçons. Elle parle d'un petit ton d'autorité, en montrant de loin la figure du livre, et tenant un ouvrage à aiguille de l'autre main.

Madame de Wolmar doit paraître avoir suspendu son travail pour contempler le manège des enfants : les hommes ont de même suspendu leur lecture pour contempler à la fois madame de Wolmar et les trois enfants. La femme de chambre est à son ouvrage.

Un air fort occupé dans les enfants, un air de contemplation rêveuse et douce dans les trois spectateurs : la mère surtout doit paraître dans une extase délicieuse.

Inscription de la neuvième planche :

LA MATINÉE A L'ANGLOISE.

DIXIÈME ESTAMPE.

Partie v, Lettre ix, page 152.

Une chambre de cabaret. Le moment vers la fin de la nuit. Le crépuscule commence à montrer quelques objets, mais l'obscurité permet à peine qu'on les distingue.

L'ami, qu'un rêve pénible vient d'agiter, s'est jeté à bas de son lit, et a pris sa robe de chambre à la hâte.

Il erre avec un air d'effroi, cherchant à écarter de la main des objets fantastiques dont il paroît épouvanté. Il tâtonne pour trouver la porte. La noirceur de l'estampe, l'attitude expressive du personnage, son visage effaré, doivent faire un effet lugubre et donner aux regardants une impression de terreur.

Inscription de la dixième planche :

OU VEUX-TU FUIR? LE FANTÔME EST DANS TON COEUR.

ONZIÈME ESTAMPE.

Partie vi, Lettre ii, page 195.

La scène est dans un salon. Vers la cheminée, où il y a du feu, est une table de jeu à laquelle sont, contre le mur, M. de Wolmar qu'on voit en face, et vis-à-vis, Saint-Preux, dont on voit le corps de profil, parce que sa chaise est un peu dérangée, mais dont on ne voit la tête que par derrière, parce qu'il la retourne vers M. de Wolmar.

Par terre est un échiquier renversé dont les pièces sont éparses. Claire, d'un air moitié suppliant, moitié railleur, présente au jeune homme la joue pour y appliquer un soufflet ou un baiser, à son choix, en punition du coup qu'elle vient de faire. Ce coup est indiqué par une raquette qu'elle tient pendante d'une main, tandis qu'elle avance l'autre main sur le bras du jeune homme pour lui faire retourner la tête, qu'il baisse et qu'il détourne d'un air boudeur. Pour que le coup ait pu se faire sans grand fracas, il faut un de ces petits échiquiers de maroquin qui se ferment comme des livres, et le présenter à moitié ouvert contre un des pieds de la table.

Sur le devant est une autre personne, qu'on reconnoît

au tablier pour la femme de chambre : à côté d'elle est sa raquette sur une chaise. Elle tient d'une main le volant élevé, et de l'autre elle fait semblant d'en raccommoder les plumes ; mais elle regarde à travers, en souriant, la scène qui se passe vers la cheminée.

M. de Wolmar, un bras passé sur le dos de la chaise, comme pour contempler plus commodément, fait signe du doigt à la femme de chambre de ne pas troubler la scène par un éclat de rire.

Inscription de la onzième planche :

CLAIRE ! CLAIRE ! LES ENFANTS CHANTENT LA NUIT QUAND ILS ONT PEUR.

DOUZIÈME ESTAMPE.

Partie vi, Lettre ix, page 300.

Cette dernière estampe marque le moment où Julie va se jeter dans le lac pour en retirer un de ses enfants, qui malheureusement y étoit tombé en revenant du château de Chillon. La femme de chambre retient l'aîné des enfants, qui veut se jeter dans l'eau après sa mère. Les autres personnages sont madame d'Orbe, Henriette sa fille, le bailli de Chillon, sa femme, et M. de Wolmar, qui, par leur attitude, témoignent de la frayeur.

Inscription de la douzième planche :

L'AMOUR MATERNEL.

LETTRES A SARA.

Jam nec spes animi credula mutui.
Hor., lib. IV, od. 1.

AVERTISSEMENT.

On comprendra sans peine comment une espèce de défi a pu faire écrire ces quatre lettres. On demandoit si un amant d'un demi-siècle pouvoit ne pas faire rire. Il m'a semblé qu'on pouvoit se laisser surprendre à tout âge; qu'un barbon pouvoit même écrire jusqu'à quatre lettres d'amour, et intéresser encore les honnêtes gens, mais qu'il ne pouvoit aller jusqu'à six sans se déshonorer. Je n'ai pas besoin de dire ici mes raisons; on peut les sentir en lisant ces lettres : après leur lecture on en jugera.

LETTRES A SARA[1].

PREMIÈRE LETTRE.

Tu lis dans mon cœur, jeune Sara; tu m'as pénétré, je le sais, je le sens. Cent fois le jour ton œil curieux vient épier l'effet de tes charmes. A ton air satisfait, à tes cruelles bontés, à tes méprisantes agaceries, je vois que tu jouis en secret de ma misère; tu t'applaudis avec un souris moqueur du désespoir où tu plonges un malheureux pour qui l'amour n'est plus qu'un opprobre. Tu te trompes, Sara; je suis à plaindre, mais je ne suis point à railler : je ne suis point digne de mépris, mais de pitié, parce que je ne m'en impose ni sur ma figure ni sur mon âge, qu'en aimant je me sens indigne de plaire, et que la fatale illusion qui m'égare m'empêche de te voir telle que tu es, sans m'empêcher de me voir tel que je suis. Tu peux m'abuser sur tout, hormis sur moi-même; tu peux me persuader tout au monde, excepté que tu puisses partager mes feux insensés. C'est le pire de mes supplices de me voir comme tu me vois; tes trompeuses caresses ne sont pour moi qu'une

[1] On ignore le nom de la personne à qui ces quatre lettres sont adressées.

humiliation de plus, et j'aime avec la certitude affreuse de ne pouvoir être aimé.

Sois donc contente. Hé bien oui, je t'adore; oui, je brûle pour toi de la plus cruelle des passions. Mais tente, si tu l'oses, de m'enchaîner à ton char, comme un soupirant à cheveux gris, comme un amant barbon qui veut faire l'agréable, et, dans son extravagant délire, s'imagine avoir des droits sur un jeune objet. Tu n'auras pas cette gloire, ô Sara ! ne t'en flatte pas : tu ne me verras point à tes pieds vouloir t'amuser avec le jargon de la galanterie, ou t'attendrir avec des propos langoureux. Tu peux m'arracher des pleurs, mais ils sont moins d'amour que de rage. Ris, si tu veux, de ma foiblesse; tu ne riras pas au moins de ma crédulité.

Je te parle avec emportement de ma passion, parce que l'humiliation est toujours cruelle, et que le dédain est dur à supporter; mais ma passion, toute folle qu'elle est, n'est point emportée; elle est à la fois vive et douce comme toi. Privé de tout espoir, je suis mort au bonheur, et ne vis que de ta vie. Tes plaisirs sont mes seuls plaisirs; je ne puis avoir d'autres jouissances que les tiennes, ni former d'autres vœux que tes vœux. J'aimerois mon rival même si tu l'aimois : si tu ne l'aimois pas, je voudrois qu'il pût mériter ton amour; qu'il eût mon cœur pour t'aimer plus dignement, et te rendre plus heureuse. C'est le seul désir permis à quiconque ose aimer sans être aimable. Aime, et sois aimée, ô Sara! vis contente et je mourrai content.

SECONDE LETTRE.

Puisque je vous ai écrit, je veux vous écrire encore : ma première faute en attire une autre. Mais je saurai m'arrêter, soyez-en sûre : et c'est la manière dont vous m'avez traité durant mon délire qui décidera de mes sentiments à votre égard quand j'en serai revenu. Vous avez beau feindre de n'avoir pas lu ma lettre, vous mentez; je le sais, vous l'avez lue. Oui, vous mentez sans me rien dire, par l'air égal avec lequel vous croyez m'en imposer. Si vous êtes la même qu'auparavant, c'est parce que vous avez été toujours fausse; et la simplicité que vous affectez avec moi me prouve que vous n'en avez jamais eu. Vous ne dissimulez ma folie que pour l'augmenter; vous n'êtes pas contente que je vous écrive, si vous ne me voyez encore à vos pieds; vous voulez me rendre aussi ridicule que je peux l'être; vous voulez me donner en spectacle à vous-même, peut-être à d'autres; et vous ne vous croyez pas assez triomphante si je ne suis déshonoré.

Je vois tout cela, fille artificieuse, dans cette

feinte modestie par laquelle vous espérez m'en imposer, dans cette feinte égalité par laquelle vous me semblez vouloir me tenter d'oublier ma faute, en paroissant vous-même n'en rien savoir. Encore une fois, vous avez lu ma lettre ; je le sais, je l'ai vu. Je vous ai vue, quand j'entrois dans votre chambre, poser précipitamment le livre où je l'avois mise ; je vous ai vue rougir, et marquer un moment de trouble. Trouble séducteur et cruel, qui peut-être est encore un de vos piéges, et qui m'a fait plus de mal que tous vos regards. Que devins-je à cet aspect qui m'agite encore ? Cent fois, en un instant, prêt à me précipiter aux pieds de l'orgueilleuse, que de combats, que d'efforts pour me retenir ! Je sortis pourtant, je sortis palpitant de joie d'échapper à l'indigne bassesse que j'allois faire. Ce seul moment me venge de tes outrages. Sois moins fière, ô Sara ! d'un penchant que je peux vaincre, puisqu'une fois en ma vie j'ai déjà triomphé de toi.

Infortuné ! j'impute à ta vanité des fictions de mon amour-propre. Que n'ai-je le bonheur de pouvoir croire que tu t'occupes de moi, ne fût-ce que pour me tyranniser ! Mais daigner tyranniser un amant grison seroit lui faire trop d'honneur encore. Non, tu n'as point d'autre art que ton indifférence : ton dédain fait toute ta coquetterie, tu me désoles sans songer à moi. Je suis malheureux jusqu'à ne pouvoir t'occuper au moins de mes ridicules, et tu méprises ma folie jusqu'à ne daigner pas même t'en moquer. Tu as lu ma lettre, et tu l'as oubliée; tu ne m'as point parlé de mes maux, parce que tu n'y songeois plus. Quoi! je suis donc nul pour toi! Mes fureurs, mes tourments, loin d'exciter ta pitié, n'excitent pas même ton attention! Ah! où est cette douceur que tes yeux promettent? où est ce sentiment si tendre qui paroît les animer?... Barbare!... insensible à mon état, tu dois l'être à tout sentiment honnête. Ta figure promet une ame; elle ment, tu n'as que de la férocité... Ah, Sara! j'aurois attendu de ton bon cœur quelque consolation dans ma misère.

TROISIÈME LETTRE.

Enfin rien ne manque plus à ma honte, et je suis aussi humilié que tu l'as voulu. Voilà donc à quoi ont abouti mon dépit, mes combats, mes résolutions, ma constance! Je serois moins avili si j'avois moins résisté. Qui, moi! j'ai fait l'amour en jeune homme? j'ai passé deux heures aux genoux d'un enfant? j'ai versé sur ses mains des torrents de larmes? j'ai souffert qu'elle me consolât, qu'elle me plaignît, qu'elle essuyât mes yeux ternis par les ans? j'ai reçu d'elle des leçons de raison, de courage? J'ai bien profité de ma longue expérience et de mes tristes réflexions! Combien de fois j'ai rougi d'avoir été à vingt ans ce que je redeviens à cinquante! Ah! je n'ai donc vécu que pour me déshonorer! Si du moins un vrai repentir me ramenoit à des sentiments plus honnêtes! Mais non; je me complais, malgré moi, dans ceux que tu m'inspires, dans le délire où tu me plonges, dans l'abaissement où tu m'as réduit. Quand je m'imagine, à mon âge, à genoux devant toi, tout mon cœur se soulève et s'irrite; mais il s'oublie et se perd dans les ravissements que j'y ai sentis. Ah! je ne me voyois pas alors; je ne voyois que toi, fille adorée: tes charmes, tes sentiments, tes discours, remplissoient, formoient tout mon être; j'étois jeune de ta jeunesse, sage de ta raison, vertueux de ta vertu. Pouvois-je mépriser celui que tu honorois de ton estime? pouvois-je haïr celui que tu daignois appeler ton ami? Hélas! cette tendresse de père que tu me demandois d'un ton si touchant, ce nom de fille que tu voulois recevoir de moi, me faisoient bientôt rentrer en moi-même: tes propos si tendres, tes caresses si pures, m'enchantoient et me déchiroient; des pleurs d'amour et de rage couloient de mes yeux. Je sentois que je n'étois heureux que par ma misère, et que, si j'eusse été plus digne de plaire, je n'aurois pas été si bien traité.

N'importe. J'ai pu porter l'attendrissement dans

ton cœur. La pitié le ferme à l'amour, je le sais; mais elle en a pour moi tous les charmes. Quoi! j'ai vu s'humecter pour moi tes beaux yeux! j'ai senti tomber sur ma joue une de tes larmes! Oh! cette larme, quel embrasement dévorant elle a causé! et je ne serois pas le plus heureux des hommes! Ah! combien je le suis, au-dessus de ma plus orgueilleuse attente!

Oui, que ces deux heures reviennent sans cesse, qu'elles remplissent de leur retour ou de leur souvenir le reste de ma vie. Eh! qu'a-t-elle eu de comparable à ce que j'ai senti dans cette attitude? J'étois humilié, j'étois insensé, j'étois ridicule; mais j'étois heureux, et j'ai goûté dans ce court espace plus de plaisirs que je n'en eus dans tout le cours de mes ans. Oui, Sara, oui, charmante Sara, j'ai perdu tout repentir, toute honte; je ne me souviens plus de moi, je ne sens que le feu qui me dévore; je puis dans tes fers braver les huées du monde entier. Que m'importe ce que je peux paroître aux autres? j'ai pour toi le cœur d'un jeune homme, et cela me suffit. L'hiver a beau couvrir l'Etna de ses glaces, son sein n'est pas moins embrasé.

QUATRIÈME LETTRE.

Quoi! c'étoit vous que je redoutois! c'étoit vous que je rougissois d'aimer! O Sara! fille adorable! ame plus belle que ta figure! si je m'estime désormais quelque chose, c'est d'avoir un cœur fait pour sentir tout ton prix. Oui, sans doute, je rougis de l'amour que j'avois pour toi; mais c'est parce qu'il étoit trop rampant, trop languissant, trop foible, trop peu digne de son objet. Il y a six mois que mes yeux et mon cœur dévorent tes charmes; il y a six mois que tu m'occupes seule, et que je ne vis que pour toi : mais ce n'est que d'hier que j'ai appris à t'aimer. Tandis que tu me parlois, et que des discours dignes du ciel sortoient de ta bouche, je croyois voir changer tes traits, ton air, ton port, ta figure; je ne sais quel feu surnaturel luisoit dans tes yeux; des rayons de lumière sembloient t'entourer. Ah! Sara! si réellement tu n'es pas une mortelle, si tu es l'ange envoyé du ciel pour ramener un cœur qui s'égare, dis-le-moi, peut-être il est temps encore. Ne laisse plus profaner ton image par des désirs formés malgré moi. Hélas! si je m'abuse dans mes vœux, dans mes transports, dans mes téméraires hommages, guéris-moi d'une erreur qui t'offense, apprends-moi comment il faut t'adorer.

Vous m'avez subjugué, Sara, de toutes les manières; et si vous me faites aimer ma folie, vous me la faites cruellement sentir. Quand je compare votre conduite à la mienne, je trouve un sage dans une jeune fille, et je ne sens en moi qu'un vieux enfant. Votre douceur, si pleine de dignité, de raison, de bienséance, m'a dit tout ce que ne m'eût pas dit un accueil plus sévère; elle m'a fait plus rougir de moi que n'eussent fait vos reproches; et l'accent un peu plus grave que vous avez mis hier dans vos discours m'a fait aisément connoître que je n'aurois pas dû vous exposer à me les tenir deux fois. Je vous entends, Sara; et j'espère vous prouver aussi que si je ne suis pas digne de vous plaire par mon amour, je le suis par les sentiments qui l'accompagnent. Mon égarement sera aussi court qu'il a été grand; vous me l'avez montré, cela suffit, j'en saurai sortir, soyez-en sûre : quelque aliéné que je puisse être, si j'en avois vu toute l'étendue, jamais je n'aurois fait le premier pas. Quand je méritois des censures, vous ne m'avez donné que des avis, et vous avez bien voulu ne me voir que foible lorsque j'étois criminel. Ce que vous ne m'avez pas dit, je sais me le dire; je sais donner à ma conduite auprès de vous le nom que vous ne lui avez pas donné; et si j'ai pu faire une bassesse sans la connoître, je vous ferai voir que je ne porte point un cœur bas. Sans doute c'est moins mon âge que le vôtre qui me rend coupable. Mon mépris pour moi m'empêchoit de voir toute l'indignité de ma démarche. Trente ans de différence ne me montroient que ma honte, et me cachoient vos dangers. Hélas! quels dangers! Je n'étois pas assez vain pour en supposer : je n'imaginois pas pouvoir tendre un piége à votre innocence; et si vous eussiez été moins vertueuse, j'étois un suborneur sans en rien savoir.

O Sara! ta vertu est à des épreuves plus dangereuses, et tes charmes ont mieux à choisir. Mais mon devoir ne dépend ni de ta vertu ni de tes charmes; sa voix me parle, et je le suivrai. Qu'un éternel oubli ne peut-il te cacher mes erreurs! Que ne les puis-je oublier moi-même! Mais non, je le sens, j'en ai pour la vie, et le trait s'enfonce par mes efforts pour l'arracher. C'est mon sort de brûler, jusqu'à mon dernier soupir, d'un feu que rien ne peut éteindre, et auquel chaque jour ôte un degré d'espérance, et en ajoute un de déraison. Voilà ce qui ne dépend pas de moi; mais voici, Sara, ce qui en dépend. Je vous donne ma foi d'homme qui ne la faussa jamais, que je ne vous reparlerai de mes jours de cette passion ridicule et malheureuse que j'ai pu peut-être empêcher de naître, mais que je ne puis plus étouffer. Quand je dis que je ne vous en parlerai pas, j'entends que rien en moi ne vous dira ce que je dois taire. J'impose à mes yeux le même silence qu'à ma bouche : mais, de grâce, imposez aux vôtres de ne plus venir m'arracher ce triste secret. Je suis à l'épreuve de tout, hors de vos regards : vous savez trop combien il vous est aisé de me rendre parjure. Un triomphe si sûr pour vous, et si flétrissant pour moi, pourroit-il flatter votre belle ame? Non, divine Sara, ne profane pas le temple où tu es adorée, et laisse au moins quelque vertu dans ce cœur à qui tu as tout ôté.

Je ne puis ni ne veux reprendre le malheureux secret qui m'est échappé; il est trop tard, il faut qu'il vous reste; et il est si peu intéressant pour vous, qu'il seroit bientôt oublié si l'aveu ne s'en renouveloit sans cesse. Ah! je serois trop à plaindre dans ma misère, si jamais je ne pouvois me dire que vous la plaignez; et vous devez d'autant plus la plaindre, que vous n'aurez jamais à m'en consoler. Vous me verrez toujours tel que je dois être, mais connoissez-moi toujours tel que je suis; vous n'aurez plus à censurer mes discours, mais souffrez mes lettres : c'est tout ce que je vous demande. Je n'approcherai de vous que comme d'une divinité devant laquelle on impose silence à ses passions. Vos vertus suspendront l'effet de vos charmes; votre présence purifiera mon cœur, je ne craindrai point d'être un séducteur en ne vous disant rien qu'il ne vous convienne d'entendre; je cesserai de me croire ridicule quand vous ne me verrez jamais tel; et je voudrai n'être plus coupable, quand je ne pourrai l'être que loin de vous.

Mes lettres! Non. Je ne dois pas même désirer de vous écrire, et vous ne devez le souffrir jamais. Je vous estimerois moins si vous en étiez capable. Sara, je te donne cette arme pour t'en servir contre moi. Tu peux être dépositaire de mon fatal secret, tu n'en peux être la confidente. C'est assez pour moi que tu le saches, ce seroit trop pour toi de l'entendre répéter. Je me tairai : qu'aurois-je de plus à te dire? Bannis-moi, méprise-moi désormais, si tu revois jamais ton amant dans l'ami que tu t'es choisi. Sans pouvoir te fuir, je te dis adieu pour la vie. Ce sacrifice étoit le dernier qui me restoit à te faire ; c'étoit le seul qui fût digne de tes vertus et de mon cœur.

LA REINE
FANTASQUE,
CONTE.

LA REINE FANTASQUE[1],
CONTE.

Il y avoit autrefois un roi qui aimoit son peuple... Cela commence comme un conte de fée, interrompit le druide. C'en est un aussi, répondit Jalamir. Il y avoit donc un roi qui aimoit son peuple, et qui, par conséquent, en étoit adoré. Il avoit fait tous ses efforts pour trouver des ministres aussi bien intentionnés que lui; mais ayant enfin reconnu la folie d'une pareille recherche, il avoit pris le parti de faire par lui-même toutes les choses qu'il pouvoit dérober à leur malfaisante activité. Comme il étoit fort entêté du bizarre projet de rendre ses sujets heureux, il agissoit en conséquence, et une conduite si singulière lui donnoit parmi les grands un ridicule ineffaçable. Le peuple le bénissoit; mais à la cour il passoit pour un fou. A cela près, il ne manquoit pas de mérite : aussi s'appeloit-il Phénix.

[1] Jean-Jacques avoit parié qu'on pouvoit faire un conte *supportable et même gai*, sans intrigue, sans amour, sans mariage et sans polissonnerie. *La reine Fantasque* fut le résultat de la gageure.

Si ce prince étoit extraordinaire, il avoit une femme qui l'étoit moins. Vive, étourdie, capricieuse, folle par la tête, sage par le cœur, bonne par tempérament, méchante par caprice ; voilà, en quatre mots, le portrait de la reine. Fantasque étoit son nom : nom célèbre qu'elle avoit reçu de ses ancêtres en ligne féminine, et dont elle soutenoit dignement l'honneur. Cette personne si illustre et si raisonnable étoit le charme et le supplice de son cher époux ; car elle l'aimoit aussi fort sincèrement, peut-être à cause de la facilité qu'elle avoit à le tourmenter. Malgré l'amour réciproque qui régnoit entre eux, ils passèrent plusieurs années sans pouvoir obtenir aucun fruit de leur union. Le roi en étoit pénétré de chagrin, et la reine s'en mettoit dans des impatiences dont ce bon prince ne se ressentoit pas tout seul : elle s'en prenoit à tout le monde de ce qu'elle n'avoit point d'enfants. Il n'y avoit pas un courtisan à qui elle ne demandât étourdiment quelque secret pour en avoir, et qu'elle ne rendît responsable du mauvais succès.

Les médecins ne furent point oubliés ; car la reine avoit pour eux une docilité peu commune, et ils n'ordonnoient pas une drogue qu'elle ne fît préparer très-soigneusement, pour avoir le plaisir de la leur jeter au nez à l'instant qu'il la falloit prendre. Les derviches eurent leur tour ; il fallut recourir aux neuvaines, aux vœux, surtout aux offrandes. Et malheur aux desservants des temples où sa majesté alloit en pèlerinage! elle fourrageoit tout; et, sous prétexte d'aller respirer un air prolifique, elle ne manquoit jamais de mettre sens dessus dessous toutes les cellules des moines. Elle portoit aussi leurs reliques, et s'affubloit alternativement de tous leurs différents équipages : tantôt c'étoit un cordon blanc, tantôt une ceinture de cuir, tantôt un capuchon, tantôt un scapulaire; il n'y avoit sorte de mascarade monastique dont sa dévotion ne s'avisât; et comme elle avoit un petit air éveillé qui la rendoit charmante sous tous ces déguisements, elle n'en quittoit aucun sans avoir eu soin de s'y faire peindre.

Enfin, à force de dévotions si bien faites, à force de médecines si sagement employées, le ciel et la terre exaucèrent les vœux de la reine; elle devint grosse au moment qu'on commençoit à en désespérer. Je laisse à deviner la joie du roi et celle du peuple. Pour la sienne, elle alla, comme toutes ses passions, jusqu'à l'extravagance : dans ses transports, elle cassoit et brisoit tout; elle embrassoit indifféremment tout ce qu'elle rencontroit, hommes, femmes, courtisans, valets : c'étoit risquer de se faire étouffer que se trouver sur son passage. Elle ne connoissoit point, disoit-elle, de ravissement pareil à celui d'avoir un enfant à qui elle pût donner le fouet tout à son aise dans ses moments de mauvaise humeur.

Comme la grossesse de la reine avoit été long-temps inutilement attendue, elle passoit pour un de ces évènements extraordinaires dont tout le monde veut avoir l'honneur. Les médecins l'attribuoient à leurs drogues, les moines à leurs reliques, le peuple à ses prières, et le roi à son amour. Chacun s'intéressoit à l'enfant qui devoit naître, comme si c'eût été le sien; et tous faisoient des vœux sincères pour l'heureuse naissance du prince, car on en vouloit un; et le peuple, les grands et le roi, réunissoient leurs désirs sur ce point. La reine trouva fort mauvais qu'on s'avisât de lui prescrire de qui elle devoit accoucher, et déclara qu'elle prétendoit avoir une fille, ajoutant qu'il lui paroissoit assez singulier que quelqu'un osât lui disputer le droit de disposer d'un bien qui n'appartenoit incontestablement qu'à elle seule.

Phénix voulut en vain lui faire entendre raison : elle lui dit nettement que ce n'étoient point là ses affaires, et s'enferma dans son cabinet pour bouder; occupation chérie à laquelle elle employoit régulièrement au moins six mois de l'année. Je dis six mois, non de suite, c'eût été autant de repos pour son mari, mais pris dans des intervalles propres à le chagriner.

Le roi comprenoit fort bien que les caprices de la mère ne détermineroient pas le sexe de l'enfant; mais il étoit au désespoir qu'elle donnât ainsi ses travers en spectacle à toute la cour. Il eût sacrifié tout au monde pour que l'estime universelle eût justifié l'amour qu'il avoit pour elle ; et le bruit qu'il fit mal à propos en cette occasion ne fut pas la seule folie que lui eût fait faire le ridicule espoir de rendre sa femme raisonnable.

Ne sachant plus à quel saint se vouer, il eut recours à la fée Discrète son amie, et la protectrice de son royaume. La fée lui conseilla de prendre les voies de la douceur, c'est-à-dire de demander excuse à la reine. Le seul but, lui dit-elle, de toutes les fantaisies des femmes est de désorienter un peu la morgue masculine, et d'accoutumer les hommes à l'obéissance qui leur convient. Le meilleur moyen que vous ayez de guérir les extravagances de votre femme est d'extravaguer avec elle. Dès le moment que vous cesserez de contrarier ses caprices, assurez-vous qu'elle cessera d'en avoir, et qu'elle n'attend, pour devenir sage, que de vous avoir rendu bien complètement fou. Faites donc les choses de bonne grâce, et tâchez de céder en cette occasion, pour obtenir tout ce que vous voudrez dans une autre. Le roi crut la fée; et, pour se conformer à son avis, s'étant rendu au cercle de la reine, il la prit à part, lui dit tout bas qu'il étoit fâché d'avoir contesté contre elle mal à propos, et qu'il tâcheroit de la dédommager à l'avenir, par sa complaisance, de l'humeur qu'il pouvoit avoir mise dans ses discours en disputant impoliment contre elle.

Fantasque, qui craignit que la douceur de

Phénix ne la couvrît seule de tout le ridicule de cette affaire, se hâta de lui répondre que sous cette excuse ironique elle voyoit encore plus d'orgueil que dans les disputes précédentes; mais que, puisque les torts d'un mari n'autorisoient point ceux d'une femme, elle se hâtoit de céder en cette occasion comme elle avoit toujours fait. Mon prince et mon époux, ajouta-t-elle tout haut, m'ordonne d'accoucher d'un garçon, et je sais trop bien mon devoir pour manquer d'obéir. Je n'ignore pas que quand sa majesté m'honore des marques de sa tendresse, c'est moins pour l'amour de moi que pour celui de son peuple, dont l'intérêt ne l'occupe guère moins la nuit que le jour; je dois imiter un si noble désintéressement, et je vais demander au divan un mémoire instructif du nombre et du sexe des enfants qui conviennent à la famille royale; mémoire important au bonheur de l'état, sur lequel toute reine doit apprendre à régler sa conduite pendant la nuit.

Ce beau soliloque fut écouté de tout le cercle avec beaucoup d'attention, et je vous laisse à penser combien d'éclats de rire furent assez maladroitement étouffés. Ah! dit tristement le roi en sortant et haussant les épaules, je vois bien que quand on a une femme folle, on ne peut éviter d'être un sot.

La fée Discrète, dont le sexe et le nom contrastoient quelquefois plaisamment dans son caractère, trouva cette querelle si réjouissante, qu'elle résolut de s'en amuser jusqu'au bout. Elle dit publiquement au roi qu'elle avoit consulté les comètes qui président à la naissance des princes, et qu'elle pouvoit lui répondre que l'enfant qui naîtroit de lui seroit un garçon; mais en secret elle assura la reine qu'elle auroit une fille.

Cet avis rendit tout à coup Fantasque aussi raisonnable qu'elle avoit été capricieuse jusqu'alors. Ce fut avec une douceur et une complaisance infinies qu'elle prit toutes les mesures possibles pour désoler le roi et toute la cour. Elle se hâta de faire faire une layette des plus superbes, affectant de la rendre si propre à un garçon, qu'elle devînt ridicule à une fille : il fallut, dans ce dessein, changer plusieurs modes; mais tout cela ne lui coûtoit rien. Elle fit préparer un beau collier de l'ordre, tout brillant de pierreries, et voulut absolument que le roi nommât d'avance le gouverneur et le précepteur du jeune prince.

Sitôt qu'elle fut sûre d'avoir une fille, elle ne parla que de son fils, et n'omit aucune des précautions inutiles qui pouvoient faire oublier celles qu'on auroit dû prendre. Elle rioit aux éclats en se peignant la contenance étonnée et bête qu'auroient les grands et les magistrats qui devoient orner ses couches de leur présence. Il me semble, disoit-elle à la fée, voir d'un côté notre vénérable chancelier arborer de grandes lunettes pour vérifier le sexe de l'enfant, et de l'autre sa sacrée majesté baisser les yeux et dire en balbutiant : « Je croyois.... la fée m'avoit pourtant dit.... « Messieurs, ce n'est pas ma faute; » et d'autres apophthegmes aussi spirituels, recueillis par les savants de la cour, et bientôt portés jusqu'aux extrémités des Indes.

Elle se représentoit avec un plaisir malin le désordre et la confusion que ce merveilleux événement alloit jeter dans toute l'assemblée. Elle se figuroit d'avance les disputes, l'agitation de toutes les dames du palais, pour réclamer, ajuster, concilier, en ce moment imprévu, les droits de leurs importantes charges, et toute la cour en mouvement pour un béguin.

Ce fut aussi dans cette occasion qu'elle inventa le décent et spirituel usage de faire haranguer par les magistrats en robe le prince nouveau-né. Phénix voulut lui représenter que c'étoit avilir la magistrature à pure perte, et jeter un comique extravagant sur tout le cérémonial de la cour, que d'aller en grand appareil étaler du phébus à un petit marmot avant qu'il le pût entendre, ou du moins y répondre.

Eh! tant mieux! reprit vivement la reine, tant mieux pour votre fils! Ne seroit-il pas trop heureux que toutes les bêtises qu'ils ont à lui dire fussent épuisées avant qu'il les entendît! et voudriez-vous qu'on lui gardât pour l'âge de raison des discours propres à le rendre fou ? Pour Dieu, laissez-les haranguer tout leur bien-être, tandis qu'on est sûr qu'il n'y comprend rien, et qu'il en a l'ennui de moins : vous devez savoir de reste qu'on n'en est pas toujours quitte à si bon marché. Il en fallut passer par-là ; et, de l'ordre exprès de sa majesté, les présidents du sénat et des académies commencèrent à composer, étudier, raturer, et feuilleter leur Vaumorière et leur Démosthène, pour apprendre à parler à un embryon.

Enfin le moment critique arriva. La reine sentit les premières douleurs avec des transports de joie dont on ne s'avise guère en pareille occasion. Elle se plaignoit de si bonne grâce, et pleuroit d'un air si riant, qu'on eût cru que le plus grand de ses plaisirs étoit celui d'accoucher.

Aussitôt ce fut dans tout le palais une rumeur épouvantable. Les uns couroient chercher le roi, d'autres les princes, d'autres les ministres, d'autres le sénat; le plus grand nombre et les plus pressés alloient pour aller, et roulant leur tonneau comme Diogène, avoient pour toute affaire de se donner un air affairé. Dans l'empressement de rassembler tant de gens nécessaires, la dernière personne à qui l'on songea fut l'accoucheur, et le roi, que son trouble mettoit hors de lui, ayant demandé par mégarde une sage-femme, cette inadvertance excita parmi les dames du palais des ris immodérés, qui, joints à la bonne humeur de la reine, firent l'accouchement le plus gai dont on eût jamais entendu parler.

Quoique Fantasque eût gardé de son mieux le secret de la fée, il n'avoit pas laissé de transpirer parmi les femmes de sa maison ; et celles-ci le gardèrent si soigneusement elles-mêmes, que le bruit fut plus de trois jours à s'en répandre par toute la ville : de sorte qu'il n'y avoit depuis long-temps que le roi seul qui n'en sût rien. Chacun étoit donc attentif à la scène qui se préparoit ; l'intérêt public fournissant un prétexte à tous les curieux de s'amuser aux dépens de la famille royale, ils se faisoient une fête d'épier la contenance de leurs majestés, et de voir comment, avec deux promesses contradictoires, la fée pourroit se tirer d'affaire, et conserver son crédit.

Oh çà, monseigneur, dit Jalamir au druide en s'interrompant, convenez qu'il ne tient qu'à moi de vous impatienter dans les règles ; car vous sentez bien que voici le moment des digressions, des portraits, et de cette multitude de belles choses que tout auteur homme d'esprit ne manque jamais d'employer à propos dans l'endroit le plus intéressant pour amuser ses lecteurs. Comment ! par Dieu, dit le druide, t'imagines-tu qu'il y en ait d'assez sots pour lire tout cet esprit-là ? Apprends qu'on a toujours celui de le passer, et qu'en dépit de monsieur l'auteur on a bientôt couvert son étalage des feuillets de son livre. Et toi qui fais ici le raisonneur, penses-tu que tes propos vaillent mieux que l'esprit des autres, et que, pour éviter l'imputation d'une sottise, il suffise de dire qu'il ne tiendroit qu'à toi de la faire? Vraiment il ne falloit que le dire pour le prouver; et malheureusement je n'ai pas, moi, la ressource de tourner les feuillets. Consolez-vous, lui dit doucement Jalamir; d'autres les tourneront pour vous si jamais on écrit ceci. Cependant considérez que voilà toute la cour rassemblée dans la chambre de la reine; que c'est la plus belle occasion que j'aurai jamais de vous peindre tant d'illustres originaux, et la seule peut-être que vous aurez de les connoître. Que Dieu t'entende! repartit plaisamment le druide; je ne les connoîtrai que trop par leurs actions : fais-les donc agir si ton histoire a besoin d'eux, et n'en dis mot s'ils sont inutiles : je ne veux point d'autres portraits que les faits. Puisqu'il n'y a pas moyen, dit Jalamir, d'égayer mon récit par un peu de métaphysique, j'en vais tout bêtement reprendre le fil. Mais conter pour conter est d'un ennui... Vous ne savez pas combien de belles choses vous allez perdre. Aidez-moi, je vous prie, à me retrouver; car l'essentiel m'a tellement emporté, que je ne sais plus à quoi j'en étois du conte.

A cette reine, dit le druide impatienté, que tu as tant de peine à faire accoucher, et avec laquelle tu me tiens depuis une heure en travail. Oh! oh!

reprit Jalamir, croyez-vous que les enfants des rois se pondent comme des œufs de grives? Vous allez voir si ce n'étoit pas bien la peine de pérorer. La reine donc, après bien des cris et des ris, tira enfin les curieux de peine et la fée d'intrigue, en mettant au jour une fille et un garçon plus beaux que la lune et le soleil, et qui se ressembloient si fort qu'on avoit peine à les distinguer, ce qui fit que dans leur enfance on se plaisoit à les habiller de même. Dans ce moment si désiré, le roi, sortant de la majesté pour se rendre à la nature, fit des extravagances qu'en d'autres temps il n'eût pas laissé faire à la reine; et le plaisir d'avoir des enfants le rendoit si enfant lui-même, qu'il courut sur son balcon crier à pleine tête : « Mes amis, « réjouissez-vous tous ; il vient de me naître un fils, « et à vous un père, et une fille à ma femme. » La reine, qui se trouvoit pour la première fois de sa vie à pareille fête, ne s'aperçut pas de tout l'ouvrage qu'elle avoit fait, et la fée, qui connoissoit son esprit fantasque, se contenta, conformément à ce qu'elle avoit désiré, de lui annoncer d'abord une fille. La reine se la fit apporter, et, ce qui surprit fort les spectateurs, elle l'embrassa tendrement à la vérité, mais les larmes aux yeux, et avec un air de tristesse qui cadroit mal avec celui qu'elle avoit eu jusqu'alors. J'ai déjà dit qu'elle aimoit sincèrement son époux ; elle avoit été touchée de l'inquiétude et de l'attendrissement qu'elle avoit lu dans ses regards durant ses souffrances. Elle avoit fait, dans un temps à la vérité singulièrement choisi, des réflexions sur la cruauté qu'il y avoit à désoler un mari si bon; et quand on lui présenta sa fille, elle ne songea qu'au regret qu'auroit le roi de n'avoir pas un fils. Discrète, à qui l'esprit de son sexe et le don de féerie apprenoient à lire facilement dans les cœurs, pénétra sur-le-champ ce qui se passoit dans celui de la reine; et, n'ayant plus de raison pour lui déguiser la vérité, elle fit apporter le jeune prince. La reine, revenue de sa surprise, trouva l'expédient si plaisant qu'elle en fit des éclats de rire dangereux dans l'état où elle étoit. Elle se trouva mal. On eut beaucoup de peine à la faire revenir; et, si la fée n'eût répondu de sa vie, la douleur la plus vive alloit succéder aux transports de joie dans le cœur du roi et sur les visages des courtisans.

Mais voici ce qu'il y eut de plus singulier dans toute cette aventure : le regret sincère qu'avoit la reine d'avoir tourmenté son mari lui fit prendre une affection plus vive pour le jeune prince que pour sa sœur; et le roi, de son côté, qui adoroit la reine, marqua la même préférence à la fille qu'elle avoit souhaitée. Les caresses indirectes que ces deux uniques époux se faisoient ainsi l'un à l'autre devinrent bientôt un goût très-décidé, et la reine ne pouvoit non plus se passer de son fils que le roi de sa fille.

Ce double évènement fit un grand plaisir à tout le peuple, et le rassura du moins pour un temps sur la frayeur de manquer de maîtres. Les esprits forts, qui s'étoient moqués des promesses de la fée, furent moqués à leur tour ; mais ils ne se tinrent pas pour battus, disant qu'ils n'accordoient pas même à la fée l'infaillibilité du mensonge, ni à ses prédictions la vertu de rendre impossibles les choses qu'elle annonçoit : d'autres, fondés sur la prédiction qui commençoit à se déclarer, poussèrent l'impudence jusqu'à soutenir qu'en donnant un fils à la reine et une fille au roi l'évènement avoit de tout point démenti la prophétie.

Tandis que tout se disposoit pour la pompe du baptême des deux nouveau-nés, et que l'orgueil humain se préparoit à briller humblement aux autels des dieux... Un moment, interrompit le druide ; tu me brouilles d'une terrible façon. Apprends-moi, je te prie, en quel lieu nous sommes. D'abord pour rendre la reine enceinte, tu la promenois parmi des reliques et des capuchons ; après cela tu nous as tout à coup fait passer aux Indes ; à présent tu viens me parler du baptême, et puis des autels des dieux. Par le grand Thamiris ! je ne sais plus si, dans la cérémonie que tu prépares, nous allons adorer Jupiter, la bonne Vierge, ou Mahomet. Ce n'est pas qu'à moi, druide, il m'importe beaucoup que tes deux bambins soient baptisés ou circoncis ; mais encore faut-il observer le costume, et ne pas m'exposer à prendre un évêque pour le mufti, et le Missel pour l'Alcoran. Le grand malheur, lui dit Jalamir : d'aussi fins que vous s'y tromperoient bien. Dieu garde de mal tous les prélats qui ont des sérails, et prennent pour de l'arabe le latin du bréviaire! Dieu fasse paix à tous les honnêtes cafards qui suivent l'intolérance du prophète de la Mecque, toujours prêts à massacrer saintement le genre humain pour la plus grande gloire du Créateur! Mais vous devez vous ressouvenir que nous sommes dans un pays de fées, où l'on n'envoie personne en enfer pour le bien de son âme, où l'on ne s'avise point de regarder au prépuce des gens pour les damner ou les absoudre, et où la mitre et le turban vert couvrent également les têtes sacrées, pour servir de signalement aux yeux des sages et de parure à ceux des sots.

Je sais bien que les lois de la géographie, qui règlent toutes les religions du monde, veulent que les deux nouveux-nés soient musulmans; mais on ne circoncit que les mâles, et j'ai besoin que mes jumeaux soient administrés tous deux; ainsi trouvez bon que je les baptise. Fais, fais, dit le druide; voilà, foi de prêtre, un choix le mieux motivé dont j'aie entendu parler de ma vie.

La reine, qui se plaisoit à bouleverser toute étiquette, voulut se lever au bout de six jours, et sortir le septième, sous prétexte qu'elle se portoit bien. En effet, elle nourrissoit ses enfants; exemple odieux, dont toutes les femmes lui représentèrent très-fortement les conséquences. Mais Fantasque, qui craignoit les ravages du lait répandu, soutint qu'il n'y a point de temps plus perdu pour le plaisir de la vie que celui qui vient après la mort, que le sein d'une femme morte ne se flétrit pas moins que celui d'une nourrice, ajoutant d'un ton de duègne qu'il n'y a point de si belle gorge aux yeux d'un mari que celle d'une mère qui nourrit ses enfants. Cette intervention des maris dans des soins qui les regardent si peu fit beaucoup rire les dames; et la reine, trop jolie pour l'être impunément, leur parut dès-lors, malgré ses caprices, presque aussi ridicule que son époux, qu'elles appeloient par dérision le bourgeois de Vaugirard.

Je te vois venir, dit aussitôt le druide; tu voudrois me donner insensiblement le rôle de Schah-Bahan, et me faire demander s'il y a aussi un Vaugirard aux Indes comme un Madrid au bois de Boulogne, un Opéra dans Paris, et un philosophe à la cour. Mais poursuis ta rapsodie, et ne me tends plus de ces piéges; car n'étant ni marié, ni sultan, ce n'est pas la peine d'être un sot.

Enfin, dit Jalamir sans répondre au druide, tout étant prêt, le jour fut pris pour ouvrir les portes du ciel aux deux nouveaux-nés. La fée se rendit de bon matin au palais, et déclara aux deux époux qu'elle alloit faire à chacun de leurs enfants un présent digne de leur naissance et de son pouvoir. Je veux, dit-elle, avant que l'eau magique les dérobe à ma protection, les enrichir de mes dons, et leur donner des noms plus efficaces que ceux de tous les pieds-plats du calendrier, puisqu'ils exprimeront les perfections dont j'aurai soin de les douer en même temps ; mais, comme vous devez connoître mieux que moi les qualités qui conviennent au bonheur de votre famille et de vos peuples, choisissez vous-mêmes, et faites ainsi d'un seul acte de volonté sur chacun de vos deux enfants ce que vingt ans d'éducation font rarement dans la jeunesse, et que la raison ne fait plus dans un âge avancé.

Aussitôt grande altercation entre les deux époux. La reine prétendoit seule régler à sa fantaisie le caractère de toute sa famille ; et le bon prince, qui sentoit toute l'importance d'un pareil choix, n'avoit garde de l'abandonner au caprice d'une femme dont il adoroit les folies sans les partager. Phénix vouloit des enfants qui devinssent un jour des gens raisonnables : Fantasque aimoit mieux avoir de jolis enfants ; et, pourvu qu'ils brillassent à six ans, elle s'embarrassoit fort peu qu'ils fussent des sots à trente. La fée eut beau s'efforcer de mettre leurs majestés d'accord, bientôt le caractère des nouveaux-nés ne fut plus que le prétexte de la dispute ; et il n'étoit pas question d'avoir raison, mais de se mettre l'un l'autre à la raison.

Enfin Discrète imagina un moyen de tout ajuster sans donner le tort à personne ; ce fut que chacun disposât à son gré de l'enfant de son sexe. Le roi approuva un expédient qui pourvoyoit à l'essentiel, en mettant à couvert des bizarres souhaits de la reine l'héritier présomptif de la couronne ; et voyant les deux enfants sur les genoux de leur gouvernante, il se hâta de s'emparer du prince, non sans regarder sa sœur d'un œil de commisération. Mais Fantasque, d'autant plus mutinée qu'elle avoit moins raison de l'être, courut comme une emportée à la jeune princesse ; et la prenant aussi dans ses bras : Vous vous unissez tous, dit-elle pour m'excéder ; mais afin que les caprices du roi tournent malgré lui-même au profit d'un de ses enfants, je déclare que je demande pour celui que je tiens tout le contraire de ce qu'il demandera pour l'autre. Choisissez maintenant, dit-elle au roi d'un air de triomphe ; et puisque vous trouvez tant de charmes à tout diriger, décidez d'un seul mot le sort de votre famille entière. La fée et le roi tâchèrent en vain de la dissuader d'une résolution qui mettoit ce prince dans un étrange embarras ; elle n'en voulut jamais démordre, et dit qu'elle se félicitoit beaucoup d'un expédient qui feroit rejaillir sur sa fille tout le mérite que le roi ne sauroit pas donner à son fils. Ah ! dit ce prince outré de dépit, vous n'avez jamais eu pour votre fille que de l'aversion, et vous le prouvez dans l'occasion la plus importante de sa vie; mais, ajouta-t-il dans un transport de colère dont il ne fut pas le maître, pour la rendre parfaite en dépit de vous, je demande que cet enfant-ci vous ressemble. Tant mieux pour vous et pour lui, reprit vivement la reine, mais je serai vengée, votre fille vous ressemblera. A peine ces mots furent-ils lâchés de part et d'autre avec une impétuosité sans égale, que le roi, désespéré de son étourderie, les eût bien voulu retenir; mais c'en étoit fait, et les deux enfants étoient doués sans retour des caractères demandés. Le garçon reçut le nom de prince Caprice; et la fille s'appela princesse Raison, nom bizarre qu'elle illustra si bien, qu'aucune femme n'osa le porter depuis.

Voilà donc le futur successeur au trône orné de toutes les perfections d'une jolie femme, et la princesse sa sœur destinée à posséder un jour toutes les vertus d'un honnête homme et les qualités d'un bon roi; partage qui ne paroissoit pas des mieux entendus, mais sur lequel on ne pouvoit plus revenir. Le plaisant fut que l'amour mutuel des deux époux agissant en cet instant avec toute la force que lui rendoient toujours, mais souvent trop tard, les occasions essentielles, et la prédilection ne cessant d'agir, chacun trouva celui de ses enfants qui devoit lui ressembler le plus mal partagé des deux, et songea moins à le féliciter qu'à le plaindre. Le roi prit sa fille dans ses bras, et la serrant tendrement : Hélas! lui dit-il, que te serviroit la beauté même de ta mère sans son talent pour la faire valoir? Tu seras trop raisonnable pour faire tourner la tête à personne. Fantasque, plus circonspecte sur ses propres vérités, ne dit pas tout ce qu'elle pensoit de la sagesse du roi futur; mais il étoit aisé de douter, à l'air triste dont elle le caressoit, qu'elle eût au fond du cœur une grande opinion de son partage. Cependant le roi, la regardant avec une sorte de confusion, lui fit quelques reproches sur ce qui s'étoit passé. Je sens mes torts, lui dit-il, mais ils sont votre ouvrage; nos enfants auroient valu beaucoup mieux que nous, vous êtes cause qu'ils ne feront que nous ressembler. Au moins, dit-elle aussitôt en sautant au cou de son mari, je suis sûre qu'ils s'aimeront autant qu'il est possible. Phénix, touché de ce qu'il y avoit de tendre dans cette saillie, se consola par cette réflexion qu'il avoit si souvent occasion de faire, qu'en effet la bonté naturelle et un cœur sensible suffisent pour tout réparer.

Je devine si bien tout le reste, dit le druide à Jalamir, en l'interrompant, que j'acheverois le conte pour toi. Ton prince Caprice fera tourner la tête à tout le monde, et sera trop bien l'imitateur de sa mère pour n'en pas être le tourment. Il bouleversera le royaume en voulant le réformer. Pour rendre ses sujets heureux, il les mettra au désespoir, s'en prenant toujours aux autres de ses propres torts : injuste pour avoir été imprudent, le regret de ses fautes lui en fera commettre de nouvelles. Comme la sagesse ne le conduira jamais, le bien qu'il voudra faire augmentera le mal qu'il aura fait. En un mot, quoique au fond il soit bon, sensible et généreux, ses vertus mêmes lui tourneront à préjudice, et sa seule étourderie, unie à tout son pouvoir, le fera plus haïr que n'auroit fait une méchanceté raisonnée. D'un autre côté, ta princesse-Raison, nouvelle héroïne du pays des fées, deviendra un prodige de sagesse et de prudence; et sans avoir d'adorateurs, se fera tellement adorer du peuple, que chacun fera des vœux pour être gouverné par elle : sa bonne conduite, avantageuse à tout le monde et à elle-même, ne fera du tort qu'à son frère, dont on opposera sans cesse les travers à ses vertus, et à qui la prévention publique donnera tous les défauts qu'elle n'aura pas, quand même il ne les auroit pas lui-même. Il sera question d'intervertir l'ordre de la succession au trône, d'asservir la marotte à la quenouille, et la fortune à la raison. Les docteurs exposeront avec emphase les conséquences d'un tel exemple, et prouveront qu'il vaut mieux que le peuple obéisse aveuglément aux enragés que le hasard peut lui donner pour maîtres que de se choisir lui-même des chefs raisonnables; que, quoiqu'on interdise à un fou le gouvernement de son propre bien, il est bon de lui laisser la suprême disposition de nos biens et de nos vies; que le plus insensé des hommes est encore préférable à la plus sage des femmes; et que le mâle ou le premier né fût-il un singe ou un loup, il faudroit en bonne politique qu'une héroïne ou un ange, naissant après lui, obéît à ses volontés. Objections et répliques de la part des séditieux, dans lesquelles Dieu sait comme on verra briller ta sophistique éloquence; car je te connois, c'est surtout à médire de ce qui se fait que ta bile s'exhale avec volupté ; et ton amère franchise semble se réjouir de la méchanceté des hommes, par le plaisir qu'elle prend à la leur reprocher.

Tubleu! père druide, comme vous y allez! dit Jalamir tout surpris; quel flux de paroles! Où diable avez-vous pris de si belles tirades? Vous ne prêchâtes de votre vie aussi bien dans le bois sacré, quoique vous n'y parliez pas plus vrai. Si je vous laissois faire, vous changeriez bientôt un conte de fées en un traité de politique, et l'on trouveroit quelque jour, dans les cabinets des princes, Barbe-Bleue ou Peau-d'Ane, au lieu de Machiavel. Mais ne vous mettez point tant en frais pour deviner la fin de mon conte.

Pour vous montrer que les dénouements ne me manquent pas au besoin, j'en vais dans quatre mots expédier un, non pas aussi savant que le vôtre, mais peut-être aussi naturel, et à coup sûr plus imprévu.

Vous saurez donc que les deux enfants jumeaux étant, comme je l'ai remarqué, fort semblables de figure, et de plus habillés de même, le roi, croyant avoir pris son fils, tenoit sa fille entre ses bras au moment de l'influence ; et que la reine, trompée par le choix de son mari, ayant aussi pris son fils pour sa fille, la fée profita de cette erreur pour douer les deux enfants de la manière qui leur convenoit le mieux. Caprice fut donc le nom de la princesse, Raison celui du prince son frère ; et, en dépit des bizarreries de la reine, tout se trouva dans l'ordre naturel. Parvenu au trône après la mort du roi, Raison fit beaucoup de bien et fort peu de bruit, cherchant plutôt à remplir ses devoirs qu'à s'acquérir de la réputation ; il ne fit ni guerre aux étrangers, ni violence à ses sujets, et reçut plus de bénédictions que d'éloges. Tous les projets formés sous le précédent règne furent exécutés sous celui-ci ; et en passant de la domination du père sous celle du fils, les peuples deux fois heureux crurent n'avoir pas changé de maître. La princesse Caprice, après avoir fait perdre la vie ou la raison à des multitudes d'amants tendres et aimables, fut enfin mariée à un roi voisin, qu'elle préféra parce qu'il portoit la plus longue moustache, et sautoit le mieux à cloche-pied. Pour Fantasque, elle mourut d'une indigestion d pieds de perdrix en ragoût qu'elle voulut manger avant de se mettre au lit, où le roi se morfondoit à l'attendre, un soir qu'à force d'agaceries elle l'avoit engagé à venir coucher avec elle.

LE LÉVITE

D'ÉPHRAIM.

LE LÉVITE D'ÉPHRAIM[1].

CHANT PREMIER.

Sainte colère de la vertu, viens animer ma voix : je dirai les crimes de Benjamin et les vengeances d'Israël ; je dirai des forfaits inouis, et des châtiments encore plus terribles. Mortels, respectez la beauté, les mœurs, l'hospitalité : soyez justes sans cruauté, miséricordieux sans foiblesse ; et sachez pardonner au coupable plutôt que de punir l'innocent.

O vous, hommes débonnaires, ennemis de toute inhumanité ; vous qui, de peur d'envisager les crimes de vos frères, aimez mieux les laisser impunis, quel tableau viens-je offrir à vos yeux? Le corps d'une femme coupé par pièces ; ses membres déchirés et palpitants envoyés aux douze tribus ; tout le peuple, saisi d'horreur, élevant jusqu'au

---

[1] Composé au mois de juin 1762, dans une chaise de poste, pendant que Rousseau se mettoit à l'abri, en allant en Suisse ; du décret de prise de corps lancé contre lui. C'est une imitation des chapitres 19, 20 et 21 du *Livre des Juges*. (Note de M. Musset Pathay.)

ciel une clameur unanime, et s'écriant de concert :
Non, jamais rien de pareil ne s'est fait en Israël
depuis le jour où nos pères sortirent d'Égypte jusqu'à ce jour. Peuple saint, rassemble-toi : prononce
sur cet acte horrible, et décerne le prix qu'il a
mérité. A de tels forfaits, celui qui détourne ses
regards est un lâche, un déserteur de la justice ; la
véritable humanité les envisage pour les connoître,
pour les juger, pour les détester. Osons entrer dans
ces détails, et remontons à la source des guerres
civiles qui firent périr une des tribus, et coûtèrent
tant de sang aux autres. Benjamin, triste enfant
de douleur, qui donnas la mort à ta mère, c'est de
ton sein qu'est sorti le crime qui t'a perdu ; c'est
ta race impie qui put le commettre, et qui devoit
trop l'expier.

Dans les jours de liberté, où nul ne régnoit sur
le peuple du Seigneur, il fut un temps de licence
où chacun, sans reconnoître ni magistrat ni juge,
étoit seul son propre maître et faisoit tout ce qui
lui sembloit bon. Israël, alors épars dans les
champs, avoit peu de grandes villes ; et la simplicité de ses mœurs rendoit superflu l'empire des
lois. Mais tous les cœurs n'étoient pas également
purs, et les méchants trouvoient l'impunité du
vice dans la sécurité de la vertu.

Durant un de ces courts intervalles de calme et
d'égalité qui restent dans l'oubli, parce que nul
n'y commande aux autres et qu'on n'y fait point

CHANT PREMIER. 457

de mal, un Lévite des monts d'Éphraïm vit dans Bethléem une jeune fille qui lui plut. Il lui dit : Fille de Juda, tu n'es pas de ma tribu, tu n'as point de frère; tu es comme les filles de Salphaad, et je ne puis t'épouser selon la loi du Seigneur[1]. Mais mon cœur est à toi; viens avec moi, vivons ensemble; nous serons unis et libres; tu feras mon bonheur, et je ferai le tien. Le Lévite étoit jeune et beau; la jeune fille sourit; ils s'unirent, puis il l'emmena dans ses montagnes.

Là, coulant une douce vie, si chère aux cœurs tendres et simples, il goûtoit dans sa retraite les charmes d'un amour partagé; là, sur un sistre d'or fait pour chanter les louanges du Très-Haut, il chantoit souvent les charmes de sa jeune épouse. Combien de fois les coteaux du mont Hébal retentirent de ses aimables chansons! Combien de fois il la mena sous l'ombrage, dans les vallons de Sichem, cueillir des roses champêtres et goûter le frais au bord des ruisseaux! Tantôt il cherchoit dans les creux des rochers des rayons d'un miel doré dont elle faisoit ses délices; tantôt dans le feuillage des oliviers il tendoit aux oiseaux des pièges trompeurs, et lui apportoit une tourterelle craintive qu'elle baisoit en la flattant; puis l'enfermant dans son sein, elle tressailloit d'aise en la

[1] Nombres, ch. xxxvi, v. 8. Je sais que les enfants de Lévi pouvoient se marier dans toutes les tribus, mais non dans le cas supposé.

sentant se débattre et palpiter. Fille de Bethléem, lui disoit-il, pourquoi pleures-tu toujours ta famille et ton pays? Les enfants d'Éphraïm n'ont-ils point aussi des fêtes? les filles de la riante Sichem sont-elles sans grâce et sans gaieté? les habitants de l'antique Atharot manquent-ils de force et d'adresse? Viens voir leurs jeux et les embellir. Donne-moi des plaisirs; ô ma bien-aimée! en est-il pour moi d'autres que les tiens?

Toutefois la jeune fille s'ennuya du Lévite, peut-être parce qu'il ne lui laissoit rien à désirer. Elle se dérobe et s'enfuit vers son père, vers sa tendre mère, vers ses folâtres sœurs. Elle y croit retrouver les plaisirs innocents de son enfance, comme si elle y portoit le même âge et le même cœur.

Mais le Lévite abandonné ne pouvoit oublier sa volage épouse. Tout lui rappeloit dans sa solitude les jours heureux qu'il avoit passés auprès d'elle; leurs jeux, leurs plaisirs, leurs querelles et leurs tendres raccommodements. Soit que le soleil levant dorât la cime des montagnes de Gelboé, soit qu'au soir un vent de mer vînt rafraîchir leurs roches brûlantes, il erroit en soupirant dans les lieux qu'avoit aimés l'infidèle, et la nuit, seule dans sa couche nuptiale, il abreuvoit son chevet de ses pleurs.

Après avoir flotté quatre mois entre le regret et le dépit, comme un enfant chassé du jeu par les autres feint n'en vouloir plus en brûlant de s'y remettre, puis enfin demande en pleurant d'y rentrer, le Lévite, entraîné par son amour, prend sa monture ; et, suivi de son serviteur avec deux ânes d'Épha chargés de ses provisions et de dons pour les parents de la jeune fille, il retourne à Bethléem pour se réconcilier avec elle, et tâcher de la ramener.

La jeune femme, l'apercevant de loin, tressaille, court au-devant lui, et, l'accueillant avec caresse, l'introduit dans la maison de son père, lequel apprenant son arrivée accourt aussi plein de joie, l'embrasse, le reçoit, lui, son serviteur, son équipage, et s'empresse à le bien traiter. Mais le Lévite, ayant le cœur serré, ne pouvoit parler ; néanmoins, ému par le bon accueil de la famille, il leva les yeux sur sa jeune épouse, et lui dit : Fille d'Israël, pourquoi me fuis-tu ? quel mal t'ai-je fait ? La jeune fille se mit à pleurer en se couvrant le visage. Puis il dit au père : Rendez-moi ma compagne ; rendez-la-moi pour l'amour d'elle ; pourquoi vivroit-elle seule et délaissée ? Quel autre que moi peut honorer comme sa femme celle que j'ai reçue vierge ?

Le père regarda sa fille, et la fille avoit le cœur attendri du retour de son mari. Le père dit donc à son gendre : Mon fils, donnez-moi trois jours ; passons ces trois jours dans la joie, et le quatrième jour, vous et ma fille partirez en paix. Le Lévite resta donc trois jours avec son beau-père et toute sa famille, mangeant et buvant familièrement avec eux : et la nuit du quatrième jour, se levant avant le soleil, il voulut partir. Mais son beau-père, l'arrêtant par la main, lui dit : Quoi ! voulez-vous partir à jeun ? Venez fortifier votre estomac, et puis vous partirez. Ils se mirent donc à table ; et, après avoir mangé et bu, le père lui dit : Mon fils, je vous supplie de vous réjouir avec nous encore aujourd'hui. Toutefois le Lévite se levant vouloit partir ; il croyoit ravir à l'amour le temps qu'il passoit loin de sa retraite, livré à d'autres qu'à sa bien-aimée. Mais le père, ne pouvant se résoudre à s'en séparer, engagea sa fille d'obtenir encore cette journée ; et la fille, caressant son mari, le fit rester jusqu'au lendemain.

Dès le matin, comme il étoit prêt à partir, il fut encore arrêté par son beau-père, qui le força de se mettre à table en attendant le grand jour ; et le temps s'écouloit sans qu'ils s'en aperçussent. Alors le jeune homme s'étant levé pour partir avec sa femme et son serviteur, et ayant préparé toute chose : O mon fils, lui dit le père, vous voyez que le jour s'avance et que le soleil est sur son déclin : ne vous mettez pas si tard en route ; de grâce, réjouissez mon cœur encore le reste de cette journée ; demain dès le point du jour vous partirez sans retard. Et, en disant ainsi, le bon vieillard étoit tout saisi ; ses yeux paternels se remplissoient de larmes. Mais le Lévite ne se rendit point, et voulut partir à l'instant.

Que de regrets coûta cette séparation funeste! Que de touchants adieux furent dits et recommencés! Que de pleurs les sœurs de la jeune fille versèrent sur son visage! Combien de fois elles la reprirent tour à tour dans leurs bras! Combien de fois sa mère éplorée, en la serrant derechef dans les siens, sentit les douleurs d'une nouvelle séparation! Mais son père, en l'embrassant, ne pleuroit pas : ses muettes étreintes étoient mornes et convulsives; des soupirs tranchants soulevoient sa poitrine. Hélas! il sembloit prévoir l'horrible sort de l'infortunée. Oh! s'il eût su qu'elle ne reverroit jamais l'aurore; s'il eût su que ce jour étoit le dernier de ses jours!... Ils partent enfin, suivis des tendres bénédictions de toute leur famille, et de vœux qui méritoient d'être exaucés. Heureuse famille, qui, dans l'union la plus pure, coule au sein de l'amitié ses paisibles jours, et semble n'avoir qu'un cœur à tous ses membres! O innocence des mœurs, douceur d'ame, antique simplicité, que vous êtes aimables! Comment la brutalité du vice a-t-elle pu trouver place au milieu de vous? Comment les fureurs de la barbarie n'ont-elles pas respecté vos plaisirs?

CHANT SECOND.

Le jeune Lévite suivoit sa route avec sa femme, son serviteur et son bagage, transporté de joie de ramener l'amie de son cœur, et inquiet du soleil et de la poussière, comme une mère qui ramène son enfant chez la nourrice et craint pour lui les injures de l'air. Déjà l'on découvroit la ville de Jébus à main droite, et ses murs, aussi vieux que les siècles, leur offroient un asile aux approches de la nuit. Le serviteur dit donc à son maître : Vous voyez le jour prêt à finir; avant que les ténèbres nous surprennent, entrons dans la ville des Jébuséens, nous y chercherons un asile ; et, demain, poursuivant notre voyage, nous pourrons arriver à Géba.

A Dieu ne plaise, dit le Lévite, que je loge chez un peuple infidèle, et qu'un Cananéen donne le couvert au ministre du Seigneur! non : mais allons jusques à Gabaa chercher l'hospitalité chez nos frères. Ils laissèrent donc Jérusalem derrière eux; ils arrivèrent après le coucher du soleil à la hauteur de Gabaa, qui est de la tribu de Benjamin. Ils se détournèrent pour y passer la nuit : et y étant entrés ils allèrent s'asseoir dans la place publique; mais nul ne leur offrit un asile, et ils demeuroient à découvert.

CHANT SECOND.

Hommes de nos jours, ne calomniez pas les mœurs de vos pères. Ces premiers temps, il est vrai, n'abondoient pas comme les vôtres en commodités de la vie; de vils métaux n'y suffisoient pas à tout : mais l'homme avoit des entrailles qui faisoient le reste; l'hospitalité n'étoit pas à vendre, et l'on n'y trafiquoit pas des vertus. Les fils de Jémini n'étoient pas les seuls, sans doute, dont les cœurs de fer fussent endurcis; mais cette dureté n'étoit pas commune. Partout avec la patience on trouvoit des frères; le voyageur dépourvu de tout ne manquoit de rien.

Après avoir attendu long-temps inutilement, le Lévite alloit détacher son bagage pour en faire à la jeune fille un lit moins dur que la terre nue, quand il aperçut un homme vieux revenant sur le tard de ses champs et de ses travaux rustiques. Cet homme étoit comme lui des monts d'Éphraïm, et il étoit venu s'établir autrefois dans cette ville parmi les enfants de Benjamin.

Le vieillard, élevant les yeux, vit un homme et une femme assis au milieu de la place, avec un serviteur, des bêtes de somme, et du bagage. Alors, s'approchant, il dit au Lévite : Étranger, d'où êtes-vous? et où allez-vous? lequel lui répondit : Nous venons de Bethléem, ville de Juda : nous retournons dans notre demeure sur le penchant du mont d'Éphraïm, d'où nous étions venus : et maintenant nous cherchions l'hospice du

Seigneur; mais nul n'a voulu nous loger. Nous avons du grain pour nos animaux, du pain, du vin pour moi, pour votre servante, et pour le garçon qui nous suit; nous avons tout ce qui nous est nécessaire, il nous manque seulement le couvert. Le vieillard lui répondit : Paix vous soit, mon frère! vous ne resterez point dans la place : si quelque chose vous manque, que le crime en soit sur moi. Ensuite il les mena dans sa maison, fit décharger leur équipage, garnir le râtelier pour leurs bêtes; et ayant fait laver les pieds à ses hôtes, il leur fit un festin de patriarches, simple et sans faste, mais abondant.

Tandis qu'ils étoient à table avec leur hôte et sa fille[1], promise à un jeune homme du pays, et que, dans la gaieté d'un repas offert avec joie, ils se délassoient agréablement, les hommes de cette ville, enfants de Bélial, sans joug, sans frein, sans retenue, et bravant le ciel comme les cyclopes du mont Etna, vinrent environner la maison, frappant rudement à la porte, et criant au vieillard d'un ton menaçant : Livre-nous ce jeune étranger que sans congé tu reçois dans nos murs; que sa beauté nous paie le prix de cet asile, et qu'il expie ta témérité. Car ils avoient vu le Lévite sur la place, et, par un reste de respect pour le plus

[1] Dans l'usage antique, les femmes de la maison ne se mettoient pas à table avec leurs hôtes quand c'étoient des hommes; mais lorsqu'il y avoit des femmes, elles s'y mettoient avec elles.

CHANT SECOND.

sacré de tous les droits, n'avoient pas voulu le loger dans leurs maisons pour lui faire violence; mais ils avoient comploté de revenir le surprendre au milieu de la nuit; et ayant su que le vieillard lui avoit donné retraite, ils accouroient sans justice et sans honte pour l'arracher de sa maison.

Le vieillard, entendant ces forcenés, se trouble, s'effraie, et dit au Lévite : Nous sommes perdus: ces méchants ne sont pas des gens que la raison ramène, et qui reviennent jamais de ce qu'ils ont résolu. Toutefois il sort au-devant d'eux pour tâcher de les fléchir. Il se prosterne, et levant au ciel ses mains pures de toute rapine, il leur dit : O mes frères ! quels discours avez-vous prononcés ! Ah ! ne faites pas ce mal devant le Seigneur; n'outragez pas ainsi la nature, ne violez pas la sainte hospitalité. Mais voyant qu'ils ne l'écoutoient point, et que, prêts à le maltraiter lui-même, ils alloient forcer la maison, le vieillard, au désespoir, prit à l'instant son parti; et faisant signe de la main pour se faire entendre au milieu du tumulte, il reprit d'une voix plus forte : Non, moi vivant, un tel forfait ne déshonorera point mon hôte et ne souillera point ma maison; mais écoutez, hommes cruels, les supplications d'un malheureux père. J'ai une fille, encore vierge, promise à l'un d'entre vous; je vais l'amener pour vous être immolée, mais seulement que vos mains sacriléges s'abstiennent de toucher au Lévite du Seigneur. Alors, sans attendre leur réponse, il court chercher sa fille pour racheter son hôte aux dépens de son propre sang.

Mais le Lévite, que jusqu'à cet instant la terreur rendoit immobile, se réveillant à ce déplorable aspect, prévient le généreux vieillard, s'élance au-devant de lui, le force à rentrer avec sa fille, et prenant lui-même sa compagne bien-aimée sans lui dire un seul mot, sans lever les yeux sur elle, l'entraîne jusqu'à la porte et la livre à ces maudits. Aussitôt ils entourent la jeune fille à demi morte, la saisissent, se l'arrachent sans pitié; tels dans leur brutale furie qu'au pied des Alpes glacées un troupeau de loups affamés surprend une foible génisse, se jette sur elle et la déchire au retour de l'abreuvoir. O misérables! qui détruisez votre espèce par les plaisirs destinés à la reproduire, comment cette beauté mourante ne glace-t-elle point vos féroces désirs? Voyez ses yeux déjà fermés à la lumière, ses traits effacés, son visage éteint; la pâleur de la mort a couvert ses joues, les violettes livides en ont chassé les roses; elle n'a plus de voix pour gémir; ses mains n'ont plus de force pour repousser vos outrages. Hélas! elle est déjà morte! Barbares, indignes du nom d'hommes, vos hurlements ressemblent aux cris de l'horrible hyène, et comme elle vous dévorez les cadavres.

Les approches du jour qui rechasse les bêtes

farouches dans leurs tanières ayant dispersé ces brigands, l'infortunée use le reste de sa force à se traîner jusqu'au logis du vieillard; elle tombe à la porte la face contre terre et les bras étendus sur le seuil. Cependant, après avoir passé la nuit à remplir la maison de son hôte d'imprécations et de pleurs, le Lévite prêt à sortir ouvre la porte et trouve dans cet état celle qu'il a tant aimée. Quel spectacle pour son cœur déchiré! Il élève un cri plaintif vers le ciel vengeur du crime; puis, adressant la parole à la jeune fille : Lève-toi, lui dit-il, fuyons la malédiction qui couvre cette terre : viens, ô ma compagne! je suis cause de ta perte, je serai ta consolation; périsse l'homme injuste et vil qui jamais te reprochera ta misère! tu m'es plus respectable qu'avant nos malheurs. La jeune fille ne répondit point : il se trouble; son cœur saisi d'effroi commence à craindre de plus grands maux; il l'appelle derechef, il la regarde, il la touche; elle n'étoit plus. O fille trop aimable et trop aimée! c'est donc pour cela que je t'ai tirée de la maison de ton père! Voilà donc le sort que te préparoit mon amour! il acheva ces mots prêt à la suivre, et ne lui survéquit que pour la venger.

Dès cet instant, occupé du seul projet dont son ame étoit remplie, il fut sourd à tout autre sentiment; l'amour, les regrets, la pitié, tout en lui se change en fureur; l'aspect même de ce corps, qui devroit le faire fondre en larmes, ne lui arrache plus ni plaintes ni pleurs : il le contemple d'un œil sec et sombre ; il n'y voit plus qu'un objet de rage et de désespoir. Aidé de son serviteur, il le charge sur sa monture et l'emporte dans sa maison. Là, sans hésiter, sans trembler, le barbare ose couper ce corps en douze pièces ; d'une main ferme et sûre il frappe sans crainte, il coupe la chair et les os, il sépare la tête et les membres, et après avoir fait aux tribus ces envois effroyables, il les précède à Maspha, déchire ses vêtements, couvre sa tête de cendres, se prosterne à mesure qu'ils arrivent, et réclame à grands cris la justice du Dieu d'Israël.

CHANT TROISIÈME.

Cependant vous eussiez vu tout le peuple de Dieu se mouvoir, s'assembler, sortir de ses demeures, accourir de toutes les tribus à Maspha devant le Seigneur, comme un nombreux essaim d'abeilles se rassemble en bourdonnant autour de leur roi. Ils vinrent tous, ils vinrent de toutes parts, de tous les cantons, tous d'accord comme un seul homme, depuis Dan jusqu'à Bersabée, et depuis Galaad jusqu'à Maspha.

Alors le Lévite, s'étant présenté dans un appareil lugubre, fut interrogé par les anciens devant l'assemblée sur le meurtre de la jeune fille, et il leur parla ainsi : « Je suis entré dans Gabaa, ville « de Benjamin, avec ma femme pour y passer la « nuit; et les gens du pays ont entouré la maison « où j'étois logé, voulant m'outrager et me faire « périr. J'ai été forcé de livrer ma femme à leur « débauche, et elle est morte en sortant de leurs « mains. Alors j'ai pris son corps, je l'ai mis en « pièces, et je vous les ai envoyées à chacun dans « vos limites. Peuple du Seigneur, j'ai dit la vé- « rité; faites ce qui vous semblera juste devant le « Très-Haut. »

A l'instant il s'éleva dans tout Israël un seul cri, mais éclatant, mais unanime : Que le sang de la jeune femme retombe sur ses meurtriers. Vive l'Éternel ! nous ne rentrerons point dans nos demeures, et nul de nous ne retournera sous son toit que Gabaa ne soit exterminé. Alors le Lévite s'écria d'une voix forte : Béni soit Israël, qui punit l'infamie et venge le sang innocent ! Fille de Bethléem, je te porte une bonne nouvelle ; ta mémoire ne restera point sans honneur. En disant ces mots, il tomba sur sa face, et mourut. Son corps fut honoré de funérailles publiques. Les membres de la jeune femme furent rassemblés et mis dans le même sépulcre, et tout Israël pleura sur eux.

Les apprêts de la guerre qu'on alloit entreprendre commencèrent par un serment solennel de mettre à mort quiconque négligeroit de s'y trouver. Ensuite on fit le dénombrement de tous les Hébreux portant armes, et l'on choisit dix de cent, cent de mille, et mille de dix mille, la dixième partie du peuple entier, dont on fit une armée de quarante mille hommes qui devoit agir contre Gabaa, tandis qu'un pareil nombre étoit chargé des convois de munitions et de vivres pour l'approvisionnement de l'armée. Ensuite le peuple vint à Silo devant l'arche du Seigneur, en disant : Quelle tribu commandera les autres contre les enfants de Benjamin? Et le Seigneur répondit : C'est le sang de Juda qui crie vengeance; que Juda soit votre chef.

Mais, avant de tirer le glaive contre leurs frères, il envoyèrent à la tribu de Benjamin des hérauts, lesquels dirent aux Benjamites : Pourquoi cette horreur se trouve-t-elle au milieu de vous? Livrez-nous ceux qui l'ont commise, afin qu'ils meurent, et que le mal soit ôté du sein d'Israël.

Les farouches enfants de Jémini, qui n'avoient pas ignoré l'assemblée de Maspha, ni la résolution qu'on y avoit prise, s'étant préparés de leur côté, crurent que leur valeur les dispensoit d'être justes. Ils n'écoutèrent point l'exhortation de leurs frères; et, loin de leur accorder la satisfaction qu'ils leur devoient, ils sortirent en armes de toutes les villes de leur partage, et accoururent à la défense de Gabaa, sans se laisser effrayer par le nombre, et résolus de combattre seuls tout le peuple réuni.

CHANT TROISIÈME.

L'armée de Benjamin se trouva de vingt-cinq mille hommes tirant l'épée, outre les habitants de Gabaa, au nombre de sept cents hommes bien aguerris, maniant les armes des deux mains avec la même adresse, et tous si excellents tireurs de fronde, qu'ils pouvoient atteindre un cheveu sans que la pierre déclinât de côté ni d'autre.

L'armée d'Israël s'étant assemblée, et ayant élu ses chefs, vint camper devant Gabaa, comptant emporter aisément cette place. Mais les Benjamites, étant sortis en bon ordre, l'attaquent, la rompent, la poursuivent avec furie; la terreur les précède et la mort les suit. On voyoit les forts d'Israël en déroute tomber par milliers sous leur épée, et les champs de Rama se couvrir de cadavres, comme les sables d'Élath se couvrent des nuées de sauterelles qu'un vent brûlant apporte et tue en un jour. Vingt-deux mille hommes de l'armée d'Israël périrent dans ce combat : mais leurs frères ne se découragèrent point; et, se fiant à leur force et à leur grand nombre encore plus qu'à la justice de leur cause, ils vinrent le lendemain se ranger en bataille dans le même lieu.

Toutefois, avant de risquer un nouveau combat, ils étoient montés la veille devant le Seigneur, et, pleurant jusqu'au soir en sa présence, ils l'avoient consulté sur le sort de cette guerre. Mais il leur dit: Allez, et combattez; votre devoir dépend-il de l'événement?

Comme ils marchoient donc vers Gabaa, les Benjamites firent une sortie par toutes les portes; et, tombant sur eux avec plus de fureur que la veille, ils les défirent et les poursuivirent avec un tel acharnement que dix-huit mille hommes de guerre périrent encore ce jour-là dans l'armée d'Israël. Alors tout le peuple vint derechef se prosterner et pleurer devant le Seigneur; et, jeûnant jusqu'au soir, ils offrirent des oblations et des sacrifices. Dieu d'Abraham, disoient-ils en gémissant, ton peuple, épargné tant de fois dans ta juste colère, périra-t-il pour vouloir ôter le mal de son sein? Puis, s'étant présentés devant l'arche redoutable, et consultant derechef le Seigneur par la bouche de Phinées, fils d'Éléazar, ils lui dirent : Marcherons-nous encore contre nos frères, ou laisserons-nous en paix Benjamin? La voix du Tout-Puissant daigna leur répondre : Marchez, et ne vous fiez plus en votre nombre, mais au Seigneur, qui donne et ôte le courage comme il lui plaît ; demain je livrerai Benjamin entre vos mains.

A l'instant ils sentent déjà dans leurs cœurs l'effet de cette promesse. Une valeur froide et sûre, succédant à leur brutale impétuosité, les éclaire et les conduit. Ils s'apprêtent posément au combat, et ne s'y présentent plus en forcenés, mais en hommes sages et braves qui savent vaincre sans fureur, et mourir sans désespoir. Ils cachent des troupes derrière le coteau de Gabaa, et se rangent en bataille avec le reste de leur armée ; ils attirent loin de la ville les Benjamites, qui, sur leurs premiers succès, pleins d'une confiance trompeuse, sortent plutôt pour les tuer que pour les combattre ; ils poursuivent avec impétuosité l'armée, qui cède et recule à dessein devant eux ; ils arrivent après elle jusqu'où se joignent les chemins de Béthel et de Gabaa, et crient en s'animant au carnage : Ils tombent devant nous comme les premières fois. Aveugles qui, dans l'éblouissement d'un vain succès, ne voient pas l'ange de la vengeance qui vole déjà sur leurs rangs, armé du glaive exterminateur !

Cependant le corps de troupes caché derrière le coteau sort de son embuscade en bon ordre au nombre de dix mille hommes, et, s'étendant autour de la ville, l'attaque, la force, en passe tous les habitants au fil de l'épée ; puis, élevant une grande fumée, il donne à l'armée le signal convenu, tandis que le Benjamite acharné s'excite à poursuivre sa victoire.

Mais les forts d'Israël, ayant aperçu le signal, firent face à l'ennemi en Baal-Thamar. Les Benjamites, surpris de voir les bataillons d'Israël se former, se développer, s'étendre, fondre sur eux, commencèrent à perdre courage ; et, tournant le dos, ils virent avec effroi les tourbillons de fumée qui leur annonçoient le désastre de Gabaa. Alors, frappés de terreur à leur tour, ils connurent que le bras du Seigneur les avoit atteints ; et, fuyant en déroute vers le désert, ils furent environnés, poursuivis, tués, foulés aux pieds, tandis que divers détachements entrant dans les villes y mettoient à mort chacun dans son habitation.

En ce jour de colère et de meurtre, presque toute la tribu de Benjamin, au nombre de vingt-six mille hommes, périt sous l'épée d'Israël; savoir, dix-huit mille hommes dans leur première retraite depuis Menuha jusqu'à l'est du coteau, cinq mille dans la déroute vers le désert, deux mille qu'on atteignit près de Guidhon; et le reste dans les places qui furent brûlées, et dont les habitants, hommes et femmes, jeunes et vieux, grands et petits, jusqu'aux bêtes, furent mis à mort, sans qu'on fît grâce à aucun; en sorte que ce beau pays, auparavant si vivant, si peuplé, si fertile, et maintenant moissonné par la flamme et par le fer, n'offroit plus qu'une affreuse solitude couverte de cendres et d'ossements.

Six cents hommes seulement, dernier reste de cette malheureuse tribu, échappèrent au glaive d'Israël, et se réfugièrent au rocher de Rhimmon, où ils restèrent cachés quatre mois, pleurant trop tard le forfait de leurs frères et la misère où il les avoit réduits.

Mais les tribus victorieuses, voyant le sang qu'elles avoient versé, sentirent la plaie qu'elles s'étoient faite. Le peuple vint, et, se rassemblant devant la maison du Dieu fort, éleva un autel sur lequel il lui rendit ses hommages, lui offrant des holocaustes et des actions de grâces; puis, élevant sa voix, il pleura ; il pleura sa victoire après avoir pleuré sa défaite. Dieu d'Abraham, s'écrioient-ils dans leur affliction, ah! où sont tes promesses? et comment ce mal est-il arrivé à ton peuple, qu'une tribu soit éteinte en Israël? Malheureux humains, qui ne savez ce qui vous est bon, vous avez beau vouloir sanctifier vos passions, elles vous punissent toujours des excès qu'elles vous font commettre; et c'est en exauçant vos vœux injustes que le ciel vous les fait expier.

CHANT QUATRIÈME.

Après avoir gémi du mal qu'ils avoient fait dans leur colère, les enfants d'Israël y cherchèrent quelque remède qui pût rétablir en son entier la race de Jacob mutilée. Émus de compassion pour les six cents hommes réfugiés au rocher de Rhimmon, ils dirent : Que ferons-nous pour conserver ce dernier et précieux reste d'une de nos tribus presque éteinte? Car ils avoient juré par le Seigneur, disant : Si jamais aucun d'entre nous donne sa fille au fils d'un enfant de Jémini, et mêle son sang au sang de Benjamin. Alors, pour éluder un serment si cruel, méditant de nouveaux carnages, ils firent le dénombrement de l'armée pour voir si, malgré l'engagement solennel, quelqu'un d'eux avoit manqué de s'y rendre, et il ne s'y trouva nul des habitants de Jabès de Galaad. Cette branche des enfants de Manassès, regardant moins à la punition du crime qu'à l'effusion du sang fraternel, s'étoit refusée à des vengeances plus atroces que le forfait, sans considérer que le parjure et la désertion de la cause commune sont pires que la cruauté. Hélas! la mort, la mort barbare fut le prix de leur injuste pitié. Dix mille hommes détachés de l'armée d'Israël reçurent et exécutèrent cet ordre effroyable : Allez, exterminez Jabès de Galaad et tous ses habitants, hommes, femmes, enfants, excepté les seules filles vierges, que vous amènerez au camp, afin qu'elles soient données en mariage aux enfants de Benjamin. Ainsi, pour réparer la désolation de tant de meurtres, ce peuple farouche en commit de plus grands; semblable en sa furie à ces globes de fer lancés par nos machines embrasées, lesquels, tombés à terre après leur premier effet, se relèvent avec une impétuosité nouvelle, et, dans leurs bonds inattendus, renversent et détruisent des rangs entiers.

Pendant cette exécution funeste, Israël envoya des paroles de paix aux six cents de Benjamin réfugiés au rocher de Rhimmon; et ils revinrent parmi leurs frères. Leur retour ne fut point un retour de joie : ils avoient la contenance abattue et les yeux baissés ; la honte et le remords couvroient leurs visages ; et tout Israël consterné poussa des lamentations en voyant ces tristes restes d'une de ses tribus bénites, de laquelle Jacob avoit dit : « Benjamin est un loup dévorant ; au matin il déchirera sa proie, et le soir il partagera le butin. »

Après que les dix mille hommes envoyés à Jabès furent de retour, et qu'on eut dénombré les filles qu'ils amenoient, il ne s'en trouva que quatre cents, et on les donna à autant de Benjamites, comme une proie qu'on venait de ravir pour eux. Quelles noces pour de jeunes vierges timides dont on vient d'égorger les frères, les pères, les mères, devant leurs yeux, et qui reçoivent des liens d'attachement et d'amour par des mains dégouttantes du sang de leurs proches ! Sexe toujours esclave ou tyran, que l'homme opprime ou qu'il adore, et qu'il ne peut pourtant rendre heureux ni l'être qu'en le laissant égal à lui.

Malgré ce terrible expédient il restoit deux cents hommes à pourvoir ; et ce peuple cruel dans sa pitié même, et à qui le sang de ses frères coûtoit si peu, songeoit peut-être à faire pour eux de nouvelles veuves, lorsqu'un vieillard de Lebona, parlant aux anciens, leur dit : Hommes israélites, écoutez l'avis d'un de vos frères. Quand vos mains se lasseront-elles du meurtre des innocents ? Voici les jours de la solennité de l'Éternel en Silo. Dites ainsi aux enfants de Benjamin : Allez, et mettez des embûches aux vignes; puis quand vous verrez que les filles de Silo sortiront pour danser avec des flûtes, alors vous les envelopperez, et, ravissant chacun sa femme, vous retournerez vous établir avec elles au pays de Benjamin.

Et quand les pères ou les frères des jeunes filles viendront se plaindre à nous, nous leur dirons : Ayez pitié d'eux pour l'amour de nous et de vous-mêmes qui êtes leurs frères, puisque n'ayant pu les pourvoir après cette guerre, et ne pouvant leur donner nos filles contre le serment, nous serons coupables de leur perte si nous les laissons périr sans descendants.

Les enfants donc de Benjamin firent ainsi qu'il leur fut dit; et, lorsque les jeunes filles sortirent de Silo pour danser, ils s'élancèrent et les environnèrent. La craintive troupe fuit, se disperse; la terreur succède à leur innocente gaieté; chacune appelle à grands cris ses compagnes, et court de toutes ses forces. Les ceps déchirent leurs voiles, la terre est jonchée de leurs parures. La course anime leur teint et l'ardeur des ravisseurs. Jeunes beautés, où courez-vous? En fuyant l'oppresseur qui vous poursuit, vous tombez dans des bras qui vous enchaînent. Chacun ravit la sienne, et, s'efforçant de l'apaiser, l'effraie encore plus par ses caresses que par sa violence. Au tumulte qui s'élève, aux cris qui se font entendre au loin, tout le peuple accourt : les pères et mères écartent la foule et veulent dégager leurs filles; les ravisseurs autorisés défendent leur proie, enfin les anciens font entendre leur voix; et le peuple, ému de compassion pour les Benjamites, s'intéresse en leur faveur.

Mais les pères, indignés de l'outrage fait à leurs filles, ne cessoient point leurs clameurs. Quoi! s'écrioient-ils avec véhémence, des filles d'Israël seront-elles asservies et traitées en esclaves sous les yeux du Seigneur? Benjamin nous sera-t-il comme le Moabite et l'Iduméen? Où est la liberté du peuple de Dieu? Partagée entre la justice et la pitié, l'assemblée prononce enfin que les captives seront remises en liberté et décideront elles-mêmes de leur sort. Les ravisseurs, forcés de céder à ce jugement, les relâchent à regret, et tâchent de substituer à la force des moyens plus puissants sur leurs jeunes cœurs. Aussitôt elles s'échappent et fuient toutes ensemble; ils les suivent, leur tendent les bras, et leur crient: Filles de Silo, serez-vous plus heureuses avec d'autres? Les restes de Benjamin sont-ils indignes de vous fléchir? Mais plusieurs d'entre elles, déjà liées par des attachements secrets, palpitoient d'aise d'échapper à leurs ravisseurs. Axa, la tendre Axa parmi les autres, en s'élançant dans les bras de sa mère qu'elle voit accourir, jette furtivement les yeux sur le jeune Elmacin auquel elle étoit promise, et qui venoit plein de douleur et de rage la dégager au prix de son sang. Elmacin la revoit, tend les bras, s'écrie et ne peut parler; la course et l'émotion l'ont mis hors d'haleine. Le Benjamite aperçoit ce transport, ce coup d'œil; il devine tout, il gémit; et, prêt à se retirer, il voit arriver le père d'Axa.

C'étoit le même vieillard auteur du conseil donné aux Benjamites. Il avoit choisi lui-même Elmacin pour son gendre; mais sa probité l'avoit empêché d'avertir sa fille du risque auquel il exposoit celles d'autrui.

Il arrive; et la prenant par la main : Axa, lui dit-il, tu connois mon cœur : j'aime Elmacin; il eût été la consolation de mes vieux jours; mais le salut de ton peuple et l'honneur de ton père doivent l'emporter sur lui. Fais ton devoir, ma fille, et sauve-moi de l'opprobre parmi mes frères; car j'ai conseillé tout ce qui s'est fait. Axa baisse la tête, et soupire sans répondre; mais enfin levant les yeux elle rencontre ceux de son vénérable père. Ils ont plus dit que sa bouche. Elle prend son parti. Sa voix foible et tremblante prononce à peine dans un foible et dernier adieu le nom d'Elmacin, qu'elle n'ose regarder; et, se retournant à l'instant demi-morte, elle tombe dans les bras du Benjamite.

Un bruit s'excite dans l'assemblée. Mais Elmacin s'avance et fait signe de la main. Puis élevant la voix : Écoute, ô Axa ! lui dit-il, mon vœu solennel. Puisque je ne puis être à toi, je ne serai jamais à

CHANT QUATRIÈME.

nulle autre : le seul souvenir de nos jeunes ans, que l'innocence et l'amour ont embellis, me suffit. Jamais le fer n'a passé sur ma tête. Jamais le vin n'a mouillé mes lèvres ; mon corps est aussi pur que mon cœur ; prêtres du Dieu vivant, je me voue à son service ; recevez le Nazaréen du Seigneur.

Aussitôt, comme par une inspiration subite, toutes les filles, entraînées par l'exemple d'Axa, imitent son sacrifice ; et, renonçant à leurs premières amours, se livrent aux Benjamites qui les suivoient. A ce touchant aspect il s'élève un cri de joie au milieu du peuple : Vierges d'Éphraïm, par vous Benjamin va renaître. Béni soit le Dieu de nos pères ! il est encore des vertus en Israël.

TABLE

DES LETTRES ET MATIÈRES

CONTENUES DANS CE VOLUME.

CINQUIÈME PARTIE.

Lettre I, de milord Édouard à Saint-Preux................ 3
  Conseils et reproches. Éloge d'Abauzit, citoyen de Genève.
  Retour prochain de milord Édouard.
Lettre II, de Saint-Preux à milord Édouard................ 9
  Il assure à son ami qu'il a recouvré la paix de l'âme; lui fait
  un détail de la vie privée de M. et de madame de Wolmar,
  et de l'économie avec laquelle ils font valoir leurs biens
  et administrent leurs revenus. Critique du luxe de magnificence et de vanité. Le paysan doit rester dans sa
  condition. Raisons de la charité qu'on doit avoir pour les
  mendiants. Égards dus à la vieillesse.
Lettre III, de Saint-Preux à milord Édouard................ 59
  Douceur de recueillement dans une assemblée d'amis. Éducation des fils de M. et de madame de Wolmar. Critique
  judicieuse de la manière dont on élève ordinairement
  les enfants.
Lettre IV, de milord Édouard à Saint-Preux................ 108
  Il lui demande l'explication des chagrins secrets de madame de Wolmar, desquels Saint-Preux lui avoit parlé
  dans une lettre qui n'a pas été reçue.
Lettre V, de Saint-Preux à milord Édouard................ 110
  Incrédulité de M. de Wolmar; cause des chagrins secrets
  de Julie.
Lettre VI, de Saint-Preux à milord Édouard................ 125

Arrivée de madame d'Orbe avec sa fille chez M. de Wolmar. Transports et fêtes à l'occasion de cette réunion.

Lettre VII, de Saint-Preux à milord Édouard............ 134
Ordre et gaieté qui règnent chez M. de Wolmar dans le temps des vendanges. Le baron d'Étange et Saint-Preux sincèrement réconciliés.

Lettre VIII, de Saint-Preux à M. de Wolmar............ 149
Saint-Preux parti avec milord Édouard pour Rome. Il témoigne à M. de Wolmar la joie où il est d'avoir appris qu'il lui destine l'éducation de ses enfants.

Lettre IX, de Saint-Preux à madame d'Orbe............ 152
Il lui rend compte de la première journée de son voyage. Nouvelle foiblesse de son cœur. Songe funeste. Milord Édouard le ramène à Clarens pour le guérir de ses craintes chimériques. Sûr que Julie est en bonne santé, Saint-Preux repart sans la voir.

Lettre X, de madame d'Orbe à Saint-Preux............ 162
Elle lui reproche de ne s'être pas montré aux deux cousines. Impression que fait sur Claire le rêve de Saint-Preux.

Lettre XI, de M. de Wolmar à Saint-Preux............ 166
Il le plaisante sur son rêve, et lui fait quelques légers reproches sur le ressouvenir de ses anciennes amours.

Lettre XII, de Saint-Preux à M. de Wolmar............ 167
Anciennes amours de milord Édouard. Motif de son voyage à Rome. Dans quel dessein il a emmené avec lui Saint-Preux. Celui-ci ne souffrira pas que son ami fasse un mariage indécent; il demande à ce sujet conseil à M. de Wolmar, et lui recommande le secret.

Lettre XIII, de madame de Wolmar à madame d'Orbe..... 173
Elle a pénétré les secrets sentiments de sa cousine pour Saint-Preux; lui représente le danger qu'elle peut courir avec lui; et lui conseille de l'épouser.

Lettre XIV, d'Henriette à sa mère.................... 190
Elle lui témoigne l'ennui où son absence a mis tout le monde, lui demande des présents pour son petit mali, et ne s'oublie pas elle-même.

SIXIÈME PARTIE.

Lettre I, de madame d'Orbe à madame de Wolmar........ 193
Elle lui apprend son arrivée à Lausanne, où elle l'invite de venir pour la noce de son frère.

Lettre II, de madame d'Orbe à madame de Wolmar...... 195
Elle instruit sa cousine de ses sentiments pour Saint-Preux. Sa gaieté la mettra toujours à l'abri de tout danger. Ses raisons pour rester veuve.

Lettre III, de milord Édouard à M. de Wolmar............ 212
Il lui apprend l'heureux dénouement de ses aventures, effet de la sage conduite de Saint-Preux, et accepte les offres que lui a faites M. de Wolmar de venir passer à Clarens le reste de ses jours.

Lettre IV, de M. de Wolmar à milord Édouard............ 223
Il l'invite de nouveau à venir partager, lui et Saint-Preux, le bonheur de sa maison.

Lettre V, de madame d'Orbe à madame de Wolmar........ 227
Caractère, goûts, et mœurs des habitants de Genève.

Lettre VI, de madame de Wolmar à Saint-Preux.......... 237
Elle lui fait part du dessein qu'elle a de le marier avec madame d'Orbe, lui donne des conseils relatifs à ce projet, et combat ses maximes sur la prière et sur la liberté.

Lettre VII, de Saint-Preux à madame de Wolmar......... 254
Il se refuse au projet formé par madame de Wolmar de l'unir à madame d'Orbe, et par quels motifs. Il défend son sentiment sur la prière et sur la liberté.

Lettre VIII, de madame de Wolmar à Saint-Preux...... 275
Elle lui fait des reproches dictés par l'amitié, et à quelle occasion. Douceur du désir, et charme de l'illusion. Douceurs de Julie, et quelles. Ses alarmes par rapport à l'incrédulité de son mari calmées, et par quelles raisons. Elle informe Saint-Preux d'une partie qu'elle doit faire à Chillon avec sa famille. Funeste pressentiment.

Lettre IX, de Fanchon Anet à Saint-Preux................ 300

Madame de Wolmar se précipite dans l'eau, où elle voit
tomber un de ses enfants.

LETTRE X, à Saint-Preux, commencée par madame d'Orbe
et achevée par M. de Wolmar.................... 303
Mort de Julie.

LETTRE XI, de M. de Wolmar à Saint-Preux............ ibid.
Détail circonstancié de la maladie de madame de Wolmar.
Ses divers entretiens avec sa famille et avec un ministre
sur les objets les plus importants. Retour de Claude
Anet. Tranquillité d'ame de Julie au sein de la mort.
Elle expire entre les bras de sa cousine. On la croit
faussement rendue à la vie, et à quelle occasion. Comment le rêve de Saint-Preux est en quelque sorte accompli. Consternation de toute la maison. Désespoir de
Claire.

LETTRE XII, de Julie à Saint-Preux.................. 365
Cette lettre était incluse dans la précédente.
Julie regarde sa mort comme un bienfait du ciel, et par
quel motif. Elle engage de nouveau Saint-Preux à épouser madame d'Orbe, et le charge de l'éducation de ses
enfants. Derniers adieux.

LETTRE XIII, de madame d'Orbe à Saint-Preux......... 370
Elle lui fait l'aveu de ses sentimens pour lui, et lui déclare
en même temps qu'elle veut toujours rester libre. Elle
lui représente l'importance des devoirs dont il est chargé ;
lui annonce chez M. de Wolmar des dispositions prochaines à abjurer son incrédulité ; l'invite, lui et milord
Édouard, à se réunir à la famille de Julie. Vive peinture
de l'amitié la plus tendre et de la plus amère douleur.

LES AMOURS de milord Édouard Bomston.............. 375
Édouard fait connoissance à Rome avec une dame napolitaine. Caractère de cette dame. Nature de leur liaison.
Cette dame veut lui donner une maîtresse subalterne.
Danger d'une situation qu'Édouard évita. Caractère de
Laure ; effet du véritable amour sur elle. Édouard la visite souvent sans l'aimer. Effet terrible de son assiduité
auprès de Laure sur la marquise. Laure change de con-

duite, et se retire dans un couvent. La marquise, hors d'elle-même, divulgue sa propre intrigue. Son mari l'apprend à Vienne. Ce qui en résulte. Situation singulière d'Édouard. Entreprise funeste de la marquise. Le marquis meurt en Allemagne. Édouard ne veut pas profiter de cet évènement. Sa manière de vivre jusqu'au moment où il connut Julie.

Observations de J. J. Rousseau, etc.................... 395
Sujets d'estampes pour *la Nouvelle Héloïse*........... 399

LETTRES A SARA.

Lettre I... 415
Lettre II.. 417
Lettre III... 419
Lettre IV.. 422
La reine fantasque................................. 429

LE LÉVITE D'ÉPHRAIM.

Chant I.. 455
Chant II... 462
Chant III.. 468
Chant IV... 475

FIN DU TROISIÈME ET DERNIER VOLUME DE L'HÉLOÏSE.

www.ingramcontent.com/pod-product-compliance
Lightning Source LLC
Chambersburg PA
CBHW060236230426
43664CB00011B/1669